U0616437

JIANCHA SHIWU YANJIU

冯新华 著

# 检察实务研究

中国检察出版社

图书在版编目（CIP）数据

检察实务研究／冯新华著. —北京：中国检察出版社，2017.6
ISBN 978 - 7 - 5102 - 1788 - 3

Ⅰ.①检…　Ⅱ.①冯…　Ⅲ.①检察机关 - 工作 - 研究 - 中国　Ⅳ.①D926.3

中国版本图书馆 CIP 数据核字(2016)第 278678 号

# 检察实务研究

冯新华　著

| | |
|---|---|
| 出版发行： | 中国检察出版社 |
| 社　　址： | 北京市石景山区香山南路 111 号 （100144） |
| 网　　址： | 中国检察出版社（www. zgjccbs. com） |
| 编辑电话： | (010)68658769 |
| 发行电话： | (010)88954291　88953175　68686531 |
| | (010)68650015　68650016 |
| 经　　销： | 新华书店 |
| 印　　刷： | 北京朝阳印刷厂有限责任公司 |
| 开　　本： | 710 mm×960 mm　16 开 |
| 印　　张： | 19.25 |
| 字　　数： | 269 千字 |
| 版　　次： | 2017 年 6 月第一版　2017 年 6 月第一次印刷 |
| 书　　号： | ISBN 978 - 7 - 5102 - 1788 - 3 |
| 定　　价： | 58.00 元 |

检察版图书，版权所有，侵权必究

如遇图书印装质量问题本社负责调换

## 作者简介

　　冯新华，1964 年 10 月出生，湖北阳新人。硕士研究生学历，现任湖北省黄冈市人民检察院党组书记、检察长，二级高级检察官，中共黄冈市委第四届、第五届委员会委员，湖北省第十二届人民代表大会代表，湖北省人文社会科学重点研究基地——法治发展与司法改革研究中心特聘专家。

　　曾先后在湖北省阳新县人民检察院、湖北省人民检察院咸宁分院、咸宁市委政法委、咸宁市人民检察院工作，积累了丰富的实践经验，长期致力于检察理论与实务探索研究，多次抽调参加最高人民检察院、湖北省人民检察院重大课题的调研，学术著述颇丰。

# 序

实践创新和理论创新永无止境。习近平总书记指出"惟创新者进，惟创新者强，惟创新者胜"。

冯新华同志是检察机关一位学著颇丰、富有创新精神的领导工作者。他在长期检察实践中坚持思维创新和方法创新，检察实务、检察理论创新成绩斐然。在检察实务方面，他从基层检察机关逐步走上检察、政法机关领导岗位，积累了较为丰富的实践经验。2011年底以来，他担任黄冈市人民检察院党组书记、检察长期间，团结党组一班人，带领全市检察机关，开拓创新、砥砺前行，黄冈检察事业呈现出勃勃生机。检察业务全面、持续、健康发展，司法办案转变模式转型发展，"内部一体化、外部社会化"的大预防机制建立健全，未成年人检察工作成效突出，"政府主导、检察机关牵头"的"两法衔接"工作呈现亮点，在全省检察工作考评中获得"三连冠"，在全省政法机关"正风肃纪，争做好干警"活动总结表彰大会、全省政法领导干部培训班、全省政法队伍建设工作会议上作为全省检察机关代表发言；在黄冈市领导班子年度目标责任考核中夺得"四连优"；先后荣获全国检察机关查办危害民生民利犯罪专项工作先进集体、全省政法系统"正风肃纪、争做好干警"活动先进集体、全省检察机关基层院建设组织奖等 113 项省级以上综合表彰，还荣获全国司法警察编队管理示范单位、十佳预防职务犯罪年度报告、民事检察优秀案件以及全省查办职务犯罪十大精品案件等 117 项业务表彰，多次在全国、全省业务会议上作典型发言，在丰富的检察实践中创造了许多新鲜经验。检察理论方面，他在注意自身思想理论修养的同时，注重对实践成果的总结提炼与理论概括，还多次参与攻关最高人民检察院、湖北省人民检察院重大课题，常有极具见解的检察实务及理论研究成果见诸于检察高端论坛和学术刊物，其观点的提炼必拔新领异，言之有物，其论述必逻辑严密，证之有据。近期，他将近几年对检察工作的最新探索实践成果整理归集成这本《检察实务研究》。

《检察实务研究》分为三大板块，即：第一板块，宏观决策研究成果，集中收录了作者以中国特色社会主义法治理论、方针政策及检察工作原则为指引，对检察基本原则、工作方针、目标任务、运行机制的思考成果；第二板块，检察业务研究成果，集中收录了作者对刑事检察、职务犯罪侦查与预防、诉讼法律监督、司法公信力建设等检察实务的探索成果；第三板块，检察综合类研究成果，集中收录了作者有关检察文化、检察服务、检察管理及检务协作、检务公开等研究成果。上述围绕检察机关的重点、难点、热点问题进行的实践与研究，可谓宏篇大论不厌其详，点滴之语不争其陋，富有很强的理论性、实践性和创新性。

我们欣喜地看到"惟创新者进，惟创新者强，惟创新者胜"是贯穿新著的一条主线。这部《检察实务研究》的问世是法学学术共同体一份新的收获，是法学理论园地的一朵绚丽花朵。我相信，这本《检察实务研究》一定能够给法学学术共同体、检察工作同仁和读者提供有益的借鉴。

中南财经政法大学教授、博士研究生导师
最高人民检察院检察应用理论研究基地负责人　　徐汉明

2017 年 3 月 28 日

# 目 录
## Catalogue

# 检察业务篇

# 检察综合篇

# 宏观决策篇

# 1 关于构建促进公正廉洁执法 "五位一体" 工作格局的思考*

当前，检察机关面临的执法环境越来越复杂，执法要求越来越高，一些执法不公正、不廉洁的问题仍然屡禁不止、时有发生。这些问题虽然是发生在极少数人身上，但直接影响公正廉洁执法，直接损害人民群众利益，直接败坏检察机关形象。为此，中央和高检院把公正廉洁执法作为影响社会和谐稳定的源头性、根本性、基础性问题，从队伍建设、执法规范化、案件管理、执法监督、执法考评、执法公开等各个层面对全面提高检察机关公正廉洁执法水平提出了更高的要求，提出了许多具体的工作措施。落实好这些工作措施，要求检察机关更新观念、创新机制，在注重解决具体问题的同时做到从整体上推进公正廉洁执法。2010 年 8 月，湖北省人民检察院敬大力检察长通过理性分析，从全局的高度，在全省检察长座谈会上提出了构建以执法办案为中心、以制度规范为基础、以执法管理为前提、以监督制约为关键、以执法保障为条件的 "五位一体" 工作格局，进一步促进公正廉洁执法。随后制定下发了《关于构建促进检察机关公正廉洁执法工作格局的指导意见》（以下简称《指导意见》），着力在创新机制、多措并举中促进检察机关公正廉洁执法。构建促进公正廉洁执法 "五位一体" 工作格局，适应了当前执法办案工作平稳健康发展的客观需要，具有明显的针对性、长远性、

* 本文系湖北省人民检察院部署的研究课题论文，2011 年 4 月在中国法学会检察学研究会检察基础理论专业委员会和湖北省人民检察院检察发展研究中心举办的 "十二五" 时期检察工作的总体思路和基本要求研讨会上发表交流。

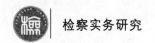

协调性和创新性。本文结合工作实践谈些思考。

## 一、构建促进公正廉洁执法"五位一体"工作格局的现实必要性

省院制定的《指导意见》紧扣时代脉搏、紧贴检察实际，审时度势，因势利导，对促进公正廉洁执法意义重大。具有充分的实践依据和理论依据。

1. "五位一体"工作格局是检察机关多年来狠抓公正廉洁执法实践经验的系统提炼和升华。2006 年以来，全省检察机关按照中央、省委和高检院关于公正廉洁执法的指示精神，推出了一系列举措，创造了一批新鲜经验。先后组织开展了三个专项治理、作风建设年、"恪守检察职业道德，促进公正廉洁执法"主题实践以及加强基层院执法规范化、队伍专业化、管理科学化、保障现代化"四化建设"等活动，实施了检察队伍建设"六项工程"。特别是 2010 年以来，全省检察机关扎实开展"提高执法公信力，我该做什么？"集中评查活动、弘扬检察职业道德先进事迹报告团巡讲活动、"反特权思想、反霸道作风"专项教育整肃活动等；制定落实"四个绝对禁止、一个必须实行"的办案纪律；认真开展巡视和检务督察；深化检务公开，全省 130 个检察院同步开展"公众开放日"活动。咸宁市院还结合实际，先后开展了素能建设年、检察文化建设活动，建立健全检务督察机制等措施。通过采取上述措施，有效促进了公正廉洁执法水平不断提高。然而，由于我们面临的执法环境越来越复杂，执法要求越来越高，执法不公、不廉的问题仍时有发生，执法办案中仍然存在一些长期难以解决的问题。究其原因，不是单方面而是多方面的，治理的对策也不应是单一的，而应当是多措并举，综合防治。省院制定的"五位一体"工作格局总结和吸取了过去在抓公正廉洁执法中的经验教训，不是单纯从教育等某个方面来抓公正廉洁执法，而是站在全局的高度，找准影响公正廉洁执法的深层次诱因，突出重点，统筹兼顾，多管齐下，综合防治，从机制层面，固化、常态化地加强检察机关公正廉洁执法建设。

2. "五位一体"工作格局是湖北省检察机关贯彻落实中央、省委、高检院关于公正廉洁执法要求的重要举措。党的十七大报告和十二五规划分别指出"要坚持用制度管权、管事、管人，建立健全决策权、执行权、监督权既相互制约又相互协调的权力结构和运行机制"、"加强政法队伍建设，严格公正廉洁执法"。"五位一体"工作格局是保证检察机关贯彻落实上述要求的具体措施。同时，对落实中政委部署的深入推进三项重点工作以及高检院部署的学习贯彻"两会"精神意义重大。在三项重点工作中，"化解社会矛盾"是目的；"社会管理创新"是抓手；"公正廉洁执法"是保障，是关键和根本。构建"五位一体"工作格局有利于将三项重点工作落实到执法办案的任务和内容上，落实到制度、机制的建立上，落实到执法办案主体能力的提高上。在今年全国两会上，人大代表、政协委员指出，检察机关要进一步强化执法监督管理，加强自身反腐倡廉建设，确保公正廉洁执法，提高执法公信力。构建"五位一体"工作格局就是检察机关积极回应人民群众的新要求、新期待，将公正、廉洁、为民的价值理念落实到执法办案和各项建设中，让人民群众真正感受到检察机关"强化法律监督，维护公平正义"就在身边，确保人民赋予的检察权始终用来为人民服务，不断提高检察机关的执法公信力和满意度。同时，"五位一体"工作格局，从机制层面围绕党和国家工作大局，积极适应转变经济发展方式对检察机关提出的新要求，让广大检察人员进一步更新执法观念、改进执法作风、提高执法能力，确保执法办案的政治效果、法律效果和社会效果的有机统一，更好地为经济社会又好又快发展服务。

3. 构建促进公正廉洁执法"五位一体"工作格局是检察机关正确履行宪法和法律赋予职责的必然要求。检察机关作为国家法律监督机关，不仅对政法机关公正廉洁执法发挥着监督作用，甚至对整个党政机关公正廉洁履职也发挥着重要作用。因此，检察机关率先做到公正、廉洁，确保自身正、自身硬，对实现全社会的公平正义具有全局性、基础性、示范性作用。构建促进公正廉洁执法"五位一体"工作格局，就是为了确保检察机关依法履行法律监督职责，将公正廉洁体现到各个执法环节、执法岗位上，强化到办案人员的执法思想和执法观念上，从而不断增强法律监督能力、提升执法公信力，正确履行宪法和法律赋予的职责。

4."五位一体"工作格局是马克思主义哲学理论在检察工作中的具体运用。构建促进公正廉洁执法"五位一体"工作格局是马克思主义世界观和方法论的有机统一。世界观主要解决世界"是什么"的问题，方法论主要解决"怎么办"的问题。公正廉洁执法是检察工作的根本，是检察人员应具备的基本价值观，是解决"是什么"的问题。"五位一体"是方法论，是我们如何做到公正廉洁执法的手段。构建"五位一体"工作格局，既抓住了检察机关执法办案这个主要矛盾，又用全面的观点、联系的观点兼顾其他方面，是马克思主义哲学"两点论"在检察工作中的具体运用，是用哲学系统的观点促进公正廉洁执法。同时，以科学发展观为指导，注重发挥检察工作机制的基础性、根本性、长远性作用，用统筹兼顾的方法促进公正廉洁执法可持续发展。

## 二、构建促进公正廉洁执法"五位一体"工作格局的科学系统性

### （一）"五位一体"工作格局的内涵

构建促进公正廉洁执法"五位一体"工作格局是用系统和发展的观点，将执法办案、制度规范、执法管理、监督制约、执法保障五个方面融为一体，科学整合、统筹协调、多管齐下，并作为一种整体的工作机制促进公正廉洁执法。其基本内涵是：

1.执法办案。是指坚持以业务工作为中心，把强化执法办案作为促进公正廉洁执法的应有之义。全面辩证地处理好办案数量、质量、效率、效果、规范、安全六大关系，坚持严格依法办事，坚持公正廉洁执法，坚持理性、平和、文明、规范执法，实现执法办案活动法律效果、政治效果和社会效果的有机统一。

2.制度规范。是指重点围绕易发多发执法不严格、不公正、不廉洁的重点岗位和关键环节，健全完善配套完备的执法办案制度规

范体系，使执法办案活动有规可循、有章可依。进一步严格规范性文件的制定权限和程序，确保制定制度规范的必要性和可行性。加大执法办案制度规范的执行力度，防止执行制度的随意性。同时，加大违反制度规范的惩治力度，确保规范制度的严肃性。

3. 执法管理。是指针对执法管理工作缺乏系统化和规范化、难以及时发现和有效解决办案中存在的问题等情况，着眼防患未然，健全完善符合检察工作一体化机制要求的执法管理体系。加强办案流程管理和办案质量管理，完善执法考评管理和线索集中管理机制，完善扣押、冻结款物和办案安全管理，加强交办案件和指定异地管辖案件以及对讯问职务犯罪嫌疑人全面、全部、全程同步录音录像管理，有效防止执法不公不廉的问题发生。

4. 监督制约。是指牢固树立监督者更要接受监督的意识，坚持把强化自身监督与强化法律监督并重，坚持强化内部监督与外部监督并重，进一步完善自身执法办案的内外部监督制约体系。自觉接受人大监督，依法接受人民法院、公安机关和刑罚执行机关的制约，深入推进人民监督员制度，深化检务公开，认真接受社会各界和人民群众的监督。加强检察机关业务部门之间的内部制约、纪检监察和检务督察部门对执法办案活动的监督、上级院对下级院的监督、业务部门执法办案中的自身监督，确保检察权公开、公正、廉洁运行。

5. 执法保障。是指保障检察机关执法办案工作顺利开展所必需的各类资源的总称，包括执法办案经费保障、执法办案基础设施和业务装备保障、执法办案的科技和信息化。就是要以检察经费保障体制改革为契机，加强公正廉洁执法的经费保障。根据严格执法和文明执法的要求，强化办案基础设施和业务装备保障，加强执法办案的科技含量和信息化建设，为公正廉洁执法提供物质保障基础。

（二）"五位一体"工作格局的内在联系

"五位一体"工作格局是一个有机整体，相辅相成，相互促进。五个方面都对促进公正廉洁执法发挥着重要作用。执法办案是公正廉洁的实现途径，公正廉洁体现在执法办案的全过程，只有在执法办案中公正廉洁，才能保证检察机关公正廉洁的形象。制度规范使各项执法办案活动有章可循、有规可依，不断增加制度规范的刚性因素，堵塞容易引起不公不廉执法的漏洞，增强公正廉洁执法的约束力。执法管理是推动制度规范落实的重要途径，是对不公正、不廉洁执法行为进行约束的过程，对促进公正廉洁执法具有不可替代的作用。监督制约是通过内外部监督来制衡、约束执法过程中权力的滥用，及时防止和纠正执法办案过程中可能或已经发生的影响公正廉洁的执法行为。执法保障是执法办案的物质基础，是当前影响公正廉洁执法的深层次诱因，只有加强和完善执法保障，才能有效防止执法不公不廉问题的发生。

在"五位一体"工作格局中，执法办案是中心、制度规范是基础、执法管理是前提、监督制约是关键、执法保障是条件。

1. 执法办案是中心。检察业务是检察工作的中心，检察业务工作的落实是围绕执法办案来进行的，执法办案是检察业务工作的中心环节。执法办案是检察机关履行宪法和法律赋予职责的重要途径，是衡量检察机关是否公正、是否廉洁的标尺。制定公正廉洁执法的措施必须根据执法办案的特点、规律、问题进行，才能确保相关制度的针对性、可行性和实效性。因此，执法办案是灵魂、是统帅，促进公正廉洁执法必须始终坚持执法办案这个中心。执法办案是中心，就是要求制度规范、执法管理、监督制约和执法保障四个方面都围绕、服务和服从执法办案进行。

2. 制度规范是基础。所谓基础，是指事物发展的根本和起点。制度问题带有根本性、全局性、稳定性和长期性。任何事物的发展都必须遵循一定的规则，执法办案也要遵循一定的制度规范，否则，就会出现随意性执法，产生不作为、乱作为、不公正、不廉洁的现象，影响法律的严肃性和权威性。执法办案不公正、不廉洁的根本原因是制度完善不够、落实力度不够这个基础性的问题，执法管理、监督制约、执法保障等都是建立在制度规范之上的。因此，在促进公正廉洁执法过程中，必须把制度规范作为基础性工程来抓，通过健全制度规范，为促进公正廉洁执法奠定坚实基础。

3. 执法管理是前提。制度是约束，管理的过程就是约束的过程，也是制度执行的过程，制度规范只有在执法管理上下功夫才能取得实效。执法管理的过程就是促进公正廉洁执法规范制度落实的过程，是对不公正、不廉洁执法行为的一种约束。制度规范作为促进公正廉洁执法的基础，并不能自动发挥对执法办案活动的规范作用，落实制度必须通过执法管理来实现，唯有通过加大制度规范的落实力度这一管理过程，才能激活制度规范，使制度规范得到贯彻执行，取得应有的实效，因此，执法管理是促进公正廉洁执法的前提和先决条件。

4. 监督制约是关键。所谓关键，是对事情起决定作用的因素。有权必有责，用权必受监督，不接受监督的权力必然导致权力滥用，导致不公正、不廉洁，导致腐败。经常性的监察、督促和制约是确保公正廉洁执法的决定性因素，监督制约的过程是一个提醒的过程、预防的过程、及时纠正的过程，在促进公正廉洁执法过程中，再好的制度规范，再科学的执法管理，如果在落实过程中不及时进行监督制约，就可能导致制度规范无法严格执行，执法管理无法落实到位，只有加强监督制约，才能使各项规范制度和执法管理得以正确运行并持续发挥效应。因此，监督制约是"五位一体"格局中促进公正廉洁执法的关键。

5. 执法保障是条件。所谓条件，是影响事物发生、存在和发展的因素。物质是第一性的，任何事物的运动和发展都建立在物质基础之上。检察权公正廉洁行使同样需要一定的物质条件来保障，执法保障水平直接影响到公正廉洁执法的效果，缺乏必需的工作、生活物质作保障，公正廉洁执法就很难实现。通过对执法办案的经费、基础设施、硬件建设的保障，可以有效消除受利益驱动办案等影响公正廉洁执法的深层次诱因。因此，执法保障是促进公正廉洁执法的物质支撑和必要条件。

（三）构建"五位一体"工作格局是促进检察机关公正廉洁执法的系统方法

"五位一体"是抓手，公正廉洁执法是目的。"五位一体"工作格局是实现公正廉洁执法的有效途径，是指导和促进公正廉洁执法

的系统方法。

1. "五位一体"工作格局拓宽了促进公正廉洁执法的思路，实现了工作思路由封闭式向开放式转变。促进公正廉洁执法是一项复杂的系统工程，"五位一体"工作格局应跳出就公正廉洁执法抓公正廉洁执法的思路，根据新时期新阶段检察工作的新要求，牢牢把握影响公正廉洁执法的突出问题，以不断提高执法公信力为目标，紧紧围绕执法办案这个中心任务，用系统思维对公正廉洁执法进行了战略思考，提升了思维境界，拓宽了促进公正廉洁执法的思路。

2. "五位一体"工作格局统筹了促进廉洁公正执法的方法，实现了工作方法由零散式向系统化转变。检察机关在曾经抓公正廉洁执法过程中，一度方法相对零散，不够系统。"五位一体"工作格局紧紧抓住执法办案这个检察机关的中心工作，综合运用以往在执法办案、制度规范、执法管理、监督制约、执法保障方面的经验，增强了综合治理影响检察机关公正廉洁执法问题的系统性。

3. "五位一体"工作格局强化了促进公正廉洁执法的现代管理手段，实现了执法制度和管理由粗放式向精细化转变。用"五位一体"工作格局来统筹公正廉洁执法，本身就是现代管理理论在检察工作中的成功运用。管理的前提是制度规范，通过健全完善配套完备的执法办案制度规范体系，整合了检察机关执法办案中的相关法律规定和业务规范，梳理了检察机关执法办案工作流程，实现了执法标准统一化、执法环节具体化、执法要求明确化，最大限度地减少执法随意性。同时，注重运用目标管理、流程管理、质量管理、安全管理、过程管理等现代管理方法加强和改善执法管理，覆盖全体执法人员、全部执法岗位、全程执法环节，使整个执法管理向精细化管理迈出了坚实的一步，与高检院 2010 年 12 月 31 日颁布的《检察机关执法工作基本规范（2010 年版）》的要求是一致的。

4. "五位一体"工作格局加固了促进公正廉洁执法的监督制约屏障，实现了监督制约机制由单一型、随意性向复合型、常态化转变。一方面，加强内部监督，实现监督主体多元化。坚持既发挥纪检监察和检务督察部门的主导作用，又注重增强其他部门和干警在监督中的责任感，使每位干警既是监督者，又是被监督者。同时，建立上级院对下级院执法办案活动的监督以及业务部门之间的横向监督机制，确保监督主体多元化。通过推行巡视、案件评查、执法检查、检务督察、廉政风险防控等监督措施，强化对重点执法岗位、执法环节和执法人员的监督，确保监督范围全面化、监督工作常态化。另一方面，把外部监督作为提升内部自身监督效果的重要途径，通过自觉接受人大监督、依法接受人民法院、公安机关和刑罚执行机关的制约、深化检务公开、认真接受社会各界和人民群众的监督等方式，进一步形成了横向到边、纵向到底的监督制约体系，全方位增加执法办案工作的透明度，确保检察权行使到哪里，监督制约就跟进到哪里。

5. "五位一体"工作格局遏制了促进公正廉洁执法的执法保障深层次诱因，实现了执法保障由低层次向高层次转变。公正廉洁执法必须有物质保障。"仓廪实，知荣辱。"促进公正廉洁执法，既要"堵"——堵塞执法制度和管理漏洞，又要"疏"——疏通渠道、加强执法保障；既要"加鞭"，又要"加料"。当前和今后一个时期，执法保障对基层检察机关尤为重要，是消除执法不公不廉深层次诱因的重要举措。"五位一体"工作格局，通过加强公正廉洁执法的经费保障、加强办案基础设施和业务装备保障、加强执法办案的科技含量和信息化保障，进一步建立起与公正廉洁执法需求相适应的经费、设施装备和信息化保障体系，充分发挥信息化管理特别是办案软件管理在执法办案流程管理、网上质量监控等方面不可替代的重要作用，把公正廉洁执法的要求贯穿于执法活动的全过程，全面夯实了公正廉洁执法的保障基础。同时，通过"五位一体"工作格局，为检察机关争取地方党委政府加大执法保障支持提供了契机和政策依据。

总之，"五位一体"工作格局是促进公正廉洁执法综合治理、标本兼治的系统举措，具有明显的"动车组"效应，围绕以执法办案为中心，制度规范、执法管理、监督制约、执法保障都予给力，形成促进公正廉洁执法的强劲能量和动力，努力达到公正廉洁执法

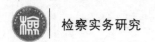 

的阶段性和整体性目标，确保检察权依法正确行使。

### 三、务求构建促进检察机关公正廉洁执法"五位一体"工作格局的实效

落实"五位一体"工作格局，促进公正廉洁执法，既要立足当前，解决具体问题；又要着眼长远，持续推进公正廉洁执法各项要求的落实，确保取得实效。

（一）紧紧围绕五个方面，使"五位一体"工作格局的各项要求得到有效落实

一是紧紧围绕强化执法办案，进一步提高执法公信力。要始终坚持以业务工作为中心，强化执法办案，忠实履行宪法和法律赋予的各项法律监督职责；所有执法办案活动都以事实为依据、以法律为准绳，做到有法必依、执法必严、令行禁止；纠正简单执法、粗暴执法等不文明、不规范行为，克服就案办案、机械执法的偏向，严格遵守省院提出的"四个绝对禁止、一个必须实行"的办案纪律。二是紧紧围绕健全制度规范，进一步提高执法规范的科学完备性和执行力。要以形成内容科学、程序严密、配套完备、有效管用的检察工作制度规范体系为目标。抓好各项已出台检察改革措施的落实，如检察工作一体化机制、法律监督调查机制和量刑规范化改革等；完善执法办案制度规范，全面整合、细化、完善执法工作规范和业务工作流程，细化执法标准，进一步加强规范性文件的审核和管理，为公正廉洁执法奠定坚实基础；提高执法办案制度规范的"执行力"，及时传达学习规范性文件，不折不扣地执行，对执行不力或有选择性执行，导致检令不畅的情形，一经发现，严肃查处。三是紧紧围绕加强执法管理，进一步完善对执法活动的流程管理和科学考评。健全完善检察工作的管理体系，全面整合、优化办案部门内部工作流程，加强上下统一、横向协作、内部整合和总体统筹，探索建立案件管理机构，对案件实行统一、归口和专门管理；加强对各个执法办案环节的监控管理，如办案质量管理、线索集中管理、

扣押冻结款物管理、办案安全管理、交办和指定管辖案件管理等，减少程序瑕疵，提高办案质量；完善执法考评机制，对执法办案工作实行分级分类考评，健全办案责任制，建立执法业绩档案，建立执法公信力评价指标体系，为公正廉洁执法建立正确的导向机制。四是紧紧围绕强化监督制约，进一步提高对执法活动的内外部监督力度。自觉接受外部监督，包括人大监督、政协民主监督和舆论监督，以及其他政法机关的监督制约，通过深化检务公开，推行人民监督员制度和检察开放日活动，广泛接受人民群众及社会各界对执法办案活动的监督；加强检察机关各业务部门之间的内部制约，认真执行《人民检察院执法办案内部监督暂行规定》，进一步完善相关部门对线索、初查、侦结、批捕、起诉等环节的互相制约机制，加强对同步录音录像工作情况的监督制约；加强纪检监察和检务督察部门对执法办案的监督制约，积极推行巡视、案件评查、执法检查、检务督察、廉政风险防控等监督措施，强化对重点执法岗位、执法环节和执法人员的监督，切实落实"一案三卡"制度，防止和纠正不公不廉行为的发生。五是紧紧围绕加强执法保障，进一步提高执法活动的物质保障水平和科技含量。积极争取党委政府及社会各界的支持，贯彻落实省委、省政府《关于加强政法经费保障工作的意见》，进一步加大检察经费保障力度，防止以收定支，以罚没款、政法转移支付资金冲抵预算拨款，上进下退等问题；加强基础设施建设，加强办案功能用房、受理接待中心、办案工作区、检察技术信息中心等保障办案工作的基础设施建设；落实基本业务装备配备指导标准，配齐办案所需的三级机要通道、远程讯问、多媒体出庭示证、同步录音录像等设备；加强执法办案的科技含量和信息化保障，加强电子取证和移动指挥系统等科技强检项目建设，按照高检院统一部署抓好检察信息化应用软件的安装运行，运用信息网络等科技化手段强化案件流程管理。

（二）注重抓好五个结合，使"五位一体"工作格局与各项检察工作相互依托、相互促进，取得实效

在实践中，要把落实"五位一体"工作格局与各项检察工作结

合起来，使其相互依托、相互促进，共同发展。一是注重与服务党和国家发展大局相结合。要正确把握中央关于"十二五"时期经济社会发展的决策部署，把构建"五位一体"工作格局与服务经济社会平稳较快发展紧密结合起来。将执法办案作为服务大局最基本最直接的手段，进一步发挥打击、保护、监督、教育、预防等职能作用，为经济平稳较快发展服务；综合运用制度规范、执法管理、监督制约等手段，确保执法办案的服务效果；坚持依法查办、惩防并举、把握政策界限、掌握分寸节奏、注意方式方法等"五条办案原则"，不断提高服务水平，确保执法办案法律效果、政治效果和社会效果的有机统一。二是注重与"三项重点"工作相结合。在落实"五位一体"工作格局中，要围绕"三项重点"工作，通过充分发挥批捕、起诉职能，依法严厉打击严重刑事犯罪，全面贯彻宽严相济的刑事政策，最大限度地减少社会对抗，促进社会和谐稳定，坚持把抓排查、抓调处、抓息诉贯穿于检察工作的始终，促进社会矛盾化解；通过加大查办和预防职务犯罪的工作力度，促进社会管理部门和国家工作人员正确履行管理职责，并积极参与社会治安防控体系建设，切实加强对特殊人群的帮教管理，不断促进社会管理创新；通过全面加强诉讼监督职能，坚决监督纠正群众反映强烈的执法不严、司法不公问题，促进公正廉洁执法。三是注重与群众工作相结合。在构建"五位一体"工作格局中，要认真贯彻落实"两会"精神，高度重视、认真研究代表、委员的意见和建议，认真解决代表、委员反映强烈的突出问题，确保取得人民群众更加满意的成效；要妥善解决人民群众的合理诉求，维护群众合法权益，实行"12309"电话举报、控告、申诉、投诉"四合一"，推行电话受理、网络受理、信函受理和接访受理"四整合"，并严格落实领导包案制、首办责任制以及控申部门与办案部门前后衔接、协作配合等机制，依法及时解决群众合理诉求；要紧紧依靠人民群众，健全对群众投诉的受理、查究、反馈机制，不断强化人民群众对检察机关执法办案活动的监督，有效促进检察机关自身的公正廉洁执法；要认真开展涉法涉诉案件评查活动。对在案件评查中发现的对人民群众合理诉求不作为、乱作为，甚至徇私枉法、滥用职权的要进行监督纠正。四是注重与基层检察院的"四化"建设相结合。高检院提出的基层检察院"四化"建设目标，与"五位一体"工作格局的五个方面密不可分，必须将二者紧密结合起来，不断加强基层基础建设。要强化规范执法意识，细化和落实执法行为规范，加强执法行为规范培训；要完善基层选人用人机制，推进正规化分类培训，广泛开展岗位练兵、业务竞赛活动，提升检察队伍专业化水平；要运用符合司法规律和检察工作特点的管理模式科学管理各项检察工作，科学考评基层检察工作；要建立与经济社会发展、财力增长水平和检察工作实际需要相适应的基层检务保障体系，加强科技装备保障建设，改善办公、办案条件，完善和落实基层检察队伍职业保障。五是注重与检察队伍建设相结合。构建"五位一体"工作格局与检察队伍建设紧密结合，必须加强检察人员的理想信念教育，通过扎实开展"发扬传统、坚定信念、执法为民"主题教育实践活动，提高拒腐防变的能力和严格自律的意识；必须加强法律监督能力建设，提高检察人员的法律专业知识和检察业务技能，为公正廉洁执法奠定基础；必须加强检察职业道德建设，强化自我约束，加强自律管理，引导检察人员守得住清贫、抵得住诱惑；必须加强检察文化建设，充分发挥检察文化的导向功能、凝聚功能、激励功能、约束功能、优化功能和辐射功能，为公正廉洁执法提供强有力的精神动力和思想保障。

（三）进一步解决好四个方面问题，使"五位一体"工作格局不断完善和发展

1. 进一步解决好领导体制的问题

根据宪法及人民检察院组织法规定，检察机关实行双重领导体制，这是由中国特色社会主义法制制度决定的，多年来的实践证明，这种领导体制对检察机关的创建、重建和发展起到了积极作用。随着我国市场经济发展和法治建设的步伐不断加快，这种体制也需要进一步的完善和发展。主要表现在：一是上级检察院领导下级检察院的制度需要进一步规范明确。二是在检察人员的职级待遇上，检

察机关被当作一般的行政机关，特别是基层检察院规格低，级别配备不够合理，一定程度影响了检察人员公正廉洁执法的积极性。三是受地方财政的制约，检察经费对地方财政过于依赖，容易滋生地方保护主义和产生利益驱动的不良倾向，影响公正廉洁执法。在当前司法体制改革的浪潮中，有人提出了省级以下检察机关的垂直领导体制，可以有效地解决上述矛盾和问题，但还需立法上的保障。现阶段，我们要在地方党委领导和上级检察机关领导之间寻找结合点和平衡点，正确处理检察工作一体化机制与地方党委领导的关系，使双重领导制得以有效对接。

2. 进一步解决好优化检察职能配置的问题

近年来，省院积极探索实行"两个适当分离"，推进省院部分机构职责调整，并在13个基层院进行内部整合试点，实践证明已初显成效。下一步，要及时总结经验，争取全面推广施行，进一步促进"五位一体"工作格局的完善发展。

首先，在执法办案环节要解决诉讼职能和诉讼监督职能适当分离的问题。第一，从加强内部制约的需要看，检察机关负责批捕、起诉的部门同时负责在诉讼程序中监督本部门和其他司法、执法机关的诉讼活动，对于这种双重地位，理论界和社会上长期存在诸多质疑，客观上造成既不便于对他方进行监督，也不利于自身严格公正执法的现实情况。第二，从加强法律监督工作的需要看，人民群众对司法、执法机关有法不依、违法不究、执法违法等问题反映强烈，但诉讼监督却一直是检察工作的薄弱环节，实践中往往将履行批捕、公诉、职务犯罪侦查等职能作为职能部门的首要任务，而将履行诉讼监督职能作为可有可无的次要任务，削弱了法律监督的整体效能。第三，从健全和完善科学合理执法程序和模式的需要看，批捕、公诉、职务犯罪侦查等诉讼职能和诉讼监督职能的运行规律是不一样的，两者方向不同、对象不同、程序不同，将两者混同在一起，容易造成工作模式和运行特征的错位。

其次，在执法管理环节要解决案件办理职能和案件管理职能适当分离的问题。加强案件办理，客观要求强化监督制约，规范案件管理；加强案件管理，也有利于强化案件办理，确保公正廉洁执法。实践中，有的地方出现办案程序不规范、执法随意性大、办案质量不高等问题的一个重要原因就是，案件办理部门实行内部管理、封闭管理、分散管理，缺乏相对独立的外部集中管理，导致案件管理工作较为薄弱。由于案件办理强调对案件的依法处理，案件管理则强调对案件的流程监控、过程控制、统一考评等，两者存在明显区别。因此，实行案件办理和案件管理适当分离，在坚持案件办理部门自身管理的同时，引入相对独立的综合性管理机制，建立对案件的专业、统一、归口管理以及流程监控、过程控制的模式，既有利于强化法律监督，又有利于加强监督制约。

3. 进一步解决好激励机制的问题

我们一直习惯认为，实现执法办案的公正廉洁，主要依靠加强教育、强化监督、加大惩罚力度等约束性的制度，而不太重视激励性制度的建设。其实，现代管理理论和实践表明，激励制度在激发工作动力和创造力方面有巨大的作用，这一规律同样适用于检察机关的管理活动。就执法者个体来讲，执法不公不廉产生的原因有两种：

一是业务水平不高和执法经验不足导致执法者没有能力实现执法公正。要解决这个问题，除了加强现有执法人员的专业技能培训外，还要利用激励机制吸引优秀的专业人才进入检察队伍和避免人才流失。当前，检察队伍严重青黄不接，不能满足检察执法岗位的需要。以咸宁市检察机关为例，现有检察干警 611 人，其中 51 岁以上的有 199 人，占 32.6%；46 岁至 50 岁的有 124 人，占 20.3%，两项合计占总人数的一半以上。而 30 岁以下的有 21 人，占 3.4%，31 岁至 35 岁的有 50 人，占 8.2%，两项合计仅占总人数的 11.6%。这其中 35 岁以下具有检察官身份的仅有 17 人，只占总人数的 2.8%。2006 年以来，全市检察机关在省院的统一部署下，通过公务员招考和检察官遴选等方式，招录了 16 名优秀人才进入检察系统，在一定程度上为检察队伍补充了新鲜血液，今后，需进一步招录高素质人才充实基层检察队伍，同时进一步提高检察人员的职级、工资福利等待遇来吸引人才、留住人才，奠定检察机关公正廉洁执法的主体基础。

二是具备足够的执法能力，但仍然随意执法或在利益关系的驱使下有意实施不公正、不廉洁的执法行为。这就需要建立考核激励机制，解决公正廉洁执法动力不足甚至动机不良的问题。当前，虽然各级检察机关都制定了一些奖惩机制，但没有落到实处，没有真正发挥导向和激励作用，使一些检察人员没有足够的动力去认真落实公正廉洁执法。检察机关要建立真正的考核激励机制，一方面，扩大公正廉洁执法在考核指标体系中的权重，形成公正廉洁执法的正确导向，积极引导检察人员的执法行为；另一方面，要将考核结果与工资、福利以及职务晋升切实挂钩，使执法人员在目标上有盼头、工作上有动力，必将大幅度提升检察机关的公正廉洁执法水平。

4. 进一步解决好理论支撑的问题

理论是实践的先导，检察事业的不断科学发展离不开理论的支撑。近几年来，高检院紧紧围绕检察制度建设和检察改革重点任务，不断加强调查研究、理论研究和规律探索，检察理论研究取得了显著的成效，有效指导了中国特色社会主义检察制度的建立和发展。特别是去年高检院的中国检察学研究会设立了五个专业委员会，我们感到很有必要，非常及时，其中检察基础理论研究会就设立在湖北，我们要以此为契机，进一步促进科学完备的中国特色检察理论体系的构建。近几年来，全省检察机关十分重视检察理论和应用的研究工作，如检察工作一体化机制研究、执法公信力建设研究、检察机关群众工作研究、司法保障体制研究等，有效指导了检察工作实践。省院构建的促进公正廉洁执法"五位一体"工作格局，正是在对检察机关自身公正廉洁执法的实践情况进行全面调查研究基础之上提出的，是解决检察机关自身公正廉洁执法问题的系统思考，研究制定的《指导意见》，得到了省委的高度重视和支持，并以省委的名义转发，这在全省政法系统是少见的。下一步，还应进一步加强对"五位一体"工作格局运行情况的调查研究，及时总结提高，不断促进"五位一体"工作格局的完善发展。

# 2 关于新时期湖北检察工作的 重大指导原则*

    党的十八大鲜明提出"全面建成小康社会"的战略目标,强调法治是治国理政的基本方式,要全面推进依法治国,加快建设社会主义法治国家。未来的几年,是实现这一新的战略目标的关键时期,也是湖北检察事业发展的大好时期。如何贯彻落实党的十八大、全国"十三检"会议对不断开创中国特色社会主义检察事业新局面作出的战略部署、提出的更高要求,实现湖北省人民检察院党组提出的融入"五个湖北"建设推进"五个检察"的战略目标,需要认真研究确立新时期湖北检察工作的重大指导原则,不断发展完善湖北检察工作方针政策体系,并用以指导未来一个时期湖北检察事业更好地服务于党和国家工作大局,服务于加快构建湖北"中部崛起重要战略支点"战略,并在服务大局中实现检察事业自身的科学发展。在深入学习总结近年来检察工作特别是湖北检察工作成效、经验、理论创新成果的启示下,本文从理论依据、实践依据和时代要求出发,进行分析论证并提出一些建议,谨供省检察机关决策新时期湖北检察工作重大指导原则参考。

## 一、关于检察工作重大指导原则的理解

    检察工作的重大指导原则与检察工作的指导思想、工作方针、工作主题、总体思路联系密切,都集中体现、反映检察工作在特定

---

    * 本文系 2012 年 11 月湖北省人民检察院筹备全省第十三次检察工作会议部署的专题调研报告;12 月 18 日在第五届检察发展论坛发表交流。

时期的总体发展战略，但各有区别，各有侧重。"指导思想"是指对检察工作发展全局起根本指导作用的科学理论；"工作方针"强调的是指导检察工作发展前进的纲领，指明前进的方向和目标，具有高度的概括性；"工作主题"强调的是特定时期检察工作最基本、最核心的要求；"总体思路"则强调对特定时期检察工作的整体谋划和宏观安排部署，特点是综合性、操作性，涵盖面广，内容更丰富。"检察工作重大指导原则"应当是检察工作规律的客观反映和具体体现，是在检察工作中观察问题、处理问题的准则，是评价检察工作的标尺，对检察工作发展全局起根本指导作用，是特定时期检察工作总体发展战略的重要组成部分。作为检察工作的重大指导原则，必须同时具备六种基本属性，即：政治性，必须能够体现检察工作的政治方向；法律性，必须体现宪法和法律精神；宏观性，必须体现对检察工作全局的指导作用；科学性，必须体现科学发展观的要求，遵循司法规律；系统性，必须体现对检察工作的全面指导作用，形成约束、评价、指引检察工作沿着正确的轨道迈向总体工作目标的完整体系；创新性，必须体现与时俱进的精神，在继承的基础上创新。

## 二、关于检察工作重大指导原则提出的依据

新时期检察工作重大指导原则的提出，涉及检察机关重大政策策略的调整变化和充实发展。既有时机、效果、延续性等问题，更重要的是要有充足的依据，从而使概括凝练出来的重大指导原则符合党的方针政策、符合检察工作规律、体现时代发展要求。基于以上考虑，提出检察工作重大指导原则主要有以下三个方面的依据：一是理论依据。主要是党和国家关于依法治国、社会主义检察制度等基本理论，特别是高检院、省院近年来在检察理论研究领域取得的一系列重大成果，当前最主要的是"十三检"会议提出的"六观"、"六个有机统一"、"四个必须"的执法理念和发展理念。二是实践依据。是指高检院特别是省院近年来在继承基础上不断探索创新，形成的一系列符合检察工作发展方向、符合检察工作规律、符

合湖北省检察工作实际的实践经验，应当涵盖检察工作方针政策体系、执法办案和法律监督工作体系、检察机关自身建设体系。如省院 2008 年 2 月提出的检察机关应当坚持"高举旗帜、科学发展、服务大局、解放思想、与时俱进"的重要原则等。三是时代要求。主要是党的十八大对政法工作提出的新要求；省院 2011 年以来在全面总结近年来全省检察工作成效经验基础上，提出的要按照"系统化推进、体系化落实、项目化建设"的要求，努力构建更加完善的检察工作"三个体系"；贯彻落实省第十次党代会精神提出的推进"实力检察、创新检察、法治检察、文明检察、人本检察"的工作要求；正确实施修改后刑事诉讼法的强化"五个意识"、坚持"六个并重"要求及贯彻落实修改后民事诉讼法的相关要求。

## 三、关于新时期湖北检察工作重大指导的提炼

基于上述认识和理解，建议新时期湖北检察工作的重大指导原则概括为"高举旗帜、服务大局、民主法治、以人为本、改革创新、科学发展"。

### （一）高举旗帜

旗帜就是方向。检察机关是国家专门法律监督机关，必须高举中国特色社会主义伟大旗帜，坚定检察工作的政治方向。高举旗帜，就是要始终坚持中国特色社会主义道路和中国特色社会主义理论体系，始终坚持走中国特色社会主义检察事业发展道路，忠实履行宪法和法律赋予的检察职能，认真贯彻落实依法治国基本方略，巩固党的执政地位，维护国家长治久安，保障人民安居乐业，促进经济社会发展，当好中国特色社会主义事业的建设者和捍卫者。高举旗帜，要求检察工作必须自觉坚持党的领导，认真贯彻《中共中央关于加强和改进党对政法工作领导的意见》，增强党性观念，始终与党中央保持高度一致，坚持马克思主义在检察工作中的指导地位，自觉践行社会主义法治理念，保持政治上的清醒和坚定；必须确保制定的各项工作方针、原则、思路和措施，与党的路线方针政策保持一致，体现党的路线方针政策的精神和要求；必须坚持重大工作部

署、重要改革事项、重要工作事项及时向党委报告，严格执行要案党内请示报告制度，积极发挥检察职能服务党和国家工作大局，主动争取党委对检察工作的领导与支持。高举旗帜，要求检察工作必须自觉接受人大监督，切实树立"法律监督机关更要接受监督"的意识，增强坚持人民代表大会制度、接受人大及其常委会监督的自觉性；切实贯彻执行《中华人民共和国各级人民代表大会常务委员会监督法》的有关规定，完善接受人大监督的具体措施，拓宽接受人大监督的有效途径，建立健全接受人大监督的经常化和规范化工作机制；要认真向人大及其常委会报告检察工作，接受人大及其常委会执法检查工作，认真贯彻执行人大及其常委会的决议；虚心听取人大代表的建议、意见和批评，认真办理代表提出的各项议案，在接受人大监督中不断加强和改进检察工作。

（二）服务大局

检察工作是党和国家工作的重要组成部分，必须在党和国家工作大局下开展，为党和国家工作大局服务。因此，服务大局既是检察机关肩负的政治责任和社会责任，也是党和国家、人民群众对检察工作的要求。胡锦涛总书记深刻指出，政法工作是党和国家工作的重要组成部分，必须在党和国家工作大局下开展，为党和国家大局服务。曹建明检察长也多次强调，要围绕中心，服务大局，牢固树立推动科学发展，促进社会和谐的大局观。敬大力检察长强调，围绕中心，服务大局是党中央的明确要求，是人民群众的殷切期望，也是检察机关任何时候都必须坚持的重大政治任务和根本指导思想。服务大局，就是要把检察工作融入经济社会发展大局中来谋划和推进，坚持做到"四个紧紧围绕"，着力营造"四个环境"。要紧紧围绕保障"十二五"规划纲要的实施，紧紧围绕"主题主线"对检察工作的要求，紧紧围绕"四个维护，两个促进"的检察工作目标，紧紧围绕省委关于构建促进中部地区崛起重要战略支点的总目标总任务，深入贯彻落实省院制定省委转发的《关于充分发挥检察职能为改革发展大局服务的意见》，深入思考和谋划服务大局工作，自觉服务社会主义经济建设、政治建设、文化建设、社会建设以及生态文明建设的大局。要把全面履行法律监督职责作为服务大局最基本、最直接的手段，既要防止不顾大局孤立地执法办案，又要防止脱离职能，超越职能搞服务，在服务中履行职能，在履行职能中开展服务。要在加快构建促进中部地区崛起重要战略支点的新征途中，通过全面履行检察职能，着力为营造和谐稳定的社会环境、诚信有序的市场环境、廉洁高效的政务环境、公平正义的法治环境服好务。

（三）民主法治

民主法治，是指社会主义民主得到充分发扬，依法治国基本方略得到切实落实，各方面积极因素得到广泛调动。党的十五大确立了依法治国基本方略，党的十六届六中全会通过的《关于构建社会主义和谐社会若干重大问题的决定》，将"必须坚持民主法治"作为构建社会主义和谐社会要遵循的原则之一。党的十八大报告指出："必须继续积极稳妥推进政治体制改革，发展更加广泛、更加充分、更加健全的人民民主"、"更加注重发挥法治在国家治理和社会管理中的重要作用，维护国家法制统一、尊严、权威，保证人民依法享有广泛权利和自由"。这些重要论断表明，社会主义民主法治将在党和国家政治生活、社会生活、经济生活乃至文化生活各个方面发挥更加全面、更加深刻、更加重要的作用。坚持民主法治，就是要着力推进"法治检察"，大力培育和弘扬社会主义法治精神，自觉坚持"六观"、"六个有机统一"、"四个必须"，强调依法履职、慎重用权、规范办案，积极践行诉讼民主、诉讼文明、诉讼公开、诉讼监督制约等法治要求。坚持执法办案"三个效果"有机统一，在执法办案中始终以事实为依据，以法律为准绳，切实把好案件事实关、证据关、程序关和法律适用关，努力做到办好铁案、不办错案、杜绝冤案，不断提升执法办案的法律效果；切实增强政治敏锐性和鉴别力，坚持从有利于维护党的执政地位、维护国家安全、维护社会大局稳定出发处理案件，不断提升执法办案的政治效果；坚持原则性与灵活性相结合，注意把握办案时机，改进方式方法，注重围绕执法办案化解社会矛盾、推进社会管理创新，促进社会和谐稳定，不断提升执法办案的社会效果。

（四）以人为本

以人为本是科学发展观的核心，是我们党坚持全心全意为人民服务根本宗旨的体现，是坚持检察工作人民性的根本要求。检察机关作为国家法律监督机关，一切权力皆来自人民，其行使检察权的基本出发点和最终目的就是实现好、维护好、发展好最广大人民群众的根本利益，真正做到执法为民。敬大力检察长强调，要坚持检察工作的人民性，真正做到以人为本、执法为民。以人为本，就是要深入推进"人本检察"。坚持执法为民，始终把人民放在心中最高位置，把实现好、维护好、发展好最广大人民群众根本利益作为检察工作的根本出发点和落脚点，作为检察工作是否取得成效的根本标准；坚持把解决民生问题放在首位，密切关注群众需求，真诚倾听群众呼声，紧紧抓住损害群众利益、群众反映强烈的突出问题，加大法律监督力度，维护群众合法权益，满足人民群众的司法需要；牢固树立群众观点，加强和改进检察机关群众工作，增强履行职责、服务群众的能力，满腔热忱地为群众解难题、办好事，树立检察机关可亲、可信、可敬的良好形象；建立健全检察机关服务群众、联系群众的工作机制，完善检务公开、接受群众监督的各项制度，创新便民利民措施，不断探索新形势下专群结合的新途径新机制，紧紧依靠群众的支持和参与做好检察工作。要依法保障人权，在执法中尊重人格尊严，维护基本人权，体现人文关怀。要始终坚持检察干警的主体地位，尊重干警，理解干警，关爱干警，不断强化干警的主人翁意识，充分调动干警干事创业的积极性和主动性。要深入推进"文明检察"，坚持以社会主义法治理念和政法干警核心价值观为指引，进一步加强以法治精神和公信力为主题的检察文化建设，构筑检察事业发展进步"精神高地"。

（五）改革创新

改革创新是推动检察事业不断发展进步的必由之路。曹建明检察长在第十三次全国检察工作会议报告中强调，改革创新是推动检察工作发展进步的必由之路，要坚持以改革创新为动力，努力实现继承、创新、发展的有机统一，推动检察事业全面发展进步。近几年，湖北省积极推进"检察工作一体化"机制、"两个适当分离"、"法律监督调查机制"等检察工作机制创新措施，比较成功地解决了许多长期以来制约、影响检察工作的体制性、机制性、保障性问题，不仅得到高检院领导的充分肯定，也充分证明检察事业必须与时俱进，改革创新。改革创新，就是要深入推进"创新检察"，把改革创新的时代精神真正融入检察工作，以创新解难题，以创新求发展。要积极推进理论创新，紧紧围绕检察机关服务经济社会科学发展、推动检察工作自身科学发展、检察改革发展中遇到的实际问题以及完善检察学理论体系等，进一步加强对检察体制和工作机制改革重大课题的研究，进一步加强对检察实践经验的提炼总结和理论概括，不断深化对检察工作规律性的认识，不断完善中国特色社会主义检察理论体系，并在科学理论指导下坚持和发展中国特色社会主义检察制度。要积极推进体制创新和工作机制创新，面对越来越复杂的执法环境、越来越高的执法要求，必须进一步紧紧围绕落实检察机关领导体制、优化检察职能配置、提升法律监督能力、拓展法律监督领域、理顺外部关系、营造良好环境、夯实法律监督工作群众基础、预防诉讼违法行为探索以及规范文明执法等，及时研究新情况、解决新问题、总结新经验，大力开展机制创新，确保检察事业永不僵化，永不停滞。

（六）科学发展

党的十八大报告明确指出，"科学发展观同马克思列宁主义、毛泽东思想、邓小平理论、'三个代表'重要思想一道，是党必须长期坚持的指导思想"。就检察工作而言，科学发展是检察事业发展道路和发展目标的有机统一，理应遵循科学发展的原则。科学发展，就是要以科学发展观为指针确立和调整检察工作发展思路，不断推动检察工作全面、协调、可持续发展。要奠定科学发展坚实基础，深入推进"实力检察"，着力强化高素质检察队伍建设，着力提高经费保障水平，着力加快科技强检步伐，着力提升基础设施和装备现代化水平，切实强基础、壮实力，稳固发展根基，增强发展后劲。要牢牢把握科学发展观"解放思想、实事求是、与时俱进、求真务实"的精神实质，在谋划和推进检察工作过程中，切实尊重法律，维护国家法律的统一正确实施，切实遵循司法规律，严格按照规律办事，切实呼应人民司法需求，努力实现好维护好人民根本利益，确保检察机关的执法思想、工作思路、执法行为始终与科学发展要求相统一，与经济社会发展和法治文明进步相一致，与人民群众的期待相符合，从而实现检察工作政治性、法律性、人民性的有机统一。要牢牢把握统筹兼顾的根本方法，正确处理硬件与软件、业务与队伍、近期工作和长远发展、重点工作和基础建设、继承和创新等一系列重大关系，不断完善服务经济社会发展的思路和措施，不断解决影响检察工作科学发展的突出问题，推动检察工作全面、协调、可持续发展。

# 3 关于立足检察职能 为全面深化改革提供有力司法保障若干问题研究*

党的十八届三中全会作出了《中共中央关于全面深化改革若干重大问题的决定》（以下简称《决定》），构建了全面深化改革的战略蓝图。检察机关在深入贯彻落实《决定》精神，扎实推进自身各项改革任务落实的同时，必须要立足并充分发挥好职能作用，为全面深化改革提供有力的司法保障。本调研报告围绕这一问题，重点研究检察机关服务全面深化改革的观念、工作重点和工作方法，供湖北省人民检察院决策参考。

## 一、着力更新执法观念，与全面深化改革相适应

面对全面深化改革的新形势、新任务，建议明确检察机关执法指导思想是：高举中国特色社会主义伟大旗帜，深入贯彻党的十八届三中全会精神，准确把握全面深化改革的指导思想、总体思路和目标任务，紧紧抓住依法独立公正行使检察权这个核心，严格遵循加强司法权运行监督制约机制这条主线，强化法治思维、改革思维、底线思维，增强进取意识、机遇意识、责任意识，以服务全面深化改革、建设法治国家为己任，进一步推进检察改革和工作机制创新，努力实现执法办案转变模式、转型发展，切实提高群众工作水平和执法公信力，全面履行法律监督职能，为全面深化改革提供有力司法保障。

---

* 本文于 2013 年 12 月在湖北省检察机关贯彻落实十八届三中全会精神专题研讨会上发表交流。

全省"十三检"会议在社会主义法治理念、"六观"、"六个有机统一"、"四个必须"的基础上，创造性地提出了"检察事业发展和科学检察发展"的检察工作理念。实践证明，上述理念体现时代发展要求，符合检察事业发展规律，对检察工作实践具有重大指导意义，必须进一步坚持。党的十八大以来，尤其是十八届三中全会和习近平总书记系列重要讲话精神，都对检察工作提出了新任务新要求，因此，检察机关的执法理念也要与时俱进，适当作出调整。结合党的十八大、十八届三中全会精神和习近平总书记系列重要讲话精神，建议在"理性、平和、文明、规范"的执法理念基础上，增加"公正、高效、法治、创新"的执法理念。

一是树立公正的执法理念。公正既是司法的本质要求，也是人民群众的期盼和十八届三中全会确定的司法体制改革重要目标。十八届三中全会《决定》在全面深化改革的指导思想中指出，要"以促进社会公平正义、增进人民福祉为出发点和落脚点"；在深化司法体制改革中提出，要"加快建设公正高效权威的社会主义司法制度"，"确保依法独立公正行使审判权、检察权"，"让人民群众在每一个司法案件中感受到公平正义"。可见，"公正"应该是执法者的最高价值目标。

二是树立高效的执法理念。"迟来的正义非正义。"正义是要靠效率来作保障。十八届三中全会强调要加快建设公正高效权威的社会主义司法制度，修改后的刑事诉讼法、民事诉讼法赋予检察机关更多新的职能职责，新一轮司法改革也将逐步深入推进，检察机关的工作任务将日益繁重。因此，强调高效执法已成为必然要求。

三是树立法治的执法理念。党的十八大将全面推进依法治国提升到前所未有的新高度，十八届三中全会《决定》将"推进法治中国建设"独立成篇、浓墨重染。现代社会，法治的实践状态主要体现在司法上。这就要求，检察机关作为司法机关，要确保检察权始终在法治轨道中运行，依法履行检察职能，严格规范自身执法办案行为，善于运用法治思维和法律方式深化改革、推动发展、化解矛盾、维护稳定，推进各项事业法治化进程，服务法治中国建设。

四是树立创新的执法理念。十八届三中全会对全面深化改革作出部署，改革创新已经成为推动发展的强大动力和有效路径。《决定》提出的司法体制改革各项措施，以及省院近年来部署的一系列检察工作机制创新，必须通过思想观念、体制机制和工作方法等方面的创新才能完成。因此，检察工作要适应新形势、新任务的要求，必须与时俱进，不断更新执法理念、创新执法机制、改进执法方式、提高执法水平。

## 二、牢牢把握服务重点，为全面深化改革作保障

当前和今后一个时期，检察机关要立足检察职能，紧扣工作主题，自觉把检察工作放在全面深化改革全局中谋划和推进，着重从六个方面抓好检察工作服务改革的任务，为全面深化改革提供有力司法保障。

（一）充分发挥检察职能作用，服务完善社会主义基本经济制度以及市场经济体系建设

一要切实加强对各种所有制经济产权的保护。严厉打击破坏公有制经济和非公有制经济产权和合法权益的行为，注重对各种所有制经济市场行为的监督和规范，确保各种所有制经济公开公平公正参与市场竞争。二要不断加大对行政机关监管市场体系行为的监督。严厉打击行政机关滥用职权设立地方"保护壁垒"或违法实行优惠政策的行为，通过强化行政诉讼法律监督，规范政府监管市场的行为，促进政府职能转变。三要积极参与现代市场体系的规范建设。深入开展市场监管体系职务犯罪惩治和预防工作，加大对破坏城乡建设用地市场、金融市场、科技改革创新、知识产权保护等违法犯罪行为的打击力度，促进建立统一开放、竞争有序的现代市场体系。四要严厉打击财政、税收领域犯罪。切实保障革命老区、边疆地区、民族地区、贫困地区转移支付资金和中央一般转移支付调节资金的安全，高度关注利用税收优惠政策实施的职务犯罪行为，促进国家财税体制改革落实。五要严肃查处城乡发展一体化进程中的犯罪。强化对涉及土地承包经营权流转、土地征收等民事、行政案件的监

督，探索对农村产权流转交易的法律监督和保护。

**（二）充分发挥检察职能作用，服务社会主义民主政治和法治中国建设**

一要进一步自觉接受人大监督和政协民主监督。加强与人大代表、政协委员的联络，认真履行好报告工作制度。二要进一步发挥好检察机关在保障和发展基层民主中的积极作用。依法打击破坏基层组织选举、议事等违法犯罪行为，切实保障基层群众参与管理和监督的民主权利。三要进一步加强对行政执法活动的监督。深入推进行政执法与刑事司法衔接，积极履行行政诉讼监督职能，有效开展支持起诉、督促起诉、督促履行职责等工作，促进行政行为依法开展。四要进一步依法独立公正行使检察权。健全完善全方位诉讼监督格局，切实加强对立案、侦查、审判、执行等各个诉讼环节的监督，做到依法监督、善于监督、规范监督和理性监督。五要进一步加强人权保障。充分保障律师的执业权利，积极发挥检察机关在社区矫正中的法律监督作用，确保犯罪嫌疑人、被告人、被监管人、被矫正人员以及被错告人、被诬告人、被害人的合法权益不受侵害。六要进一步推进检务公开。健全人民群众参与检察决策、评判检察工作的机制，完善人民监督员、专家咨询等制度，加强与群众的互动交流，拓宽人民群众有序参与司法的渠道。

**（三）充分发挥检察职能作用，服务权力运行制约和监督体系建设**

一要不断加大惩治职务犯罪案件力度。坚持有案必办，有腐必惩，坚决查处大案要案，着力解决发生在群众身边的腐败问题，发挥好检察机关在惩防腐败体系中的重要职能作用。二要深入推进预防职务犯罪工作。注意查找新形势下职务犯罪发生的特点和规律，加强重点领域、关键环节职务犯罪预防的专题研究和报告，促进惩防腐败制度体系完善。三要积极完善检察机关与纪检监察机关的工作联系和协调配合机制。坚持依法办案，分工履职，协调有序，严格落实、不断完善办案协作配合的长效机制。

（四）充分发挥检察职能作用，服务社会主义文化建设

一要依法维护国家文化安全。深刻认识意识形态领域斗争的严重性和复杂性，加强对思想文化领域重要敏感信息的分析研判，依法打击境内外敌对势力通过思想文化渗透进行的破坏活动。二要依法保护文化产业健康发展。积极配合有关部门深入开展规范文化市场专项行动，健全网络管理以及网络违法犯罪防范和打击等工作联动机制，促进正面引导和依法管理相结合的网络舆论工作格局形成。三要依法规范现代文化市场体系。依法查办和积极预防国有经营性文化单位转企改制、公共文化服务体系建设中的职务犯罪，保证文化惠民项目和群众文化需求的落实；充分发挥法律监督职能，依法保护文化工作者合法权益，支持非公有制文化企业健康发展，促进各类文化市场主体公平竞争。

（五）充分发挥检察职能作用，服务社会事业改革和社会治理体制建设

一要高度关注发生在教育领域综合改革过程中的职务犯罪。注重预防和查办在义务教育资源配置、高等学校招生和考试、校企合作等方面利用职务实施的犯罪。二要切实维护国家就业创业和社会保障制度的落实到位。注重预防和查办在扶持创业的优惠政策、劳动者职业培训等方面利用职务实施的犯罪，加强对各类社会保险金、住房公积金和医疗保险金提取、使用、监管过程的监督规范。三要大力保障医药卫生和公共安全体系的完善运行。加大对药品器械供应、医疗保障等方面犯罪的打击力度，促进理顺医药价格。加强对食品药品安全、重特大安全事故渎职行为的查处力度，推动建立隐患排查和安全防控体系。四要不断加强用法治思维和法治方式化解社会矛盾。把依法维权和依法办事结合起来，健全涉检矛盾排查化解机制，做好涉检网络舆情监测、研判、引导、处置工作，引导涉法涉诉信访问题在法治轨道内妥善解决。

（六）充分发挥检察职能作用，服务生态文明建设

一要加强对国家自然资源产权和用途的监督。注意预防和查办发生在农林矿产资源利用、国土资源开发保护、国土空间规划使用

等方面的职务犯罪案件，促进自然资源监管体制完善。二要强化对生态环境的保护。严厉打击破坏退耕还林、退牧还草和严重超采、污染排放等严重破坏生态环境的违法犯罪行为，加强对行政机关、国家工作人员在生态环境方面不作为、乱作为的监督。三要探索公益诉讼。积极探索对破坏自然资源、破坏生态环境等行为的国家公益诉讼形式。

## 三、切实创新工作方法，为全面深化改革营造环境

检察机关服务全面深化改革，必须要讲究策略、注重方法，健全机制、完善制度，才能提高服务水平和实效，营造"和谐稳定的社会环境、竞争有序的市场环境、公平公正的法治环境、廉洁高效的政务环境、容错宽松的改革环境"。具体来讲，要正确处理"八个关系"，区分"八个界限"，探索建立完善六项体制机制。

（一）正确处理八个方面的关系

一要正确处理服务全面深化改革和履行检察职能之间的关系。服务全面深化改革是检察机关当前的重大政治责任和重要任务，检察机关服务全面深化改革必须以履行检察职能为依托，既不能超越检察职能搞服务，更不能脱离改革大局履行检察职能，二者是相辅相成，相互促进的。

二要正确处理执行法律和执行政策之间的关系。要讲究法律政策的准确适用，对于改革后政策允许、改革前认为是犯罪的行为，如抽逃注册资本罪，要慎重处理；对改革后严厉禁止、改革前规定是违法犯罪的行为，如税收返还政策、违法实行优惠政策等，要依法严肃处理。通过准确把握二者关系，实现严格执行法律，准确掌握政策，不偏不倚，灵活有度。

三要正确处理服务改革和自身改革之间的关系。从检察机关职责层面讲，检察机关是改革的护航者，从司法体制改革层面讲，检察机关又是改革的实践者。因此，检察机关必须履行好双重使命，既要将检察改革放在全面深化改革大局中谋划，切实搞好自身的改革；又要通过推进检察改革，发挥好检察职能为全面深化改革提供

更好的法治保障。

四要正确处理促进法治中国建设与推进检察工作法治化之间的关系。建设法治中国，是中央从国家战略高度提出的新任务、高要求，检察机关作为法律监督机关，在推进法治中国建设进程中，负有义不容辞的职责。一方面，要充分发挥检察职能促进法治国家、法治政府、法治社会一体建设，促进各项事业法治化；另一方面，要把检察工作法治化作为法治中国建设的重要组成部分来深入推进，要把法治原则、公平正义贯穿于执法办案、法律监督全过程，严格按法定权限、程序和手段履行检察职责，深入构建促进公正廉洁执法"五位一体"的工作格局，持之以恒推进执法规范化建设，健全检察权运行和监督制约体系，不断提升检察机关执法公信力。

五要正确处理独立行使检察权与党委领导、人大监督之间的关系。党的领导是检察机关正确行使检察权的基本前提和根本保证，是检察事业发展的关键所在和政治保障，是必须始终遵循的政治原则；人民代表大会制度是我国的根本政治制度，检察机关自觉接受人大监督是人民主权原则的必然要求，是检察机关依法独立行使检察权，不受行政机关、社会团体和个人干涉的重要保证；独立行使检察权是坚持党领导、人民当家作主、依法治国有机统一在检察工作中的具体体现，也是维护、巩固党的领导和人民代表大会制度的重要司法保证。必须要坚持党的领导、人大监督与依法独立行使检察权的有机统一。

六要正确处理提高执法办案能力与提高群众工作能力之间的关系。人民性是检察机关最根本的政治属性，群众工作是检察工作的应有之义和固有内容，人民群众是检察工作全部价值的最高裁决者。因此，必须把群众工作贯穿于执法办案始终，在提高执法办案能力的同时提升群众工作能力，让人民群众在每一个司法案件中都能感受到公平正义。

七要正确处理打击违法犯罪与预防违法犯罪之间的关系。打击违法犯罪和预防违法犯罪都是检察机关的重要职能，打击违法犯罪是手段，预防违法犯罪是目的。因此，必须坚持惩防结合，才能实现标本兼治。整合"三项预防"职能，构建检察机关预防违法犯罪工作大格局是省院强化检察机关法律监督职能，提升预防工作层次和效果、推动检察工作科学发展的顶层设计，是具有基础性、系统性的重大创新举措，实践证明，这项工作对于全面提升预防工作水平、实现预防工作创新发展具有积极和深远的作用，必须深入推进。

八要正确处理全面深化改革形势下执法办案法律效果、政治效果和社会效果之间的关系。执法办案的法律效果、政治效果和社会效果三者之间是辩证统一的关系。尤其是在当前全面深化改革的形势下，既不能片面理解司法公正的要求，僵化理解适用法律，机械执法、就案办案，偏重法律效果而忽视政治效果、社会效果，导致服务改革大局不到位，保障人民福祉无成效；也不能无视法律要求，脱离检察职能，单纯追求政治效果和社会效果，而不讲法律效果，最终得不偿失。必须要在执法办案中，树立正确的大局观和执法理念，处理好三个效果之间的关系，实现三个效果的有机统一。

（二）准确区分八个方面的界限

一要准确区分改革探索中工作失误与渎职犯罪之间的界限。既然是改革探索就难免出现"工作失误"，对于改革探索中的失误，不要上纲上线，不要轻易按渎职犯罪来处理，要给全面深化改革营造一个宽松的法治环境。

二要准确区分执行政策出现偏差与"钻改革空子"违法犯罪之间的界限。要加强对改革政策的深入理解，善于研究新情况新问题，对在改革过程中出现的偏离政策轨道的问题，要认真分析原因，研究执行政策出现偏差与"钻改革空子"违法犯罪的界限，既不能因为打击不当影响改革的积极性，又不能因为打击手软而放纵犯罪。

三要准确区分简政放权与玩忽职守之间的界限。要深刻领会简政放权的目的是转变政府职能、优化市场环境，在执法办案过程中要与国家机关工作人员玩忽职守的行为严格区分，属于犯罪行为的绝不放纵，属于简政放权范畴的则要依法保护。

四要准确区分国有资本与非国有资本组成混合所有制经济过程中正常谈判让利与徇私舞弊造成国有资产流失之间的界限。改革、鼓励积极发展混合所有制经济，国有资本、集体资本、非公有制资本在交叉持股、相互融合中，为达到最佳交融结合点，必然会有代表不同资本利益的争利、让利谈判过程。对于国有资本在谈判过程中正常的让利行为，要正确对待、准确判断，不能轻易按徇私舞弊造成国有资产损失案件来处理。

五要准确区分履行招商引资优惠政策合同与滥用职权之间的界限。近年来，各地为了加大招商引资力度，分别给予了一定的优惠政策，这些优惠政策合同有的还没有履行完毕。按照《决定》要求，今后要严禁和惩处各类违法实行优惠政策的行为，反对地方保护，反对垄断和不正当竞争。这就涉及已经签订的招商引资合同如何履约的问题，对于履行原招商引资合同的要区分情况，不能一概按滥用职权处理。

六要准确区分非公经济组织、新社会组织以及农民正当收入与利用社会管理漏洞谋取不正当利益之间的界限。改革给予了非公经济组织、新社会组织以及农民更大的收益空间。检察机关在执法办案过程中，既要注重保护非公经济组织、新社会组织以及农民的正当收入，又要善于把握法律政策界限，依法惩治利用社会管理漏洞谋取不正当利益的违法犯罪行为。

七要准确区分企业依法融资与非法吸收公众存款之间的界限。资金问题是企业尤其是中小企业发展面临的瓶颈问题。为了给企业发展提供宽松的环境，《决定》提出要健全多层次资本市场体系，多渠道推进股权融资，发展并规范债券市场，提高直接融资比重。检察机关必须要深入研究新的金融政策，把好尺度，对法律政策允许的企业融资行为严格予以保护，对非法融资的行为依法予以打击，促进金融市场在改革中不断规范。

八要准确区分轻微犯罪与严重犯罪之间的界限。要准确适用宽严相济的刑事政策，一方面，严重打击破坏改革发展的严重刑事犯罪、重大职务犯罪；另一方面，对于初犯、偶犯等轻微犯罪依法从轻处理，最大限度地减少社会对抗面。做到当宽则宽，当严则严，既保持打击严重犯罪的高压态势，又注重缓和社会矛盾，为全面深

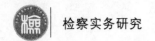

化改革提供和谐的社会环境。

（三）积极探索建立完善六项体制机制

一要积极探索建立省级以下检察机关人财物统一管理体制。要深入调研、全面掌握全省各级检察机关人财物基本情况，进一步强化检察工作一体化机制，加强对下级检察机关的领导，为实施省以下人财物统一管理做好准备。

二要积极探索与行政区划适当分离的司法管辖体制。要争取党委重视、政府支持，加强与人民法院的沟通协调，深入调查研究，拟好方案，定好步骤，以点带面，有序推进，探索实践与行政区划适当分离的司法管辖制度。

三要积极探索检察人员分类管理体制。要从加强检察官职业化建设的角度出发，严格遵循检察工作规律，准确分析人员结构组成，努力探索符合检察工作发展的检察人员分类管理制度。

四要健全完善主办检察官制度。要不断深化对主办检察官制度试点工作的探索实践，及时总结成熟的经验做法，促进这项工作的制度化、规范化，不断顺应改革形势，逐步全面铺开。

五要探索建立改革中的新型犯罪案件上报备案机制。要通过建立上报备案机制，促进准确把握全面深化改革中的新情况新问题，妥善处理好新类型案件，及时总结规律方法，为类案处理提供有效指导依据。

六要研究建立将服务全面深化改革工作纳入考评的机制。要充分发挥考评的导向作用，将履行检察职能服务全面深化改革的工作任务细化分解成考评标准，纳入考评内容，引导各级检察机关高度重视服务全面深化改革工作任务，增强工作主动性。

# 4 关于自觉融入全面推进依法治国和 "五个湖北" 建设工作布局的思考*

党的十八届四中全会作出了《中共中央关于全面推进依法治国若干重大问题的决定》（以下简称《决定》），明确了全面推进依法治国的指导思想、总体目标、基本原则、根本任务和要求，指明了法治建设的方向，明确了法治建设的遵循。本调研报告围绕"自觉融入全面推进依法治国和'五个湖北'建设工作布局"展开研究，并提出建议供湖北省人民检察院决策参考。

## 一、关于如何发挥检察职能作用，找准促进法治建设、服务经济社会发展的切入点和着力点

十八届四中全会、深化平安中国建设会议和曹建明检察长在湖北调研时发表的重要讲话，都赋予检察机关在全面推进依法治国中非常重要的角色和地位，为检察工作的创新发展提供了难得的历史机遇。检察机关是法治建设的重要力量，在全面推进依法治国和服务经济社会发展中担负着重要使命，主动把各项检察工作融入全面推进依法治国、经济社会发展的总体布局，其切入点和着力点主要有四个方面：

（一）依法履行刑事检察职能，努力推进平安湖北建设

习近平总书记强调，法治是平安建设的重要保障，要把政法综治工作放在全面推进依法治国大局中来谋划，深入推进平安中国建

---

* 本文于 2014 年 11 月在湖北省检察机关贯彻十八届四中全会精神专题研讨会上发表交流。

设，提高平安建设现代化水平。十八届四中全会强调，要健全依法维权和化解纠纷机制，强化法律在维护群众权益、化解社会矛盾中的权威地位，引导和支持人民理性表达诉求、依法维护权益。深化平安中国建设会议强调，要发挥法治的引领和保障作用，坚持系统治理、依法治理、综合治理、源头治理，努力使影响社会安定的问题得到有效防范、化解、管控，确保人民安居乐业、社会安定有序、国家长治久安。因此，深入推进平安建设是首要切入点和结合点。

（二）严肃查办和预防职务犯罪，努力促进反腐倡廉建设

当前，反腐败工作不断深入，人民群众对反腐败寄予厚望和极大关注。十八届四中全会《决定》提出，要深入推进依法行政，加快建设法治政府；要完善惩治贪污贿赂犯罪法律制度。检察机关作为反腐败的一支重要力量，对于促进和保障依法行政、促进法治政府建设具有重要作用，既要充分发挥检察机关在查办职务犯罪方面具有法治反腐的天然优势，依法履职，深入查办各类职务犯罪，保持查办职务犯罪的高压态势；又要积极参与预防腐败制度体系建设，着力深化职务犯罪预防工作。

（三）全面加强诉讼法律监督，努力维护社会公平正义

习近平总书记提出，促进社会公平正义是政法工作的核心价值追求。十八届四中全会强调，公正是法治的生命线，司法公正对社会公正具有重要引领作用，司法不公对社会公正具有致命破坏作用。十八届四中全会《决定》专章强调保证公正司法、提高司法公信力，还就完善司法管理体制和司法权力运行机制、保证司法公正提出了一系列改革措施。检察机关要探索完善行使监督权的法律制度，加强对刑事诉讼、民事诉讼、行政诉讼的法律监督，规范司法行为，维护司法公平公正，努力让人民群众在每一个司法案件中感受到公平正义。

（四）不断强化法治引领，努力营造良好法治氛围

全民守法是法治建设的基石。习近平总书记指出，法律要发生作用，首先全社会要信仰法律。十八届四中全会强调，法律的权威源自人民的内心拥护和真诚信仰，要增强全民法治观念，推进法治

社会建设。十八届四中全会《决定》明确提出，实行国家机关"谁执法谁普法"的普法责任制，进一步强化了检察机关的责任。检察机关要发挥示范表率作用，规范司法，以案释法，引领法治风气，传播法治文化，促进增强全民法治观念。

## 二、关于 2015 年湖北检察工作的重点任务及主要工作措施

确定重点任务要坚持应急与谋远、继承与创新、理论与实践相结合，既抓当前首要、紧要的任务，也统筹考虑工作的延续性、成长性。结合十八届四中全会精神，建议 2015 年省院在抓好日常工作的同时，重点抓好四个方面工作：一是进一步丰富"五个检察"的内涵。中央政法工作会议以来，习近平总书记先后就政法工作、检察工作作出系列重要指示。十八届四中全会对推进依法治国作出全面部署，提出了很多新观点、新论断、新任务。这些与检察工作紧密相连，有必要进行系统研究，适应法治体系建设要求，及时予以吸收转化，进一步丰富完善检察工作发展目标。二是充分发挥检察职能，积极服务和保障依法治国、"五个湖北"建设大局。十八届四中全会明确了全面推进依法治国的方向、路径和任务。检察机关作为法治建设的重要力量，要找准促进法治建设、服务经济社会发展的切入点和着力点，自觉把各项检察工作融入全面推进依法治国工作布局。三是深入推进检察改革和工作机制创新。积极争取全面启动省以下检察院人财物统一管理检察改革；根据十八届四中全会提出的探索建立检察机关提起公益诉讼、设立跨行政区划人民检察院、实行检察院司法行政事务管理权和检察权相分离等改革任务要求，积极探索实践，力争为中央决策提供参考；同时，湖北省去年以来部署推进的三项检察工作机制创新任务，既契合了十八届三中、四中全会关于改革的部署和精神，在实践中也取得了很好成效，应进一步抓好落实和总结、提炼，力争上升为全国经验得到推广运用。四是加强检察机关自身建设。十八届四中全会强调，要建设高素质法治专门队伍，创新法治人才培养机制，形成有力的法治保障体系。

检察机关要在法治建设中发挥积极作用，必须把自身建设放在更加重要位置，着力打造"五个过硬"队伍，深入推进"五个检察"，为检察工作持续健康发展和建设社会主义法治国家提供有力保障。

主要工作措施，建议为六个方面：

（一）紧紧围绕深入学习贯彻十八届四中全会精神，确保检察工作正确方向

一是深入学习十八届四中全会精神、习近平总书记系列重要讲话精神，牢牢把握依法治国的指导思想、总目标、基本原则、主要任务，坚定不移地走中国特色社会主义法治道路，做到立场坚定、旗帜鲜明、忠诚可靠。二是把坚持党的领导体现和落实到各项检察工作中，正确处理党的领导与依法独立公正行使检察权、执行党的政策与国家法律的关系，完善向党委报告工作等制度，始终在思想和行动上与党中央保持高度一致，坚持在党的统一领导下依法履职、公正司法。三是加强检察机关党的建设，在法治建设中充分发挥党组织政治保障作用和党员先锋模范作用。

（二）紧紧围绕保障和服务改革发展稳定大局，坚持法治引领立足检察职能推进平安建设

一是以人民群众平安需求为导向，进一步加强批捕、起诉工作，始终保持对黑恶势力、涉枪涉爆等严重暴力犯罪以及以报复社会、制造影响为目的的危害公共安全犯罪、个人极端暴力犯罪的高压态势，深入推进打击危害食品药品安全和破坏环境资源犯罪专项立案监督活动，维护社会大局稳定和人民群众切身利益。二是立足检察职能，健全完善检察环节社会治安形势分析研判机制，积极参与对危害食品药品安全、破坏生态环境、影响安全生产、破坏网络安全等重点问题和城乡结合部等重点地区的专项排查整治，加强社区矫正法律监督和帮教服务工作，促进立体化社会治安防控体系建设。三是推进涉法涉诉信访机制改革，加强法治宣传教育，加强检调对接，引导群众在法治轨道内解决各种诉求，有效预防和化解社会矛盾。

（三）紧紧围绕促进完善惩治和预防腐败体系，扎实抓好查办和预防职务犯罪工作

一是加大查办职务犯罪力度。坚持有腐必反，有贪必肃，既严肃查办发生在领导机关和领导干部中的职务犯罪，又严肃查办发生在群众身边的腐败犯罪。注重优化发展环境，严厉惩治破坏市场经济秩序、侵犯知识产权等违法行为背后的职务犯罪。重视查处行政机关及其工作人员在履行职责中不作为、乱作为行为，促进勤政廉政。严惩司法腐败，严肃查处司法工作人员徇私舞弊、贪赃枉法、索贿受贿等职务犯罪，促进公正司法。二是提升查办职务犯罪工作法治化水平。加强职务犯罪线索管理，健全受理、分流、查办、信息反馈制度，进一步明确纪检监察与刑事司法办案标准和程序衔接，依法严肃查办职务犯罪案件。健全内部监督制约，建立办案质量终身负责制和错案责任倒查问责制、检察机关内部人员过问案件的记录制度和责任追究制度，真正落实谁办案谁负责，以强化责任倒逼规范司法。三是增强预防违法犯罪工作实效。深化"三项预防"职能整合，积极构建检察机关预防违法犯罪工作大格局。深入推进以"两个意识"为重点内容的警示教育，促进公务人员依法行政、廉洁从政。严格落实普法责任，结合办案深入开展法治宣传，引导群众自觉守法、遇事找法、解决问题靠法。

（四）紧紧围绕构建严密法治监督体系，全面加强诉讼法律监督工作

一是加强刑事诉讼监督。健全完善行政执法与刑事司法衔接机制，严格立案监督的条件、范围和程序，加强对限制人身自由司法措施和侦查手段的法律监督，完善重大案件提前介入侦查引导取证、羁押必要性审查等制度。全面落实非法证据排除规则，加强人权司法保障，有效防范和及时纠正冤假错案。完善刑罚变更执行同步监督及社区矫正法律监督工作机制，深入开展减刑、假释、暂予监外执行专项检察，加强社区矫正监督，确保刑罚统一执行。二是加强民事诉讼监督。进一步贯彻修改后民事诉讼法和民事诉讼监督规则，

深化完善以裁判结果监督、审判活动监督、执行监督为主要内容的多元化民事诉讼监督格局。突出加强对民事执行活动和调解书的监督，完善虚假诉讼、恶意诉讼监督工作机制，综合运用抗诉、再审检察建议等多种手段，增强监督效果，扩大监督影响力。三是加强行政诉讼监督。加大对裁判不公、损害国家利益和社会公共利益的行政赔偿调解、该立案不立案、严重执行违法等情形的监督力度，高度重视对行政机关在行政诉讼活动中违法干扰办案的监督，积极开展支持起诉、督促起诉。四是积极探索提起公益诉讼工作。提起公益诉讼是十八届四中全会赋予检察机关的新职能，需积极稳妥探索推进。目前，建议重点探索就严重侵害国家利益和社会公共利益等重大民事案件提起民事公益诉讼工作；就行政行为导致重大环境破坏、国有资产严重损失以及公民人身权和财产权遭受严重损失等提起行政公益诉讼工作，为全面构建公益诉讼制度积累经验。通过全面加强诉讼法律监督，促进依法行政、严格执法，维护国家利益、集体利益和社会公共利益。

（五）紧紧围绕十八届四中全会关于司法改革的部署，深入推进检察改革和工作机制创新

一是深入推进高检院确定的"四项检察改革"和省院"三项工作机制创新"任务的实践落实，认真总结成效经验，推动相关改革和工作机制创新不断深化。二是及时向省委、省委政法委和高检院报告改革情况，主动加强与组织、人事、编制、财政等部门的沟通协调，积极推动省以下人财物统一管理改革落地生根、施行见效，力争走在前列，为全国提供有益经验。三是着力加强设立跨行政区划检察院、检察机关提起公益诉讼制度、完善行使监督权的法律制度、建立领导干部干预司法活动、插手具体案件处理的记录、通报和责任追究等制度的探索实践，积极为上级决策提供参考。

（六）紧紧围绕构建有力法治保障体系，着力加强检察机关自身建设

一是坚持正规化、专业化、职业化方向，大力加强思想政治、

司法能力、职业道德和纪律作风建设，引导检察干警信仰法治、坚守法治、践行法治，始终做中国特色社会主义法治建设的忠实崇尚者、自觉遵守者、重要推动者、坚定捍卫者。二是深入推进新型检察院建设，加快科技强检建设步伐，不断提高基层检察院硬实力、软实力和执行力。三是加快构建开放、动态、透明、便民的阳光司法机制，深化检务公开改革，及时回应社会关切，自觉接受人民群众监督，不断提高司法公信。四是遵循司法规律，完善考评办法，加强对下级院考评工作的指导，促进考评科学化，发挥考评功能树立正确工作导向，推动各项检察工作深入健康发展。

# 5 关于深入贯彻党的十八届四中全会精神 推动检察工作全面发展进步的若干问题研究*

根据湖北省人民检察院专题调研部署要求，黄冈市人民检察院组织围绕深入推进三项检察工作机制创新、深化检务公开、人民监督员制度改革及推进检察业务改革和工作机制创新四个专题，进行了认真研究，现将初步研究情况报告如下，谨供决策参考。

## 一、关于深入推进三项检察工作机制创新

### （一）推进执法办案转变模式、转型发展方面

我们按照省院部署和执法办案转变模式、转型发展 11 项任务具体要求，结合实际，不断探索符合检察工作规律和实际需要的执法理念、办案机制和工作方法。一是树立执法新理念。坚持理性执法，不断强化法治观念，自觉运用法治思维和法治方式开展职务犯罪侦查工作，使职务犯罪侦查权始终在法治轨道内行使，在办案中始终做到实事求是、具体问题具体分析，"以法为据、以理服人"。坚持平和执法，不断强化人权观念，坚持惩治犯罪与保障人权并重，在办案中始终保持平等温和而不是居高临下的心态，真正用公心、诚心和耐心对待犯罪嫌疑人，充分尊重和保障犯罪嫌疑人依法享有的各项诉讼权利。坚持文明执法，不断强化公信意识，积极改进执法办案方式方法，在办案中以规范的举止、平和的态度、文明的用语，

---

　　* 本文系 2014 年 11 月完成的湖北省人民检察院部署的贯彻十八届四中全会精神专题调研报告。

让涉案当事人感受到法律的尊严和权威，同时充分感受到司法人文关怀。坚持规范执法，不断强化程序意识，更加注重执法办案流程、环节中体现出的程序价值，在完善执法管理上狠下功夫，细化办案规程，完善业务流程，规范办案环节，坚持以程序公正促实体公正。二是探索办案新模式。侦查思维上，注重"系统分析、理性初查"，通过综合分析研判线索找准侦查方向、明确侦查重点；注重"贪渎并查"，既通过"以渎查贪"促进贪贿案件突破，又通过"由贪查渎"带动深挖渎职案件；注重全面客观收集证据，既收集直接证据，又收集再生证据，既收集有罪证据，又收集无罪证据，全面客观用证据证实犯罪。侦查方式上，注重依法灵活运用强制措施，体现宽严相济，助推案件突破；注重信息引导侦查，大力加强侦查信息平台建设，综合分析、研判、运用各类信息引导开展侦查工作；注重构建新型检律关系，充分保障律师执业权利，善于听取律师意见，搭建侦查人员、律师、犯罪嫌疑人三方有效沟通平台，促使犯罪嫌疑人认罪，减少对抗。侦查机制上，注重探索构建"一体化"侦查格局，特别是在查办大案要案上，实现了侦查办案上下一体、横向协作、扁平化指挥。经过近几年的探索实践，查办职务犯罪工作实现了从孤立办案到系统分析、理性初查，从"以供到证"办案到"以证到供"、"证供结合"办案，从分散办案到"一体化"办案，从人力型办案到信息化办案，从粗放型办案到精细化办案的深刻转变。三是注重运用侦查新技术。加强侦查信息平台建设，经过两年多的努力，市院已建立起信息资料较为全面的侦查信息平台，实现与27家单位信息专网专线互联，在42家单位建立快速查询通道，为侦查工作提供有效支撑。加强科技装备建设，投资近千万元更新配置侦查取证及侦查指挥装备。加强办案工作区标准化改造，强力推进看守所职务犯罪案件讯问室、办案区强制物理隔离及视频监控全覆盖项目建设，保证讯问工作全程全部全面同步录音录像，为规范执法奠定硬件基础。实践探索中，黄冈市检察机关执法办案转变模式、转型发展取得较好的成效：（1）办案力度大。查办职务犯罪案件年均增幅达20%，今年1～10月，共查办贪污贿赂、渎职侵权案件 239 件 275 人，同比件数上升 34.3%、人数上升 27.3%。（2）办案质量高。初查成案率由 2011 年的 81.35% 上升到 2012 年的 98.41%，2013 年至今达到 100%；案件起诉率由 2011 年的 77.31% 上升到 2013 年的 96.65%；有罪判决率近三年都达到 100%。（3）规范执法严。规范执法实现了质的飞跃，步入了"精细化"轨道。2012 年以来，促使 26 人在初查阶段主动到检察机关投案自首，已对涉嫌犯罪的 23 人立案侦查，其中县处级干部 4 名、司法和执法人员 3 名。市院办理的首例外国籍人行贿案，规范文明公开的办案方式不仅使犯罪嫌疑人受到感化，还得到该国领事的高度赞许，办案成效得到省领导的充分肯定。（4）执法效果好。全市检察机关查办职务犯罪工作，不仅实现了数量、质量、效率、效果、规范、安全的有机统一，而且有效服务发展大局，回应人民群众关切，实现了法律效果、政治效果、社会效果的有机统一。今年 9 月，市人大常委会审议市院反贪污贿赂、反渎职侵权工作专题报告时一致高度赞誉。

存在的问题：一是少数干警存在思维惯性，缺乏对执法办案转变模式、转型发展的全面认识和深刻把握，在执法理念方面还有些不适应，有的方面落实得较为到位，如严格落实"前紧"要求，加强办案风险评估预警，依法、全面、客观收集证据，谋略化运用强制措施，"贪渎并查"、检察工作一体化等，而有的方面还需进一步加大落实力度，如开放式、现代化办案、检律良性互动等方面。二是侦查信息化和装备现代化建设在促进执法办案转变模式、转型发展中发挥的作用还不够。虽然侦查信息化和装备现代化建设已经上了一个大的台阶，但有的干警习惯于原有办案经验和办案模式，应用现代科技手段和装备的意识不够强，效果有待于进一步提升。三是考评标准导致有些要求在落实过程中存在困难。如在"前紧后松"办案模式上，由于考评中过于强调撤案率、起诉率等，导致"后松"方面落实得不是很好。

（二）推进诉讼监督"四化"建设方面

诉讼监督"四化"规范文本出台前，我们严格按照省院历次会议部署，重点抓了三个方面：一是坚持把强化监督意识作为推进诉讼监督"四化"建设的基础。重点强化"三个意识"：强化法治意识，准确把握诉讼监督的职能定位、边界和限度，坚持用法治思维为指导，用法治方式来推进，做到敢于监督、善于监督、依法监督、规范监督；强化创新意识，贯彻省院"两个适当分离"改革要求，深入研究诉讼监督的特点和运行规律，积极加强工作机制层面的探索；强化执行意识，把执行作为保证诉讼监督质量和效果的关键，注重把原则、要求变成清晰可见的具体方案和工作措施，确保省院诉讼监督"四化"部署落地生根。二是坚持把健全监督机制作为诉讼监督"四化"建设的保障。重点健全三方面机制：健全检察机关内部协调配合机制，构建了联席会议、信息共享、综合分析研判、跟踪监督等机制，在检察机关上下之间、横向之间以及内设机构之间形成上下联动、横向协作、内部互动的诉讼监督模式，将各业务部门的分散监督变为联合监督，构筑"大监督"格局。健全与其他司法机关监督制约机制，构建了双向信息通报、联合监督检查、工作会商等机制，正确处理监督与支持的关系，严格遵循侦查、审判、监管活动规律和特点，既充分尊重侦查机关、审判机关和司法行政机关，又严格依法实行有效监督，与监督对象建立既相向又相容、既对立又和谐的良性工作关系。健全与行政执法机关工作联系机制，积极争取支持，形成由政府主导的"两法衔接"工作新格局，将"两法衔接"工作纳入对市直单位和各县市区依法行政的考核范畴，促进落实与行政执法机关的联席会议、情况通报、信息共享等工作制度，实现诉讼监督机制与被监督单位的内部纠错机制相衔接，共同对诉讼违法苗头性、倾向性问题开展调查分析。三是坚持把强化监督职能作为诉讼监督"四化"建设的途径。侦查监督方面，改变过去"坐堂办案"、就证据审查证据等习惯做法，通过开展专项行动，主动出击，监督力度不断加大；刑事审判监督方面，把刑事抗诉、法律监督调查、未成年人刑事案件作为刑事审判监督的重点，严格把握抗诉标准，注重实体与程序并重，"抗轻"与"抗重"并重，切实监督纠正错误裁判；刑罚执行和监管活动监督方面，加强检察机关与监管场所信息联网、监控联网项目建设，扎实开展减刑、假释、暂予监外执行、罪犯交付执行与留所服刑等专项检查监督，加强社区矫正法律监督；民事、行政诉讼监督方面，重点构建"多元化"监督格局和"立体化"工作格局。在构建"多元化"监督格局上，坚持把"抗诉"作为民事、行政诉讼监督的中心任务，同时注重根据监督范围、事项的不同，适时、灵活、综合运用抗诉、再审检察建议、法律监督调查、纠正违法通知书、更换办案人建议、检察建议、移送侦查等多种监督方式，实现监督手段多元化。在构建"立体化"工作格局上，市院发挥示范引领作用，推动工作重心向基层院下沉，加强对民事、行政诉讼活动和民事行政执行活动中各种违法情形的监督，积极审慎开展督促履行职责等工作，较好解决民事行政诉讼监督"倒三角"现象。近三年，"三大诉讼监督"实现了平稳健康发展。目前，我们正在按照省院部署，根据诉讼监督"四化"规范文本要求，扎实推进诉讼监督"四化"测试工作。

存在的问题：一是从自身来讲，规范监督有待进一步加强，在诉讼监督"四化"规范文本出台前，有的仍存在监督方式不适应、文书和台账不齐备、不规范等现象，需要在今后工作中认真改进提高；二是从检察机关外部来讲，与侦查机关、审判机关的诉讼监督工作衔接机制有待进一步细化和完善，诉讼违法情形发现难、监督难、处理难问题没有得到有效解决。

（三）推进检察机关组织体系建设方面

按照省院部署，我们积极在团风县院推进主办检察官办案责任制和基层检察院内部整合试点工作。在推进过程中，我们坚持"三个结合"，即思想发动与实践触动相结合，统一干警思想，增强改革自觉；争取支持与主观能动相结合，积极争取党委的重视和政府及有关部门的大力支持，为改革试点工作顺利实施创造条件；整体推进与重点突破相结合，在全面分析研究各方面情况基础上，紧紧抓住主办检察官选任、内部整合改革试点方案、核定内设机构和领导职数等重点环节狠抓落实，推动两项试点工作互促共进，取得良好效果。整合后，团风县院实行"五部制"，设主办检察官 19 名、主办（事务）4名，目前主办检察官均已按照省院"五个一"工作法上岗履职，各项工作按照整合后的"五部制"流畅运行。

存在的问题：一是主办检察官法律地位有待明确，履职保障有待加强，非业务岗位人员晋升机制有待进一步完善；二是"五部制"运行的相关配套机制需要进一步细化、完善。

## 二、关于深化检务公开

黄冈市检察机关按照省院部署，全力推进阳光检务工程，主要抓了三方面：一是加强检务公开组织领导，健全检务公开流程、审批等制度，推进检务公开运行规范化。二是坚持检务公开与服务群众、"网上"与"网下"、传统与现代相结合，综合运用检察门户网站、博客、微博、微信、飞信、手机报、检务公开大厅、接待受理中心、案件受理中心、乡镇检察室、检察服务站、检察巡回服务组等载体，推进检务公开平台立体化。三是注重以"现场直播"方式公开检务，经常性邀请人大代表、人民监督员参与监督检务活动，让公众零距离了解、监督检察工作，推进检务公开效果优质化。

存在的问题：一是对检务公开的认识还不够深入，尤其是对"公开什么"、"如何公开"等问题的认识需要适应构建开放、动态、透明、便民的阳光司法机制的新要求，实现与时俱进；二是检务公开工作考评机制不够完善，缺乏统一、细化、量化的标准，易导致公开不全面、不充分，在一定程度上影响公开的力度、深度、广度。

## 三、关于人民监督员制度改革

黄冈市人民监督员工作主要抓了三方面：一是规范人民监督员的服务管理、案件监督等制度机制，做到不漏案、不选项、不干扰，切实保证人民监督员充分履职。2012年以来，两级院共组织人民监督员监督案件62件。二是强化服务，通过组织人民监督员学习培训、视察观摩、交流互动等形式，努力为提高人民监督员履职能力创造积极条件。三是创新思路，开辟网站联络专栏，搭建微博、微信、手机报专用联络平台，印发人民监督员联络卡，拓展人民监督员了解、参与、监督检察工作的途径和范围，不仅限于监督"七个方面"案件，还参与到检察机关群众工作、队伍建设和纪律作风建设等各个方面。四是积极配合开展人民监督员外部选任管理改革调研，按照省院部署，高检院和司法部联合调研组、省人大调研组先后来黄冈市院进行调研，我们提出的"科学设定人民监督员选任条件、优化人民监督员的人员结构、健全人民监督员管理和服务机制"等建议得到调研组肯定。

存在的问题：一是从法律层面讲，人民监督员工作的法律制度建设有待完善，其作为监督主体的地位、权利、义务不明确，影响了人民监督员履职的积极性；二是从实践层面讲，受选任制度、工作方式、知情渠道所限，人民监督员的中立性仍显不够，人民监督员的监督作用发挥不够。

## 四、关于下一步推进检察业务改革和工作机制创新的意见建议

十八届四中全会从全面推进依法治国的战略高度，进一步细化了十八届三中全会提出的司法改革任务，部署了很多新的重大改革措施，为检察工作创新发展提供了难得的历史机遇。

近年来，省院从工作机制层面，推行检察工作一体化、"两个适当分离"、法律监督调查、组织体系和基本办案组织建设、检察官办案责任制、诉讼监督"四化"、执法办案"转变模式、转型发展"等改革创新，取得了丰硕成果，形成了具有湖北特色的检察工作制度机制体系。实践证明，湖北省检察机关抓完善检察权运行机制建设、抓规范执法的做法，符合十八大、十八届三中、四中全会精神，符合法治要求，符合司法规律和检察工作规律，应当毫不动摇地坚持。特别是省院提出并坚持的加强法治建设和提高执法公信力"两个主基调"的思路与十八届四中全会全面推进依法治国的六大任务是一致的，是符合法治精神的，是湖北省检察机关推进检察业务改革和工作机制创新必须始终坚持的方向。下一步，我们认为，湖北检察机关应当在省委的领导下，按照四中全会的精神，根据党中央、

高检院的部署，进一步更新观念，大胆实践，在完善司法管理体制和司法权力运行机制，促进公正司法的各项改革任务中，有更坚定的态度，更积极的作为。具体来讲，建议从以下八个方面积极推进检察业务改革和工作机制创新：

（一）进一步深化检务公开

十八届四中全会决定提出要"构建开放、动态、透明、便民的阳光检察机制"。推进检务公开是其中一项重要内容，也是高检院2013年部署的改革试点任务之一。下一步，就是要在现有改革成效的基础上，进一步完善制度机制，努力适应十八届四中全会关于"保障人民群众参与司法"的要求。一是拓展检务公开广度深度，及时公开检察机关面向社会公众制定的重大决策和相关规定，检察机关服务大局、服务民生的重大举措，公开执法办案、队伍建设等重要事项，尤其是与当事人合法权益密切相关的诉讼程序进展情况，使检务公开从单纯的"职责公开"向"工作公开"转变；二是完善检务公开制度机制，探索建立不立案、不逮捕、不起诉、不予提起抗诉决定书等检察终结性法律文书公开制度，健全有关重大、疑难、复杂案件公开审查、公开答复制度，探索建立审查逮捕公开听取意见制度，逐步配套建立主动公开、依申请公开程序。

（二）推进人民监督员制度改革

人民监督员制度是人民群众参与司法的有效途径。十八届四中全会决定提出"完善人民监督员制度"，对这项制度提出了新的更高要求。检察机关既要配合司法行政机关做好人民监督员选任制度改革，又要在检察工作中切实保障人民监督员依法履行监督权。一是协助司法行政机关完善细化人民监督员的选任条件、程序，进一步优化人民监督员组成结构；二是推进建立与司法行政机关之间关于人民监督员工作的联系对接协调机制，实现在选任、管理、履职上的有效对接；三是探索人民监督员对检察机关查办职务犯罪案件的立案、羁押、扣押冻结财物、起诉等环节开展监督的制度机制。

（三）推进建立法治化反腐体制机制

检察机关作为法治建设和反腐败的重要力量，必须充分发挥在查办职务犯罪方面具有的法治反腐的天然优势，推进反腐败工作在法治轨道中开展。一是按照法治思维和法治方式开展办案工作，特别是要总结好执法办案转变模式、转型发展的成效，不断提升侦查工作的水平；二是加强和规范检察机关与纪检监察机关的协作配合，细化纪检监察和检察机关查办职务犯罪案件办案标准和程序衔接，努力形成反腐败合力。

（四）推进诉讼监督"四化"建设

省院 2013 年部署推进诉讼监督制度化、规范化、程序化和体系化建设，并不断完善配套制度和措施，出台规范文本，组织开展测试工作，取得了积极成效。这项机制创新与十八届四中全会提出的"完善检察机关行使监督权的法律制度，加强对刑事诉讼、民事诉讼、行政诉讼的法律监督"的要求高度契合。下一步，有必要从更高起点、更高层次、更高水平上来推进这项工作。一是认真按照"四化"的标准、规范文本的要求开展好诉讼监督工作，依法、规范、理性履行好诉讼法律监督职责；二是做好诉讼监督规范文本的测试工作，检验好诉讼违法线索管理、诉讼监督立案标准、统一规范诉讼监督文书等九项措施运行情况，认真进行总结，加强制度机制层面的探索实践，为构建完整的检察机关行使监督权的法律制度体系提供决策参考。

（五）探索加强对行政权力运行的监督和制约

十八届四中全会决定提出"强化检察机关对行政权力的监督和制约"，进一步强化了检察机关法律监督职责，拓展检察机关法律监督的范围。加强这方面的实践探索，是检察机关面临的硬任务和新课题。一是开展渐进性监督探索，拓展检察机关对行政机关及行政人员乱作为和不作为的法律监督，对于在履行检察职责中发现行政机关及行政人员违法履行职责或者不履行职责的，可以综合运用检察建议或者督促令、提起行政公益诉讼、立案侦查追究刑事责任等递进式监督措施，监督纠正行政机关及行政人员的违法行为；二是注重总结研究，深入总结实践经验，认真研究对行政权力运行监督制约的法律依据和操作机制，如对行政权力监督的范围、方式、程序和效力，行政机关接受监督的法定义务等，努力推动建立相关法律制度。

（六）探索实践检察机关提起公益诉讼制度

十八届四中全会提出"探索建立检察机关提起公益诉讼制度"，赋予了检察机关一项全新的职能，而修改后的民事诉讼法和行政诉讼法在这方面都是空白，如何用好这项职能，需要深入开展研究、稳步探索实践。目前，建议选好行政行为或民事行为造成国家、集体或公民重大损失的典型性案件提起公益诉讼，通过办案实践不断总结检察机关公益诉讼应把握的原则、具体范围、配套制度，明确职责范围、诉讼程序、审理方式等内容，推动形成制度规范指导办案。

（七）探索建立与以审判为中心的诉讼制度相适应的诉讼监督制度

十八届四中全会提出"推进以审判为中心的诉讼制度改革"。检察机关必须主动适应这一制度改革的新形势新要求，有针对性地对检察机关诉讼监督工作进行必要的调整。一是树立正确理念，明确以审判为中心是指以庭审活动为中心，而不是以法院为中心、以审判职权为中心，公诉人通过庭审讯问、举证、质证、法庭辩论，履行指控犯罪的职责，仍然是庭审活动中的"主角"；二是调整工作思路，对改革所带来的新变化新要求深入学习领会，及时、适当调整诉讼监督侧重点，既坚持现有多元化监督工作格局，又高度重视对审判活动的监督；既把好案件事实关、证据关，又注重发现、核实和纠正审判活动中的诉讼违法行为，确保侦查、审查起诉的案件经得起法律检验。

（八）推进检察管理体制和检察人员分类管理制度改革

湖北省是中部省以下检察院人财物统一管理试点，期盼能够尽快顺利推进。

# 6 关于对行政机关违法行使职权或者不行使职权进行检察监督若干问题的探讨*

党的十八届四中全会作出的《中共中央关于全面推进依法治国若干重大问题的决定》（以下简称《决定》），明确规定"检察机关在履行职责中发现行政机关违法行使职权或者不行使职权的行为，应该督促其纠正"，为检察机关加强对行政权运行监督提出了新要求。司法实践中，如何进一步开展行政权运行检察监督面临许多新课题，本文试就检察机关对行政机关违法行使职权或者不行使职权进行监督谈些思考。

## 一、检察机关对行政机关违法行使职权或者不行使职权进行监督的必要性及法律依据

（一）检察机关对行政机关违法行使职权或者不行使职权进行监督的必要性

第一，对行政机关违法行使职权或者不行使职进行检察监督是我国体制的基本要求。我国法律监督机关和法律监督权的设置，在人民代表大会制度下具有存在的必然性和合理性，是权力制约的内在要求。对行政机关违法行使职权或者不行使职进行深入、全面的法律监督既是检察机关的宪法权力，同时也是它的宪法职责所在，对于防止行政机关权力的异化和滥用，具有极其重要的宪政价值。第二，对行政机关违法行使职权或者不行使职进行检察监督是我国

---

* 本文于 2014 年 12 月在检察基础理论论坛上发表交流。

法治行政的内在要求。法治行政意味着政府的一切权力来源于法律，任何行政行为均须有法律根据，没有法律的明确规定或授权，行政机关不得作出任何行政行为。对行政机关违法行使职权或者不行使职进行检察监督是法治行政的内在要求。检察机关履行法律监督职责，使行政权力得到有效的制约，能有效地促使政府依法行政。第三，对行政机关违法行使职权或者不行使职进行检察监督是公益保障的必然要求。检察机关代表并维护公共利益免遭国家公权力和公民私权利的侵害已经成为世界各国检察机关的普遍准则。检察机关作为社会的公共利益的代言人，对行政机关违法行使职权或者不行使职进行法律监督，是其权力，亦是其职责所在，对于构建我国行政违法行为检察监督制度具有系统、全面的指导意义。

（二）检察机关对行政机关违法行使职权或者不行使职权进行监督的法律依据

首先，我国《宪法》第 129 条规定："中华人民共和国人民检察院是国家的法律监督机关。"第 131 条规定："人民检察院依照法律规定独立行使检察权，不受行政机关、社会团体和个人的干涉。"人民检察院作为我国专门的法律监督机关，这是国家赋予检察机关的神圣职责，也是检察机关与其他国家机关相区别的根本特征。宪法的这些规定确立了人民检察院在宪法根本法中的重要地位，为人民检察院对违法行政行为的检察监督提供了宪法上的依据。与行政权的实体性相比，检察权是程序性的权力，通过这种程序性权力的行使，为立法、行政、司法权之间的制衡架设桥梁。因此，我国法律监督机关和法律监督权的设置，在人民代表大会制度下具有存在的必然性和合理性，是权力制约的内在要求。依法治国的过程即依法治吏、依法治权的过程，法律监督机关的独立设置和法律监督权的有效运作，使行政权的"无处不在"、"无所不管"、"无所不能"成为不可能，这对于督促行政机关严格按照法律规定管理各项公共事务，具有极其重要的意义。其次，对行政机关违法行使职权或者不行使职权的检察监督规定不仅体现在宪法的原则规定上，《人民检察院组织法》第 6 条也明确规定："人民检察院依法保障公民对违法的国家工作人员提出控告的权利，追究侵犯公民的人身权利、民主权利和其他权利的人的法律责任。"因此，对行政机关违法行使职权或者不行使职权进行全面的法律监督既是检察机关的宪法权力，同时也是它的宪法职责，在履行法律监督职责中具有特殊的地位。

## 二、检察机关对行政机关违法行使职权或者不行使职权进行监督的范围、方式、程序

### （一）监督范围

检察机关对行政机关行使职权的监督不能也不可能是全方位的，基于种种因素的限制与考虑，应该有所为又有所不为。该类案件监督范围具体需解决的问题包括三类：

一是行政权检察监督对象问题。这就是监督对象是否同时包括具体行政行为与抽象行政行为，对具体行政行为的监督是否包括所有的具体行政行为。对抽象行政行为的监督，我国目前主要采用立法监督与行政复议附带监督的模式。然而，这两种模式的运行实效并不理想，前者进行抽象性审查，很难发现和确认其违反了法律；后者虽然结合个案进行附带审查，但受制于行政系统内部审查的立场。作为国家法律监督机关，对行政机关行使职权行为进行监督的范围应是广泛的，应既包括对具体违法行政行为的监督，也包括对抽象违法行政行为的监督，实践中许多行政违法行为是因该行政行为所依据的规范性文件违法导致的。修改后行政诉讼法赋予人民法院直接审查规章以下行政规范性文件的权力，相应地，检察机关对履行职责过程中发现的抽象行政行为违法也应享有提出检察建议督促修正或提请权力机关审查的权力。对具体行政行为的监督范围应遵循十八届四中全会《决定》说明中"检察机关在行使职责中发现的"这一限定，"在行使职责中发现"既包括民行部门在办案过程中依职权监督的案件，也包括侦查监督、职务犯罪侦查、公诉等其他部门移送的案件线索，还包括控告申诉部门在受理接待中接到的当事人申诉、控告。

二是对行政机关行使职权的监督是合法性监督还是同时包括合

理性监督问题。检察监督为法律监督，对具体行政行为的合法性进行监督是检察监督的应有之义；而对合理性，原则上是不应纳入检察监督范围的。原因在于：一方面，行政自由裁量权是行政机关依法享有的专属权限，对其行使的合理性问题一般情况下行政权以外的公权力不得干涉；另一方面，由于合理性问题主要取决于具体行政行为所面对的事实，包括客观情境、政策、行政习惯等，具有相当的特殊性。但如果行政机关滥用自由裁量权，此时就不仅是合理性问题，而是合法性问题，应该纳入监督范围。

三是对行政机关行使职权的监督是事后监督还是过程中监督的问题。从行政法治角度看，显然不应该局限于最终结果的监督，现代社会行政法治已经发展到结果与过程并重的历史阶段，重视通过法定行政程序对行政权力进行控制已是时代的主旋律。但同时应注意行政权的检察监督具有谦抑性、程序性特质，不能将行政权"捆绑"起来，监督不能"越位"。检察机关对行政机关行使职权的监督不具有终局性的法律后果，其效果主要体现在程序上。这种程序性的监督机制，并没有真正地干涉行政权行使的独立性，更不是用检察权"代替"行政权。因此，对行政机关行使职权的监督应以事后监督为主过程中监督为辅，若行政行为涉及重大公益问题，则检察监督应全程介入，而且行政机关也有义务事先告知有监督管辖权的检察机关介入。这样既可以使监督具有可行性，又可以突出重点顾及一般。

（二）监督方式

检察监督方式是实现法律监督效果的基本保证，也是检察机关履行其法律监督职权的"启动阀"。构建多元化的检察监督方式体系，应成为保障监督实效的有力武器，具体讲有下列方式：

1. 以检察建议、督促令的方式督促行政机关依法履行职责。基于行政权在国家权力中应当是最有活力、最富有效率和能动性的，涉及社会生活的方方面面，行政管理具有最大的涵盖面，而且行政权具有很强的专业性、技术性，特别是为了保持行政权的能动与自主，以适应社会、经济发展的现实需要，检察监督应当对行政机关行使职权予以必要的尊重，当检察机关发现行政机关违法行使职权、滥用职权或不行使职权，难以通过其他救济途径解决，首先考虑的应是督促模式，即督促有关行政机关依法履行职责。这种监督模式体现检察权的超然性，检察机关始终处于超脱的地位。对于行政机关违法行使职权的行为，检察机关可按照宪法、法律赋予的职责，向有关行政主体提出检察建议，要求其在规定的时限内予以纠正，并将纠正情况及时书面告知检察机关。这类检察建议主要针对羁束性行政行为及滥用行政自由裁量权的行为，而且该类行政违法缺乏相应的权力救济。如涉及公共利益的行政违法，基于相对人不愿、不敢或不知提起诉讼，检察机关站在公共利益代表的立场，按照法定程序提出纠正意见，要求相关行政部门在规定的期限内进行整改，并将结果书面告知检察机关。对于行政机关不履行职责违反法律的，检察机关可以督促有关行政主体在合理的期限内予以救济，并将具体处理情况书面答复检察机关。如果需救济的国家利益、公共利益，必须通过诉讼途径才能解决的话，则应当督促相关行政机关依法提起民事诉讼。

2. 代表国家利益和社会公共利益提起行政公益诉讼。行政公益诉讼是检察机关直接针对违法的具体行政行为，在特定的范围内监控行政权的滥用或不作为违法，即因行政机关的失职、滥用权力，严重损害国家利益和社会公共利益而无人起诉，法院又必须奉行不告不理的诉讼原则，如果检察机关不介入监督，行政权就会失控，就会背离法律授予行政权的初衷，甚至会危及法律的安定性和社会秩序。在该种情况下，检察机关可依法向法院提起行政公益诉讼。检察机关代表国家和社会公益提起诉讼是检察权对行政机关行使职权的直接监督，体现为一种权力制衡。

3. 通过对行政诉讼的监督间接监督行政行为。行政抗诉是行政检察长期以来采用的传统监督方式，与检察建议相比具有更大的刚性。这种方式对已进入诉讼程序的可以通过纠正法院错误裁判予以纠正的行政违法行为具有一定的监督力度。通过行政抗诉监督，直接纠正原审中的错误判决、裁定，保障行政相对人的权利救济；间接纠正行政权行使的违法或者不当，确保行政权的正当行使；在抗诉案件审查中发现其他严重行政违法，则可以向有关行政机关法纠正意见。

4. 监督违法的行政规定、抽象命令。对行政规定、抽象命令的监督本质上应是检察机关按照人民代表大会授权对行政权实施的宪法监督。检察机关对行政机关作出的规定、抽象命令的监督只是对行政违法或滥用职权提出异议，就其本质而言，它是一种程序意义上的监察、督促和抗告。行政机关收到检察机关对其行政规定的检察建议后，应当在合理期限内对有关规章以下行政规定进行审查、分析论证，如果认为规章以下行政规定局部违法，应及时予以修正，并将修正情况书面反馈督促修改的检察机关；如果认为规章以下行政规定整体违法，应当作出废止该规章以下行政规定的决定，并予以公告，同时书面告知提出纠正意见的检察机关；如果认为规章以下行政规定内容合法，检察意见理由不足，则应作出书面答复。检察机关对严重违法的行政规定、抽象命令或行政机关在规定时间内不予整改、不予答复的，也可以启动程序将违法的行政规定提交权力机关，由权力机关进行审议。

5. 对行政机关违法行使职权或者不行使职权构成犯罪的，移送职务犯罪侦查部门立案侦查。在办理行政机关违法行使职权或不行使职权案件时发现行政人员渎职行为构成犯罪的，应依法移送犯罪线索，并配合自侦部门立案侦查。同时，自侦部门在办案过程中发现行政人员渎职行为违反法律规定但不构成犯罪的，应将案件移送民行部门处理。逐步建立民行部门与职务犯罪侦查部门线索双向移送、处理结果双向反馈机制。

以上监督方式在适用范围、监督力度、监督效果和效率上各有不同，要实现对行政机关行使职权行为的有效监督，必须依托多元化监督格局，将上述多种监督方式有效衔接起来，充分发挥各种监督方式的优势。

（三）监督程序

检察机关对行政机关违法行使职权或不行使职权的监督，可以分为三大程序，分别是：

1. 启动程序。对行政机关违法行使职权或不行使职权的检察监督启动应包括两种情形：一是依当事人申请监督或相关人检举、控告启动。二是检察机关在办案过程中发现或认为行政机关违法行使职权或不行使职权的行为违反法律规定，损害国家或者社会公共利益的，则可依职权启动监督程序。

2. 受理程序。对行政机关违法行使职权或不行使职权的检察监督与对行政裁判的监督不同，行政行为一经作出就对相对人产生直接的法律效力。如果等到损害结果产生再寻求法律救济，是不公平的也是不经济的。特别是行政作为或不作为可能造成无可挽回的损失的，检察机关应当及时介入监督。因此，对该类案件的受理应以申请人、相对人的合法权益或国家利益和社会公共利益可能受到侵害为事实条件。依申请启动的案件，申请人在申请时必须提供相应的文书和证据材料，即有一定的事实和证据支持，且违法行为达到一定的严重程度，才予以受理，对一般违法行为或明显属于法院纪检监察部门职能范围的违纪行为，不予受理。此外，对于行政法律、法规中规定的必须复议前置的行政行为，如纳税、限制经营者集中、对已经取得的自然资源权利的确认性行为等，应遵循法律规定，未经复议，也不可进入检察监督程序。关于受理期限，为维护行政机关行政权运行的稳定性和严肃性，检察机关对行政机关违法行使职权或不行使职权进行监督应受到合理期限的限制。可以参照修改后行政诉讼法对当事人向人民法院的起诉时限的规定，但检察机关依职权监督的案件除外。

3. 进行程序。进行程序是检察机关运用法定的监督手段进行监督调查和审查，并以法定的方式提出监督意见的程序。主要包括：（1）调查取证。收到当事人对行政机关违法行使职权或不行使职权的申请或检察机关依职权启动监督后，应进行审查。审查过程中应赋予检察机关相应的调查取证权。（2）作出处理决定。检察机关根据不同的案件类型，适时采取相应的监督方式进行监督。对于抗诉这种监督方式的程序在检察工作中已较为成熟；对于检察建议这种监督方式，可以参照实践中督促行政机关履行职责案件的监督程序；对于需要移送犯罪线索的案件，可以参照审判程序、执行活动监督中犯罪线索移送的程序，不同的是，行政机关违法行使职权或不行使职权涉及范围广、部门多，应建立和完善线索的双向移送机制，检察机关其他有关部门在履行职责过程中发现行政机关违法线索的应移送民行部门审查处理；对于提起行政公益诉讼的监督方式，在起诉前应当先行向有关行政主体发出检察建议，督促行政机关作出答复或整改，如行政机关无正当理由不予答复或决绝、怠于执行整改内容的，检察机关才能提起行政公益诉讼，如行政机关根据检察建议纠正了违法行为，履行了行政职责，则检察机关就无需启动诉讼程序；对于监督违法的行政规定、抽象命令，在提请权力机关审议前应先向行政机关发出检察建议，行政无故拖延或者不予审查时，检察机关方可提请权力机关审议。

## 三、检察机关对行政机关违法行使职权或不行使职权进行监督应当重视的其他问题

司法实践中，加强检察机关对行政机关违法行使职权或不行使职权进行监督面临一些亟待解决的现实难题，归纳起来主要表现在两大方面：一是队伍方面存在人力不足、素能不适应的问题。2012年以来，中央司法改革不断推进，民事诉讼法、行政诉讼法相继修改，检察机关民事、行政监督范围从过去对审判活动的监督扩大到对整个诉讼活动的监督；十八届四中全会决定出台，对行政权运行监督、行政公益诉讼等明确纳入检察监督范围。监督格局转变，业务职能扩充，监督范围更加广泛，然而，干警专项编制仍是多年前核定的，随着任务量明显增加，监督力量难以满足形势需要，人员不足问题日益凸显；同时，行政检察人员的素能也亟待提升。因此，建议重新考虑核定编制，增加检察机关中央政法专项编制，充实办案力量；加大行政检察业务培训力度，迅速提升行政检察队伍综合素能。二是机构设置及明确职能问题。民事、行政诉讼监督分属于两大诉讼领域，随着民事、行政两大诉讼法相继修改，十八届四中

全会决定出台，民事、行政诉讼监督工作日趋专业化。而目前特别是市县两级院民行部门仍为旧的诉讼监督模式下构建的机构，民事、行政混为一体，两种监督互相掺杂，面对两个完全不同的法律领域和业务范畴，现有的机构设立已不能适应监督队伍专业化、职业化、高效化的要求。省院已实现机构分设，建议明确市县两级院也应当将民事、行政诉讼监督机构分设，以适应司法改革和检察工作长远发展的需要；由于新分设的部门承担的职责已不仅限于诉讼监督，如民事方面将承担民事公益诉讼，行政方面将承担督促纠正行政机关违法行使职权或不行使职权行为、提起行政公益诉讼，因此建议将分设后的机构名称为民事检察处（科）、行政检察处（科）；在检察机关内部，最熟悉行政法与行政诉讼法的部门是行政检察部门，且从实践来看，行政检察部门对督促履行职责工作的探索为检察机关监督行政权运行提供了大量实践经验，因此建议民事、行政检察部门分设后，对行政机关违法行使职权或者不行使职权行为的检察监督应由行政检察部门履行。

# 7 关于"十三五"时期检察工作发展理念、总体思路、工作重点的初步研究*

党的十八届五中全会确立了"十三五"时期发展蓝图，提出了一系列新的重大战略和重要举措，对检察机关依法服务和保障全面建成小康社会提出了更高要求。检察机关作为中国特色社会主义的建设者、捍卫者，如何按照"创新、协调、绿色、开放、共享"发展理念要求，既充分发挥检察职能服务经济社会发展，又积极推动检察事业自身全面发展，是需要认真研究的重大战略问题。现结合检察工作实际，对新时期检察工作的发展理念、总体思路、工作重点谈几点初步思考。

## 一、关于"十三五"时期检察工作新形势的总体分析

科学分析当前面临形势，准确预判未来发展趋势，是确定检察工作发展思路、目标和重点的前提。总体上讲，"十三五"时期检察工作面临的形势可以从两个方面进行分析研究。

一方面，顺利推进"十三五"时期检察工作具备良好的基础：一是中国特色社会主义检察制度和诉讼法律体系更加完善。"十二五"时期，我国检察制度和诉讼法律体系建设实现了新的跨越，党的十八届三中、四中全会分别就全面深化改革、全面推进依法治国若干重大问题作出决定，其中提出了推动省级以下检察院人财物统

---

* 本文系 2015 年 11 月完成的湖北省人民检察院部署的谋划"十三五"时期检察工作专题调研报告，12 月在第八届检察发展论坛发表交流。

一管理、探索建立与行政区划相分离的司法管辖制度、改革人民监督员管理制度、健全对行政权运行监督制约机制等一系列顶层设计，进一步丰富完善了中国特色社会主义检察制度。刑事诉讼法、民事诉讼法、行政诉讼法相继修改并实施，进一步强化了检察机关法律监督职能，检察监督范围得到扩大，民事检察监督由"民事审判"拓展为"民事诉讼"全过程，① 行政检察监督拓展为行政诉讼监督和行政行为监督并举，包括诉讼内监督和诉讼外监督;② 检察监督方式得到增加，民事、行政检察监督都增加了提起公益诉讼，行政检察监督增加了督促履行职责;③ 检察监督领域得到拓展，检察机关针对环境污染、食品药品安全领域侵害众多消费者合法权益等损害公共利益的案件，探索提起民事公益诉讼;④ 针对生态环境和资源保护、国有资产保护、国有土地使用权出让等领域负有监督管理职责的行政机关违法行使职权或不作为，造成国家和社会公共利益受到侵害的案件，探索提起行政公益诉讼，⑤ 等等。检察制度的完善和三大诉讼法的修改实施，为顺利推进新时期检察工作提供了坚

---

① 《民事诉讼法》第 14 条规定:"人民检察院有权对民事诉讼实行法律监督。"

② 《行政诉讼法》第 11 条规定:"人民检察院有权对行政诉讼实行法律监督。"

③ 《民事诉讼法》第 55 条第 1 款规定:"对污染环境、侵害众多消费者合法权益等损害社会公共利益的行为，法律规定的机关和有关组织可以向人民法院提起诉讼。"《中共中央关于全面推进依法治国若干重大问题的决定》规定，检察机关在履行职责中发现行政机关违法行使职权或不行使职权的行为，应该督促其纠正。探索建立检察机关提起公益诉讼制度。

④ 《民事诉讼法》第 55 条第 1 款规定:"对污染环境、侵害众多消费者合法权益等损害社会公共利益的行为，法律规定的机关和有关组织可以向人民法院提起诉讼。"

⑤ 《行政诉讼法》第 101 条规定:"……人民检察院对行政案件受理、审理、裁判、执行的监督，本法没有规定的，适用《中华人民共和国民事诉讼法》的相关规定。"《中共中央关于全面推进依法治国若干重大问题的决定》规定，探索建立检察机关提起公益诉讼制度。

实的制度保障和法律保障。二是检察工作实践积累了丰富的宝贵经验。党的十七大、十八大以来，湖北省检察机关先后把"全面加强和改进各项检察工作"和"推动检察工作全面发展进步"作为奋斗目标，按照"三个走在前列"要求，不断健全检察工作方针政策体系、执法办案和法律监督工作体系、检察机关自身建设体系，扎实推进实力检察、创新检察、法治检察、文明检察、人本检察建设，推动全省检察工作实现延续发展、与时俱进、日臻完善，在服务大局、规范司法、群众工作、自身建设等诸多方面都积累了丰富的经验，为推进"十三五"时期检察工作奠定了较高起点，提供了经验指引。三是改革创新提供了连绵不断的发展动力。"十二五"时期，湖北省检察机关在深入推进高检院部署的"四项改革"取得良好成效的同时，按照省检察院统一部署积极加强实践探索，在检察一体化、两个适当分离、诉讼监督四化、司法办案转变模式转型发展、检察机关组织体系和基本办案单位建设等方面推进工作机制创新，充分激发了工作活力；同时，湖北省作为全国司法体制改革试点地区，各项司法体制改革任务稳步有序推进，不仅在省级以下检察院人财物统一管理、建立健全司法责任制等方面创造了"湖北经验"，而且为下一步深入推进司法体制改革提供了实践路径和强大推力。

另一方面，推进"十三五"时期检察工作持续全面协调深入发展还面临新的挑战：首先，服务和保障"四个全面"战略布局面临新课题。在全面建成小康社会进程中，如何按照"五大发展理念"要求，充分履行检察职能，服务和保障经济社会发展？在推进全面从严治党进程中，如何进一步加强检察机关党的建设和队伍建设，更好履行惩治和预防职务犯罪职能，促进反腐倡廉建设？在全面推进依法治国进程中，如何当好法治建设者、促进者和捍卫者，促进法治国家、法治政府、法治社会一体建设？在全面深化改革进程中，如何发挥检察职能作用营造良好改革环境？等等，都是需要在实践中认真研究、不断探索的重大课题。其次，检察机关自身改革任务艰巨。"十三五"时期，许多检察机关自身改革的顶层设计将在更大范围内进入加快推进阶段，需要攻坚的问题比较多。湖北省作为首批司法体制改革试点省，推进司法体制改革已经取得一些实质性、突破性进展，已初步形成可推广复制的司法体制改革"湖北模式"，但还需要进一步探索和完善；同时，顺应司法体制改革后的需要，进一步完善检察工作政策体系、法律监督工作格局、检察工作运行机制、检察机关自身建设制度等方面，还要付出更多努力。最后，检察工作还存在一些需要改进的方面。有的地方检察队伍结构性矛盾依然比较突出，检察队伍正规化、专业化、职业化建设还有较大提升空间，还要付出更多努力；"互联网＋检务"的新模式虽然基本形成，但现代科技与检察业务的深度融合还不够，与科学技术的迅猛发展态势相比，科技强检仍有一些方面需要进一步加强；检察管理体系方面，还需适应新的形势要求进一步健全完善，构建遵循司法规律、体现效能原则、突出共享理念，涵盖司法管理、队伍管理、事务管理各方面，更加科学规范高效的管理体系，等等。因此，在全面推进"十三五"规划的新形势下，检察机关机遇与挑战并存、压力与动力同在，只有识大势、谋大事，深刻领会新精神、新理念，才能做好新时期的检察工作。

## 二、关于新时期检察工作发展理念

党的十八届五中全会提出了创新、协调、绿色、开放、共享的发展理念，是"十三五"时期乃至更长时期我国发展思路、发展方向、发展着力点的集中体现和明确要求。检察机关必须在检察工作发展理念上紧密契合，才能找准检察机关保障创新发展、协调发展、绿色发展、开放发展、共享发展，促进法治经济和法治社会建设的切入点和着力点。全省"十三检"会议确定的"五个检察"发展目标具有前瞻性、大局性思维，与创新、协调、绿色、开放、共享的发展理念相契合，应当在继承的基础上予以完善发展。因此，建议"十三五"时期检察工作的发展理念概括为：创新、协调、法治、公信、人本。

建议把"创新、协调、法治、公信、人本"确立为"十三五"时期检察工作的发展理念，继承"五个检察"中的创新检察、法治检察、人本检察发展目标的基本理念，顺应党的十八届五中全会提出的新要求，增加"协调、公信"两个新理念。提出这样的发展理念，主要基于五个方面的考虑：从创新来讲，就是要使检察工作与时俱进，在坚持改革创新中不断发展，同时不断提升服务全面深化改革的能力。回顾湖北检察工作实践，湖北检察工作今天的大好局面与始终坚持改革创新是密不可分的，而且目前我们也正处在司法体制改革试点的攻坚阶段，处在服务全面深化改革的实施阶段，只有进一步坚持创新驱动，才是唯一的正确发展之路。从协调来讲，就是要使各项检察工作统筹协调、全面发展进步。新形势下，各项检察工作任务交织叠加、错综复杂，必须要有系统思维、全局观念，准确把握和正确处理各个矛盾关系，统筹协调推进检察工作，才能确保检察事业科学发展。从法治来讲，就是要在检察工作全程贯穿法治精神、法治思维，深化法治检察建设，全面提高检察工作法治化水平。检察机关作为法律监督机关，理应坚持全面提高检察工作法治化水平这个主基调，始终信仰法治、坚守法治，把法治精神当作主心骨，善于运用法治思维和法治方式开展检察工作，使检察权始终在法治轨道中运行。从公信来讲，就是要努力实现促进社会公平正义的核心价值追求，全面提高检察公信力，树立检察机关良好形象和法律监督权威。公信是检察权运行的重要规律，也是检察机关的立身之本。检察机关应当长期坚持全面提高检察公信力这一主基调，始终做到严格、公正、规范、文明、廉洁司法，让检察权在阳光下运行，才能更好地赢得人民群众对检察工作的理解、支持和信赖。从人本来讲，就要使检察工作处处以人为本，使人民群众、全体检察干警都能共享检察事业发展带来的红利。检察事业是人民的事业，既服务人民，也依靠人民；检察事业也是全体检察干警自己的事业，既依靠干警齐心协力，也同时服务干警；检察事业发展了，人民群众的合法权益能得到更好的维护，人民满意，检察干警的职业荣誉感也将进一步增强。

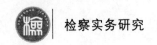 

### 三、关于新时期检察工作总体思路

2013 年，全省"十三检"会议提出了当前和今后一个时期检察工作总体思路。近两年的实践证明，这个总体工作思路是科学合理、符合湖北检察工作实际的，应在继承基础上结合党的十八届五中全会的新精神予以丰富发展。建议新时期检察工作总体思路为：深入贯彻党的十八大、十八届三中、四中、五中全会精神，深入贯彻习近平总书记系列重要讲话精神，以"四个全面"战略布局统领检察工作，牢牢把握全面提高检察工作法治化水平和全面提高检察公信力两个主基调，着力找准检察机关保障创新发展、协调发展、绿色发展、开放发展、共享发展，促进法治经济和法治社会建设的切入点和着力点，认真履行检察职能，加强"五个检察"建设，深化司法体制改革，全面推动检察工作发展进步，努力为湖北"建成支点、走在前列"创造安全稳定的社会环境、公平正义的法治环境、优质高效的服务环境。

提出上述总体工作思路，主要基于以下三点考量：一是保持工作思路的正确政治方向和延续性。从这一层面来讲，必须继续明确用"四个全面"战略布局统领检察工作，强调牢牢把握"两个主基调"、加强"五个检察"建设，坚持全面推动检察工作发展进步、为湖北"建成支点、走在前列"创造"三个环境"的目标。二是明确新时期检察工作的切入点和着力点。从这一层面来讲，加入检察机关"保障创新发展、协调发展、绿色发展、开放发展、共享发展"、"促进法治经济和法治社会建设"两个方面的切入点和着力点，体现检察机关自觉用新的发展理念武装头脑、指导实践、引领发展行动，使新时期的检察工作更具有针对性。三是强调湖北检察机关当前所处形势。湖北省当前正处于司法体制改革的关键时期，完成好司法体制改革的各项任务是做好今后一个时期检察工作的重要基础，也是当前湖北检察工作所处的客观现实的具体形势。因此，有必要增加"深化司法体制改革"的内容。

## 四、关于新时期检察工作重点

确定新时期的检察工作重点，必须准确把握新时期检察工作趋势特点，既充分贯彻中央、高检院、省委要求，又紧密结合湖北检察工作实际，具有前瞻性、适应性、主动性、针对性。

新时期，检察机关应紧紧围绕党的十八届五中全会提出的"五个发展理念"开展检察重点工作：一是围绕创新发展抓检察重点工作。一方面，要在推进检察工作中坚持改革创新发展之路，认真落实好司法体制改革试点任务，把发挥基层首创精神和加强顶层设计有机结合起来，使思想进一步与时俱进、改革创新意识进一步提升、改革创新氛围进一步浓厚，各项改革创新进一步取得实效，努力提供可复制的经验、可推广的模式；另一方面，要认真研究如何更好发挥检察职能，依法保障各项社会事业创新发展，切实保障好大众创业、万众创新和创新驱动发展战略的深入实施，促进形成有利于创新发展的法治环境。二是围绕协调发展抓检察重点工作。一方面，要积极应对当前检察工作全面纵深发展中遇到的老问题和新问题、一般矛盾和深层次矛盾，统筹处理好司法办案、诉讼监督、检察改革、队伍建设本身及其相互之间的综合性、关联性、互动性的各种矛盾问题，推动"五个检察"全面持续深入协调发展；另一方面，要牢牢把握中国特色社会主义事业总体布局，认真研究如何在司法办案中正确把握和处理发展中的各种重大关系，把握好改革失误与违法犯罪的界限，把握好打击犯罪和服务经济社会发展的关系，平等保护不同所有制经济发展，不断推动和保障区域协调发展、城乡协调发展、物质文明精神文明协调发展。三是围绕绿色发展抓检察重点工作。要认真研究如何大力加强对资源和生态环境司法保护，在推动加快资源节约型、环境友好型社会建设，促进筑牢生态安全屏障，推进美丽中国建设中发挥检察作为。具体来讲，要准确把握、严格执行刑法关于"破坏环境资源保护罪"规定的罪名，高度关注与生态环境密切相关的其他刑事犯罪，履行好刑事案件审查批捕、公诉的职能，不断加大打击破坏生态环境刑事犯罪的力度；要针对国家机关工作人员在履行保护生态环境和自然资源职能职责中失职渎职、收受贿赂等问题，加大查办不依法履行环境监管职责导致生态环境被严重破坏，以及利用职权毁坏生态环境、破坏自然资源给国家和人民利益造成重大损失的职务犯罪案件的力度；切实履行"三大诉讼"监督职能，加强对涉及毁坏生态环境、破坏自然资源执法、司法活动的法律监督；积极探索环境保护提起公益诉讼，发挥好公益诉讼制度在保护环境中的有效作用。四是围绕开放发展抓检察重点工作。一方面，要进一步把司法公开的理念有机融入检察工作之中，积极构建开放、动态、透明、便民的阳光司法新机制，同时，要树立主动宣传、引导舆论的理念，积极构建新型检媒关系，统筹检察资源和社会资源、传统媒体和新型媒体，进一步加强检察宣传主阵地建设，不断满足人民群众的参与权、知情权、监督权，以公开促公正提公信；另一方面，要主动对接、积极服务"一带一路"建设及长江中游城市群发展战略、武汉"1+8"城市圈建设等发展战略，着力健全完善协同机制，不断深化司法务实合作，特别是深化鄂湘赣三省检察机关联系协作，通过全面履行检察职能，服务保障好鄂湘赣长江城市群经济社会发展。五是围绕共享发展抓检察重点工作。一方面，要充分发挥检察机关法律监督职能对法治建设的独特作用，依法惩治严重刑事犯罪，积极参与社会治理综合治理，着力营造安全稳定的社会环境，保障人民安居乐业；认真履行促进社会公平正义的职责使命，带头坚持严格规范公正文明司法，不断加强和规范诉讼监督，维护司法公平公正，使人民群众能共享公平正义的司法环境；高度关注人民群众的利益诉求，紧紧围绕十八届五中全会保障民生的各项重大部署，加大惩治和预防民生领域犯罪力度，尤其要重点围绕脱贫攻坚工程，坚决惩治扶贫项目安排和扶贫资金管理、使用、发放等环节的职务犯罪，促进国家各项惠民政策真正惠及人民群众，使人民群众共享改革红利。另一方面，要以检察干警为本，坚持"从严治警、从优待警、从高赞警"相统一，全面压实"两个责任"，加强队伍教育、管理和监督，努力打造忠诚、干净、担当的过硬检察队伍，同时，进一步关心爱护干警，认真落实好司法体制改革工作任务，健全检察人员职业保障，拓宽检察人员发展渠道，促进检察人员全面发展，不断增强检察人员集体归属感、荣誉感和责任感，在推动检察事业发展中协调一致地促进检察人员的全面发展。

# 8 加大刑事诉讼活动法律监督力度 为"十三五"时期经济社会发展 营造良好司法环境*

　　根据湖北省人民检察院开展专题调研部署要求，黄冈市人民检察院围绕"加大刑事诉讼活动法律监督力度，为'十三五'时期经济社会发展营造良好司法环境"专题，进行了认真调查研究，现综合报告如下，供省检察院决策参考。

## 一、关于如何适应全面依法治国新要求，进一步明确刑事诉讼监督工作理念、基本原则

　　党的十八大以来，党中央高度重视依法治国，将其作为"四个全面"战略布局之一，强调落实依法治国基本方略，加快建设社会主义法治国家。党的十八届四中全会作出《中共中央关于全面推进依法治国若干重大问题的决定》，对全面推进依法治国作出全面部署。党的十八届五中全会把坚持依法治国确立为实现全面建成小康社会奋斗目标必须坚持的原则之一。在全面推进依法治国的新形势下，检察机关作为国家法律监督机关，担负保障国家法律统一正确实施的职责使命，是防止冤假错案、维护司法公平公正、促进社会公平正义的重要环节，不断加强和规范刑事诉讼监督工作任重道远，在刑事诉讼监督的工作理念和基本原则上应该与时俱进、创新发展。基于此，建议新时期刑事诉讼监督工作理念可以明确为：法治、公

---

　　* 本文系 2015 年 12 月完成的湖北省人民检察院部署的谋划"十三五"时期检察工作专题调研报告。

正、创新，基本原则可以明确为：依法监督、规范监督、理性监督。

建议把"法治、公正、创新"明确为刑事诉讼监督工作理念，我们主要基于以下三个方面的考虑：从法治的层面来讲，首先，法治的要义在于限制权力、防止滥用，"用法治防止权力滥用"是法治最重要的功能。检察机关对刑事诉讼活动进行监督实际就是依法履行检察权，防止侦查权、审判权、刑事执行权的滥用，是对刑事法律实施最现实、最直接的监督，首要的一条就是要遵循法治原则，在行使监督权过程中，坚持法治思维和法治方式。其次，"法治检察"是省院提出的"五个检察"发展目标之一，"全面提高检察工作法治化水平"是检察工作两个主基调之一，都把法治要求贯穿检察工作发展始终。刑事诉讼监督工作作为检察工作的重要组成部分，必然要遵循法治理念，坚守法治原则，落实法治要求。从公正的层面来讲，首先，习近平总书记深刻指出，促进社会公平正义是政法工作的核心价值追求，公平正义是政法工作的生命线。政法战线要肩扛公正天平，手持正义之剑，以实际行动维护社会公平正义，让人民群众切实感受到公平正义就在身边。检察机关对刑事诉讼活动监督的目的就是监督公安机关、审判机关、司法行政机关依法履行刑事诉讼职能，确保司法公正，公正天然就是加强刑事诉讼法律监督的核心价值追求。其次，公正是司法公信力的源泉，检察机关在刑事诉讼监督中必须坚持公正目标、践行公正要求，才能有效提高监督实效性和权威性，不断提高诉讼法律监督的公信力。从创新的层面来讲，首先，在当前全面深化改革以及司法体制改革进入实质性实施阶段的新形势下，检察工作机遇与挑战并存、压力与动力同在，包括诉讼监督工作在内的各项业务工作必须贯穿创新理念，才能与时俱进、不断发展。其次，近年来，省院在诉讼监督工作机制创新方面做了一些探索，推行的"两个适当分离"、"法律监督调查"、"诉讼监督四化"等多项工作机制创新都取得了较好的实践效果，积累了弥足珍贵的经验。可以说，创新就是诉讼监督工作的发展动力。最后，党的十八届三中、四中、五中全会赋予了检察机关法律监督工作许多新的任务，修改后的刑事诉讼法也丰富了检察机关在刑事诉讼活动中的监督职能和手段，这些都需要检察机关始终坚持创新理念，不断进行实践创新探索，才能适应新任务、新职能。

建议把"依法监督、规范监督、理性监督"明确为刑事诉讼监督工作的基本原则，我们主要基于以下考虑：第一，依法监督，就是刑事诉讼监督工作的原则、要求和标准要契合法治精神，符合法律规定，始终严格依据法律赋予的职权，严格按照法律规定的程序进行监督。检察机关加强刑事诉讼监督，必须依法进行，既不能超越法定权限进行监督，也不能违反法定程序进行监督，更不能失职渎职不进行监督。第二，规范监督，就是要严格按照刑事诉讼监督的范围、程序、方式、手段开展监督工作，使整个诉讼监督工作都能在规范的轨道中运行，实现监督依据规范、监督标准规范、监督程序规范、监督手段规范、监督文书规范。省院部署推进诉讼监督四化建设以来，我们严格按照省院部署，在黄冈市院和武穴市院、蕲春县院按照诉讼监督工作系列规范要求，同步开展测试工作，实践中取得了监督标准更清晰、监督方式更适应、监督程序更严格、监督效果更明显等良好实效。规范监督，有助于提升诉讼监督的刚性和权威性，应当作为刑事诉讼监督的基本原则长期坚持。第三，理性监督，就是要在刑事诉讼监督中正确认识和理性对待诉讼监督的有限性，正确认识和妥善处理检察机关与公安、法院和刑罚执行机关在刑事诉讼活动中的关系，注重和保证监督措施运用的适当性、实效性，防止和克服监督的任意性、选择性。我们在推进诉讼监督四化建设中，深刻感受到严格依据诉讼监督工作系列规范来办理诉讼监督案件，诉讼监督的事项、步骤、手段都有理有据，监督范围不明、重点不突出、监督手段与违法程度不协调等诉讼监督实践中过去经常面临的一些问题，都得到了很好的解决，从公安机关、法院和刑罚执行机关反馈的情况来看，他们都更加理解检察机关的诉讼监督，认为检察机关现在的监督工作非常客观、实在、理性，不是故意给他们"找茬子"、"挑毛病"，而是帮助他们促进工作，都表示愿意主动接受监督，积极听取意见建议。这说明，理性监督不仅不会削弱监督能力，反而会极大提升监督实效，是刑事诉讼监督理应遵循的一条基本原则。

## 二、关于当前执法、司法活动中的突出问题和检察机关强化对立案、侦查、刑事审判、刑事执行监督的重点

总体上看,全市检察机关刑事诉讼监督中纠正违法情形数 2013 年最高,2014 年开始呈下降态势。呈现这种态势,主要有三个方面的原因:一是刑事诉讼法修改实施,对法律的准确理解和适用有一个实践过程,2013 年是修改后刑事诉讼法实施第一年,司法实务中出现各种问题相对较多。二是规范司法深入推进,随着全面依法治国战略布局的推进,各司法机关规范司法的力度进一步加大,司法不规范的问题得到有效整治,其发生的概率相对降低。三是诉讼监督四化建设深入推进,检察机关加大监督力度的同时,刑事诉讼监督本身更加规范、精准,司法实务中较多地采用了对同类问题归类研究并只发一份检察建议等方式进行监督,监督案件的件数相应必然减少。目前,执法、司法活动中的突出问题主要表现在以下五个方面:一是公安机关侦查活动中不规范问题仍然存在。如侦查人员独自讯问犯罪嫌疑人、讯问未成年犯罪嫌疑人未通知合适成年人到场、扣押物品清单未当场清点并交持有人签字、将已送交看守所羁押的犯罪嫌疑人违规提至办案区讯问、拘传、传唤时间超过 24 小时、违规办理取保候审,等等。如 2014 年,麻城市院办理潘某某涉嫌抢劫罪、盗窃罪一案时,承办人在提审时发现潘某某在抢劫犯罪后曾主动到当地派出所投案。派出所让其缴纳 3 万元现金后,未办理任何强制措施便将其放回家中。经依法启动法律监督调查程序,发现派出所原所长郑某涉嫌玩忽职守的犯罪线索。同年 11 月,郑某被依法追究刑事责任。二是刑事诉讼活动中特别是侦查阶段有时证据收集不及时、不到位,导致有的案件因证据损毁而无法定案。如 2014 年,市院办理的刘某某贩卖毒品一案,就因公安机关侦查阶段取证不到位,经退查仍不能补充证据,最终难以形成完整的证据链条,不得不作存疑不起诉处理。三是审判活动不规范问题仍然存在。如起诉书未提前 10 天送达被告人、宣判后对被告人的口头上诉不受

理、案件超审限，等等。如 2013 年，麻城市院办理的汪某某强奸、抢劫、盗窃一案，被告人在法院宣判时口头提出上诉，但法院未予受理仍将其送交监狱执行刑罚。该案是通过监所检察途径发现后采取相应纠正措施处置的。四是案件实体处理中适用法律标准认识不统一。如对缓刑、累犯、情节严重、情节较轻等法律规定、幅度内量刑的自由裁量随意性较大等。这类情形在刑事诉讼监督实践中具有普遍性，是司法实务中争议较多的问题。如市院办理的贺某某涉嫌强奸罪一案，对于贺某某在公共场所强奸并侮辱比自己年长 20 余岁的受害人是否属于情节恶劣，检察机关和法院认识上始终存在分歧，2014 年市院提出抗诉未获改判，今年 8 月市院检委会讨论决定提请省院按照审判监督程序提出抗诉，省院已同意提出抗诉。五是在刑罚执行中交付执行脱节、保外就医审批不严、暂予监外执行罪犯脱管漏管等问题仍然存在。如 2014 年，全市检察机关在减刑、假释、暂予监外执行专项检察中，书面纠正减刑、假释、暂予监外执行不当 74 件次，监督收监"三类罪犯"7 人，其中在疾病审查中认为邓某某不符合监外执行条件，经多次监督才将其收监；今年 1～11 月，全市检察机关纠正违法违规减刑、假释、暂予监外执行 81 件。

针对这些问题，检察机关强化对立案、侦查、刑事审判、刑事执行监督的重点应该是：一是立案监督方面，在依法监督纠正有案不立等问题的同时，重点加强对利用刑事立案插手民事经济纠纷、报复陷害、谋取非法利益等问题的监督。深入推进行政执法与刑事司法无缝衔接，防止和纠正有案不移、以罚代刑等问题。同时，深入分析冤错案件成因，不断加大对侦查活动中刑讯逼供、暴力取证、伪造证据等问题的监督力度，加强对反映违法扣押冻结企事业单位和个人财产、侵犯当事人及律师诉讼权利等问题的监督审查，重视监督纠正该报捕不报捕、违法采取监视居住的问题。二是侦查监督方面，重点放在对依法全面收集固定和运用证据上，促进规范侦查行为，严格证据标准和证明体系。三是审判监督方面，重点强化对判处缓刑和免刑、二审书面审理、人民法院自行启动再审后改变原审判决等案件的监督，依法监督纠正刑事审判活动中的程序违法问题；同时，高度重视对重大案件的审判监督，对发现的调查核实事实、证据和程序方面存在的问题，该纠正的坚决予以纠正，不放过丝毫疑点；还应加强联合出台司法解释工作，为司法实务中适用法律提供指引。四是刑事执行监督方面，重点加大对监管活动中体罚虐待、跑风漏气等严重违法情形的监督纠正力度，加强对刑罚执行、刑事强制措施执行和强制医疗执行及有关监管活动的监督，加强对违法减刑、假释、暂予监外执行问题的监督，以职务犯罪、金融犯罪、涉黑涉恶涉毒等罪犯为重点，同步监督刑罚变更情况，整治有权人、有钱人犯罪后以权或花钱赎身问题，切实防止逃避刑罚执行，同时认真清理纠正久押不决案件。

### 三、关于进一步健全监督机制、改进监督方式、提高监督能力，增强刑事诉讼监督工作实效

健全监督机制方面，在立案和侦查活动监督上：一是探索建立重大疑难案件侦查机关听取检察机关意见、建议机制，强化侦查机关、检察机关在办理重大、疑难案件的沟通配合和监督制约，体现检察机关诉前主导作用，使侦查工作围绕指控犯罪展开，有效防止冤假错案；二是探索建立对限制人身自由的司法强制措施和侦查手段的监督审查机制，认真做好羁押必要性审查、侦查手段使用的评估，解决好羁押成常态化以及过度使用侦查手段等问题；三是健全完善行政执法与刑事司法衔接机制，不断丰富和完善"两法衔接"信息平台，完善联席会议、信息通报制度，努力实现无缝衔接。在刑事审判监督上：一是建立健全裁判审查机制，对判决、裁定审查，实行承办人审查、公诉部门负责人审核、检察长审定的审查制度，对于判决、裁定全部或部分否定起诉书指控的事实，或者改变定性的，由承办人审查，公诉部门集体讨论，检察长审定，对拟抗诉的，由检察长提交检察委员会决定；二是建立抗诉前请示机制，对于基层院的抗诉案件，基层院在报送"三书"（起诉书、判决书、抗诉书）的基础上，经集体讨论，提出抗诉的理由和意见，向市级院请示汇报，由市级院对案件的事实、证据、定罪、量刑等方面进行审

核把关，市级院难以确定的报省级院研究决定，确保找准案件抗点和抗诉理由，有效降低撤回抗诉率，提高抗诉案件质量和抗诉意见采纳率；三是建立诉审协调机制，对于重大、疑难的抗诉或二审案件，加强与法院的沟通交流，做好检察长列席审委会的准备工作，使检察机关的意见和观点能得到法院的充分理解。在刑事执行监督上：一是建立完善检察官与在押人员约谈机制，通过定期和不定期约谈在押人员，全面了解监管场所情况，防止监管场所违规行为；二是建立完善刑罚变更执行同步监督机制，重点加强对"三类罪犯"刑罚变更执行的监督，通过对岗位调整、计分考核、立功奖励、病情鉴定等环节的常态化监督，落实逐案审查和备案审查制度，规范减刑假释案件出庭监督工作，杜绝"用权换刑"、"用钱买刑"现象；三是建立完善社区矫正常态化监督机制，会同司法行政机关推进社区矫正信息平台建设，推动社区矫正检察工作方式由定期专项检察向常态化检察监督转变，完善脱管、漏管发现、纠正和责任追究流程，防止脱管、漏管、虚管和再犯罪现象发生。

改进监督方式方面：一是严格监督范围。严格按照省院诉讼监督工作系列规范规定的对立案、侦查活动、刑事审判、刑事执行监督的范围开展监督工作。二是规范监督程序。严格刑事诉讼监督立案、调查、核实、处理等各个环节的程序性要求，把握办案节点和每一个环节的监督及处理事项、时限要求、必备法律文书和工作文书。三是用好监督手段。准确把握刑事诉讼监督事由、违法情形、处理方式的规定，递进使用好与诉讼违法行为相适应的监督手段，保持监督手段与违法程度的协调性。

提高监督能力方面，重点要提高八个方面的能力：一是提升发现诉讼违法线索的能力；二是提升分析研判诉讼违法线索背后职务犯罪的能力；三是提升调查调取诉讼违法证据的能力；四是提升正确适用各项诉讼监督手段的能力；五是提升制作诉讼监督文书水平的能力；六是提升与公安机关、审判机关、司法行政机关的沟通协调能力；七是提升释法说理能力；八是提升分析研究诉讼违法行为特点的能力。

## 四、关于切实履行好刑事诉讼法赋予的新的诉讼监督职责，推动刑事诉讼监督工作实现新发展

　　如何用好刑事诉讼法赋予检察机关新的诉讼监督职责，对于检察机关来讲，是一项重要课题，需从以下几个方面着手，履行好监督职责，推动刑事诉讼监督工作新发展。一是在司法理念上契合。修改后的刑事诉讼法首次将"尊重和保障人权"规定为基本原则和基本任务，是人权保障这一宪法原则在刑事诉讼中的直接体现，体现了法治精髓。因此，检察机关在刑事诉讼监督中必须首先要树牢尊重和保障人权的理念，不仅当好法律诉讼者，还要当好法律监督者，更要当好人权保障者；同时，还要强化证据理念，坚持在诉讼监督中用证据说话；强化程序理念，把程序公正的要求落实到刑事诉讼活动的全过程；强化实效理念，讲求司法效率，防止不必要、不合理的诉讼拖延；强化权限理念，做到监督不越权、制约不逾距。二是在法律内容上领会。深刻学习和领会修改后的刑事诉讼法新增和完善的一系列检察机关刑事诉讼监督职责，重点是新增的对指定居所监视居住的决定和执行、对死刑复核程序的监督、对特别程序的监督；对审查批捕程序、简易程序、再审程序的进一步细化和完善；赋予检察机关非法证据排除权，对刑事诉讼活动违法行为的调查核实权和追究刑事责任权；增加了检察机关对于暂予监外执行和减刑、假释的事中监督权；新增了逮捕后羁押必要性审查制度；建立刑事诉讼活动中侵犯辩护人、诉讼代理人权利的检察监督权。三是在工作机制上符合。以省院部署的诉讼监督工作系列规范测试为契机，加强修改后刑事诉讼配套机制建设，建立起一整套符合"以审判为中心诉讼制度改革"的现代刑事诉讼监督规律的工作机制，进一步明确严格依法开展诉讼监督的条件、程序、责任和质量标准，通过推进诉讼监督四化建设，不断提升刑事诉讼监督工作实效。四是在监督队伍上加强。建立完善刑事诉讼监督人才库，充实刑事诉讼监督办案力量，保持业务骨干相对稳定，推动队伍专业化建设。加大教育培训力度，有针对性开展分类培训和岗位练兵，培养一批精通刑事诉讼监督业务的办案骨干。

# 9 论新形势下法律监督工作格局<sup>*</sup>

法律监督工作格局作为法律监督工作各个要素体现出的组成结构、布局关系和发展态势。在新形势下，如何在基本遵循、职能配置、机制运行、外部环境等各方面顺应"四个全面"战略布局、适应全面建成小康社会的奋斗目标、配套加快建设中国特色社会主义法治体系、对接国民经济和社会发展"十三五"规划，是检察机关法律监督工作面临的重大课题。本文主要以检察机关对诉讼活动及行政权运行的监督为视角，结合近年来湖北省检察机关的实践探索，就如何构建新形势下法律监督工作新格局谈些思考。

## 一、法律监督工作格局要置于新的发展形势下考量

法律监督工作格局必须在时代背景下进行谋划。新的形势下，检察机关法律监督工作内涵更深、外延更宽、任务更重、责任更大，既有发展机遇，又面临许多挑战。

一方面，进一步加强法律监督工作具备良好的基础。一是检察机关法律监督工作的顶层设计更加健全。党的十八大强调实施依法治国基本方略，十八届三中、四中全会分别就全面深化改革、全面推进依法治国若干重大问题作出决定，其中提出了许多加强法律监督工作的方针政策层面的顶层设计；刑事诉讼法、民事诉讼法、行政诉讼法相继修改并实施，以法律形式进一步强化了检察机关法律

---

＊ 本文于 2015 年 12 月收录于"十三五"时期检察基本制度和理论体系调研文集，刊于《人民检察·湖北版》2016 年第 1 期。

监督职能；高检院已经出台提出民事、行政公益诉讼试点方案。这些顶层设计，为进一步做好检察机关法律监督工作提供了制度保障。二是检察机关法律监督工作职能更加清晰。检察机关法律监督工作范围得到拓展，如民事检察监督由"民事审判"拓展为"民事诉讼"全过程，① 行政检察监督拓展为行政诉讼监督和行政违法行为监督并举，包括诉讼内监督和诉讼外监督；② 检察监督方式得到丰富，民事、行政检察监督都增加了提起公益诉讼，行政检察监督增加了督促履行职责，从过去法律规定的抗诉，发展为抗诉、督促起诉、检察建议、提起公益诉讼等多元化的方式；③ 等等。这些变化，为进一步做好检察机关法律监督工作提供了更加清晰的职能定位。三是检察机关法律监督工作实践经验更加丰富。近年来，全国检察机关按照高检院的统一部署，结合各地实际情况，开展了大量加强法律监督工作的实践探索，积累了宝贵的实践经验。例如，湖北省检察机关在检察一体化、两个适当分离、法律监督调查、诉讼监督制度化、规范化、程序化、体系化等方面推进工作机制创新，充分激发了工作活力。这些实践经验，为进一步做好检察机关法律监督工作提供了实践路径和强大推力。

另一方面，进一步加强法律监督工作面临新的挑战。首先，服务和保障"四个全面"战略布局面临新课题。在全面建成小康社会

---

① 《民事诉讼法》第14条规定："人民检察院有权对民事诉讼实行法律监督。"

② 《行政诉讼法》第11条规定："人民检察院有权对行政诉讼实行法律监督。"

③ 《民事诉讼法》第55条规定："对污染环境、侵害众多消费者合法权益等损害社会公共利益的行为，法律规定的机关和有关组织可以向人民法院提起诉讼。"《中共中央关于全面推进依法治国若干重大问题的决定》规定，检察机关在履行职责中发现行政机关违法行使职权或不行使职权的行为，应该督促其纠正。探索建立检察机关提起公益诉讼制度。

进程中，如何按照"五大发展理念"① 要求，充分履行检察职能，服务和保障经济社会发展？在推进全面从严治党进程中，如何进一步加强检察机关党的建设和队伍建设，更好履行惩治和预防职务犯罪职能，促进反腐倡廉建设？在全面推进依法治国进程中，如何当好法治建设者、促进者和捍卫者，促进法治国家、法治政府、法治社会一体建设？在全面深化改革进程中，如何发挥检察职能作用营造良好改革环境？等等，都是需要在实践中认真研究、不断探索的重大课题。其次，检察机关法律监督工作改革创新任务艰巨。"十三五"时期，许多检察机关法律监督工作的改革创新顶层设计将在更大范围内进入加快推进阶段，需要攻坚的问题比较多。如在对行政权的监督中，如何对履职过程中发现的行政机关违法行使职权或不行使职权行为进行监督？如何对行政机关利用职权干预行政诉讼、阻扰公正审判活动进行监督？如何对涉及公民人身、财产权益的行政强制措施进行监督？在提起公益诉讼中，检察机关的诉讼地位应如何定位？如何协调检察机关与有关司法机关、行政机关及诉讼当事人的关系？等等，都是需要在实践中加大探索力度的现实问题。最后，检察机关法律监督工作还存在一些需要改进的方面。如部分地方部分干警仍然存在"重刑事轻民行"的思想；部分地方法律监督力量还与法律监督的任务不相匹配；检察建议效力的制度保障仍然比较薄弱等，这些都需要在进一步加强法律监督工作的实践中认真研究解决。

## 二、法律监督工作格局要立足于职能定位来构建

法律监督工作格局要有利于实现法律监督工作"四个维护"② 的根本目标，体现各项法律监督职能的科学合理布局，并突出工作

---

① 指党的十八届五中全会提出的创新发展、协调发展、绿色发展、开放发展、共享发展。

② 指维护社会主义法制的统一、尊严、权威，维护社会和谐稳定，维护人民权益，维护社会公平正义的根本目标。

重点。而准确定位检察机关法律监督工作职能，是构建法律监督工作格局的基础。界定法律监督工作的职能定位首先应明确三点：第一，明确法律监督工作必须依法。检察机关在任何情况下都必须严守法治要求，依照法定的权限、程序、方式进行法律监督工作，切实契合法律效力的普遍性和法制统一性要求。第二，明确法律监督工作的有限性。我国检察机关监督权经历了由抽象到具体、由不明确到明确的过程，通过 1982 年宪法最终确定检察机关的监督是"法律"监督，是对公权力的监督，其范围和作用有相应的限制，不是包罗万象的一般监督，从而准确把握检察机关法律监督工作的范围边界。第三，明确法律监督工作的职能属性。我国宪法对检察机关的定位决定了检察权本身具有监督属性，每一项检察职能都具有法律监督的属性，都是行使法律监督职能不可或缺的具体实现方式和途径，因此，法律监督工作作为检察工作的重要组成，法律监督工作格局必须服从服务于检察工作整体布局。

基于此，新形势下法律监督工作的职能定位应重点从以下六个方面考虑：一是防止冤假错案、维护刑事司法公正方面。把对刑事诉讼立案、侦查、审判各个环节进行监督作为法律监督的重要职能，重点对违法立案、刑讯逼供、暴力取证以及侵犯当事人诉讼权利等侦查、审判活动违法情形进行监督，同时注重在审查批捕、公诉过程中把好刑事案件的事实关、证据关、程序关和法律适用关。二是人权司法保障方面。把加强人权保障作为检察机关法律监督工作的重点任务，检察机关既要在自身司法办案中高度重视人权保障，又要加大对其他司法机关在司法活动中侵犯犯罪嫌疑人、被告人合法权益的行为监督纠正力度，尤其要重视监督审查动用刑事手段插手民事纠纷、违法立案、超时询问讯问、变相体罚虐待、非法取证以及违法扣押财产、侵犯当事人及律师权力等问题，提供司法救济。三是维护刑事执行严肃性方面。认真监督刑罚执行和监管活动是否公平公正，监管秩序是否稳定，被监管人合法权益是否得到有效保障，同时重点开展刑罚变更执行监督、刑事羁押期限监督、被监管人死亡检察、查办刑罚执行和监管活动中职务犯罪。四是维护民事诉讼公正和保障民事权益方面。根据民事诉讼法修改的变化，及时将民事检察从裁判结果监督转变为对审判程序、裁判结果、执行活动等在内的全面监督，同时，积极探索检察机关对在履行职责中发现污染环境、食品药品安全领域侵害众多消费者合法权益等损害公共利益行为提起民事公益诉讼。五是维护行政诉讼公正和监督行政权行使方面。修改后行政诉讼法和十八届四中全会作出的改革部署拓展了行政法律监督范围，要及时将过去单一的行政诉讼裁判结果监督调整拓展为既对行政诉讼全过程进行监督，也对行政权运行进行监督，同时，积极探索开展检察机关对履行职责中发现生态环境和资源保护等领域负有监管职责的行政机关违法行使职权或不作为，造成国家或社会公共利益受到侵害的行为提起行政公益诉讼。六是促进国家工作人员依法廉洁行使权力方面。要深刻认识到国家工作人员利用公权力实施职务犯罪，实际上是滥用或怠用公权力对国家法治的破坏，通过预防和查办职务犯罪督促国家工作人员权力正确行使，监督国家工作人员依法正确行使权力、履行职责。

## 三、法律监督工作格局要着眼于创新发展来完善

法律监督工作格局始终是随着形势发展、职能完善、手段丰富、机制创新不断健全完善的。新形势下，检察机关法律监督工作应当构建基本遵循始终正确，工作目标方向明确，检察职能统筹发展、运行机制健全高效、监督方法理性规范、外部环境全面优化，"三大诉讼"监督并重，诉讼内监督和诉讼外监督全面开展、相互促进的法律监督工作新格局。

第一，坚持法律监督工作格局基本遵循。一是坚持服从服务大局的政治方向。法律监督工作格局相对于党和国家整个大局来说，只是一个局部、一个方面，必须坚持党对检察工作的领导，顺应时代发展要求，在大局中确定发展方向和价值目标，积极服务党和国家工作大局，这是法律监督工作格局必须始终坚持的方向。二是坚持"法治、公正、创新"的基本理念。这是完善检察机关法律监督工作必须遵循的理念。法治的要义在于限制权力、防止滥用，"用法

治防止权力滥用"是法治最重要的功能，在行使监督权过程中，坚持法治思维和法治方式，自觉全面提高法律监督工作法治化水平。公正天然就是加强法律监督的核心价值追求，检察机关法律监督工作的目的就是确保司法公正，检察机关在法律监督工作中必须坚持公正目标、践行公正要求，才能不断提高法律监督的公信力。创新是发展的动力，在全面深化改革以及司法体制改革进入实质性实施阶段的新形势下，完善法律监督工作格局必须贯穿创新理念，才能适应新任务、新职能，不断与时俱进、全面发展。三是坚持"依法监督、规范监督、理性监督"的指导原则。这是完善法律监督工作格局必须坚持的原则。依法监督就是要严格依据法律赋予的职权、按照法律规定的程序进行监督，既不能超越法定权限进行监督，也不能违反法定程序进行监督，更不能失职渎职不进行监督。规范监督就是要严格使整个法律监督工作都在规范轨道中运行，实现监督依据规范、监督标准规范、监督程序规范、监督手段规范、监督文书规范。理性监督就是要正确认识和理性对待法律监督的有限性，注重和保证监督措施运用的适当性、实效性，防止和克服监督的任意性、选择性。四是坚持在法治监督体系内构建法律监督工作格局。党的十八届四中全会通过的《中共中央关于全面依法治国若干重大问题的决定》明确提出要形成"严密的法治监督体系"，并把检察机关的法律监督纳入法治监督体系，法律监督作为法治监督的重要组成部分必须在法治监督体系的总布局中积极作为，既要与党内监督、人大监督、民主监督、行政监督、社会监督、舆论监督等密切配合，共同发挥作用；又要在法治监督体系中担负好自身职责使命任务，保障国家法制正确统一实施。

第二，完善法律监督工作格局构成要素。一是把握法律监督工作范围。一方面，修改后的"三大诉讼法"从多个层面丰富了诉讼监督的范围，十八届三中、四中全会赋予了诉讼监督工作新的职责任务，传统的刑事诉讼、民事诉讼、行政诉讼"三大诉讼"监督范围在原有基础上不断拓展变化；另一方面，查办执法不严、司法不公背后的职务犯罪日益成为监督行政权、司法权运行的重点任务；

同时，十八届四中全会提出的加强对行政违法行为的监督、检察机关提起公益诉讼制度也成为新的法律监督范围，这些都决定了在构建新格局中既要保持和巩固好传统的法律监督职能，又要突出重点，不断拓展新的监督领域。二是统筹法律监督职能相互之间关系。必须正确认识各项检察职能之间、传统职能和新增职能之间是彼此衔接的，既相辅相成，又各有侧重。具体来讲，查办职务犯罪与"三大诉讼"监督、诉讼外监督之间，都是强化法律监督的主要途径和措施，是相互促进的，诉讼监督和诉讼外监督有利于发现职务犯罪特别是行政执法领域、司法领域职务犯罪线索，从而促进查办职务犯罪工作的开展，而查办职务犯罪是诉讼监督和诉讼外监督的重要保障，是加强诉讼监督工作的重要手段，能有效体现诉讼监督工作刚性效果。三是明确法律监督工作格局的总目标。其总目标可确定为：既加强全面监督，又重视拓展新增职能，开展多层次、全方位的监督，做到各种监督手段综合运用，诉讼内监督、诉讼外监督相互促进。大格局下还有小格局，针对各项法律监督职能的特点，还要建立符合各项检察职能工作特点的自身业务工作格局，并依其联系区别、规律特点进行科学合理布局、协调推进，才能实现各项监督职能统筹兼顾、全面协调可持续发展。具体来讲，针对刑事诉讼的法律监督，在刑事立案和侦查活动监督、刑事审判监督上，要在着眼建立审查批捕和侦查监督、公诉和刑事审判监督"两手抓、两手硬、两手协调"工作格局的基础上，强化对动用刑事手段违法立案、刑讯逼供、暴力取证等问题的监督，依法追诉遗漏罪行和遗漏同案犯，探索建立重大疑难案件侦查机关听取检察机关意见和建议制度，探索完善对公安派出所刑事侦查活动监督、对限制人身自由的司法措施和侦查手段监督机制；研究解决监督纠正定罪不当、量刑失衡等问题。在刑事执行检察上，坚持常态化监督与重点监督、专项监督相结合，全面加强对刑罚执行、刑事强制措施执行和强制医疗执行及有关监管活动的监督，重点加强"减假暂"检查监督，强化对"三类罪犯"刑罚交付和变更执行的同步监督；不断健全脱管、漏管发现、纠正和责任追究机制，督促落实办案机关和看守所严格执行还押制度、羁押期限变更通知制度，同时严肃查处刑事执行过程中的职务犯罪。针对民事检察，立足于对人民法院民事司法活动的全面监督，综合运用好抗诉、再审检察建议、纠正审判和执行活动违法检察建议等监督方式，进一步完善多元化民事诉讼监督格局，同时注意发现民事虚假诉讼行为，并稳步探索实践检察机关提起民事公益诉讼。针对行政检察，在省市县三级院各有侧重、各负其责、密切配合的工作运行格局基础上，统筹把握好诉讼内监督和诉讼外监督，综合运用抗诉、督促起诉、检察建议、提起公益诉讼等多重手段，探索构建包含通过查办职务犯罪对构成犯罪的严重行政违法行为的监督，对行政机关是否移送行政执法活动中涉嫌犯罪案件监督，通过对行政诉讼全过程的监督进而实现对行政行为监督，对行政机关利用职权干预行政诉讼、阻扰公正审判的行为进行监督，对行政机关不履行或者违法履行职责的情形进行监督，对涉及公民人身、财产权益的行政强制措施实行检察监督，对行政机关在环境保护等领域严重侵害国家和社会公共利益的不作为或者违法行为提起公益诉讼等七个方面内容的监督新格局。同时，将查办职务犯罪作为加强法律监督的重要手段和措施，积极查办执法不严、司法不公背后的职务犯罪。

第三，强化法律监督工作格局推进措施。一是健全运行机制。检察一体化机制是体现检察机关宪法定位和领导体制的重要工作机制，体现了中国检察制度运行的特点和优势。近年来，湖北省检察机关按照上下一体、横向协作、内部整合、总体统筹的要求，探索构建检察一体化机制已取得明显成效。纵向上形成了各有侧重、各有分工、各负其责的工作运行格局，强化了对下级检察院的领导，加强了对下级检察院重大案件、事项的督导和司法办案活动的监督，确保检察机关领导体制落实到位和检令畅通。横向上形成了相互协作、支持、配合的工作运行格局，强化了检察机关之间、检察机关内部各职能部门之间的沟通联系、相互协作、支持配合，促进检察机关形成运转高效、关系协调、规范有序的统一整体。实践证明，检察一体化机制是强化法律监督行之有效的重大机制，应当在法律监督工作新格局中予以坚持和发展。二是科学设置、合理分配检察职权。检察机关集诉讼监督和诉讼职能于一身，既是法律监督机关，也是司法机关，诉讼职能和诉讼监督职能都是检察机关的法定职能，必须立足检察权的监督属性，从检察权合理配置、理顺关系的角度出发，在适当分离诉讼职能和诉讼监督职能的基础上，建立符合各自职能特点的工作运行机制。湖北省检察机关近年来遵循诉讼职能和诉讼监督职能、案件办理和案件管理职能、检察权与检察机关司法行政事务管理权的特点和运行规律，探索创新"三个适当分离"的工作机制，建立健全了线索发现移送及办理反馈、综合统一管理、工作协调配合、司法办案监督制约、资源整合优化等配套制度，对内设机构、职能调整、资源配置等方面进行改革，实践证明是符合检察权运行规律、司法体制改革优化司法权配置要求的，增强了法律监督工作整体效益，应当在法律监督工作新格局中继承发展。三是综合运用各种监督手段。要通过调查违法行为、建议更换办案人、纠正违法通知书、量刑建议、检察建议、再审检察建议等监督手段的衔接配合、适度合理运用，正确处理好监督与被监督的关系，充分体现法律监督水平，提升法律监督效果。四是规范监督行为。湖北省检察机关近年来着眼于加强和规范诉讼法律监督行为，探索推进诉讼监督"制度化、规范化、程序化、体系化"建设，在现有法律框架和授权范围之内，制定全方位、综合性、多环节的诉讼监督系列规范，较好解决了过去实践中经常面临的监督范围不明、重点不突出、监督手段与违法程度不协调等问题。实践证明，诉讼监督制度化、规范化、程序化、体系化是全方位加强和改进诉讼监督工作的有效途径，应当在法律监督工作新格局中不断深化。五是协调好法律监督外部关系。积极争取人大监督支持。湖北省人大常委会在全国较早出台《关于加强检察机关法律监督工作的决定》，有力支持了检察机关的法律监督工作，促进了法律监督工作中的一些难点问题和薄弱环节的解决，应将文件精神进一步贯穿于法律监督工作新格局中。强化与有关政法机关的监督制约和协作配合，深入总结近年来检察机关与有关政法机关监督制约与协调配合机制的成功经验，进一步加强公、检、法、司各机关的整体联动，促进公、检、法、司各机关的相互理解和支持，为检察机关开展法律监督工作和加强自身监督形成良好的外部环境。加强与行政机关的沟通衔接，进一步健全行政执法和刑事司法衔接机制，从制度设计和程序安排上防止以罚代刑、有罪不究等问题，促进依法行政。

# 检察业务篇

# 1 "为谋取不正当利益"在司法实践中的界定*

我国《刑法》第389条第1款规定："为谋取不正当利益，给予国家工作人员以财物的，是行贿罪。"1999年，最高人民检察院、最高人民法院《关于在办理受贿犯罪大要案的同时要严肃查处严重行贿犯罪分子的通知》（以下简称《通知》），对"谋取不正当利益"具体解释为，"指谋取违反法律、法规、国家政策和国务院各部门规章规定的利益，以及要求国家工作人员或者有关单位提供违反法律、法规、国家政策和国务院各部门规章规定的帮助或者方便条件"。

关于行贿罪中"为谋取不正当利益"如何界定的问题，尽管"两高"作出了相关司法解释，但理论界和实践界仍然争论不休。目前，在司法实践中还存在重打击受贿犯罪轻打击行贿犯罪的不良倾向，这固然有诸多因素的影响，但与行贿罪中的"为谋取不正当利益"界定标准不一有很大关系。2010年，最高人民检察院发出《关于进一步加大查办严重行贿犯罪力度的通知》，要求各级检察机关严格执行刑法、刑事诉讼法的规定，在坚决查办受贿犯罪的同时，采取更加有力的措施，进一步加大查办行贿犯罪的力度。为了认真贯彻落实高检院打击行贿犯罪的重大部署，在司法实践中，应当严格按照我国刑法及其相关司法解释，正确界定"为谋取不正当利益"，依法查处行贿犯罪。

---

* 本文原刊于《人民检察》2010年第20期总第584期。

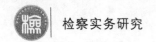 

## 一、关于"利益"的界定

要正确理解"为谋取不正当利益",首先要理解什么是"利益"。从字面上理解,"利"指好处,与害相对,如"利出于地,则民尽力"、①"况拾遗求利以污其行乎";② "益"也指好处,如"满招损,谦受益"。③ 二者合在一起,也是好处之意,如"教民种植桑柘麻苎之属,劝令养蚕织屦,民得利益焉";④ "汉与突厥……不如和好,国家必有重赍,币帛皆入可汗,坐受利益"。⑤ 在法学范畴里,利益是指人们对于一定对象的各种客观需求。其中需求是利益的主观基础,利益是需求的社会形态。由于在现实世界中,每个人都有各种各样的需求,而对于利益的理解,也体现了不同主体之间不同的价值观念,这就决定了利益是一个外延十分复杂的概念,涉及人类社会的各个领域,是财富、地位、机会、资格等各种有益于人们的事物的总称。

可以看到,不论是古代语义还是现代法律用语中的"利益",所指的好处和需求均是多方面的,而不仅仅限于物质的财富,还包括其他非物质层面的事物。由此,根据利益的属性的不同,可以将利益分为物质性利益与非物质性利益,这也是最能帮助理解利益的本质属性的分类。关于利益的物质性和非物质性,在理论界和实践界基本达成共识,《通知》中也明确了利益可以是"帮助和方便条件",肯定了利益的非物质性存在。还有许多学者从不同角度出发,对利益进行了其他分类,有的根据利益的合法与否,将利益分为合法利益和非法利益;有的根据利益被获得的状态,将利益分为确定利益和不确定利益。

---

① 参见《商君书·算地》。

② 参见《乐羊子妻》。

③ 参见《伶官传序》。

④ 参见《后汉书·循吏传、卫飒》。

⑤ 参见(宋)吴曾:《能改斋漫录·沿袭》。

正确理解利益的内涵和外延，以及利益的各种分类，特别是关于物质性和非物质性的分类，将有助于进一步讨论和理解"不正当利益"的范畴。

## 二、关于"不正当利益"的界定

对于行贿罪，我国 1979 年刑法并没有规定以"为谋取不正当利益"为构成要件，"为谋取不正当利益"是 1997 年修订后刑法新加入的构罪要件之一，由于"不正当"一词带有明显的主观标准，不同的人，站在不同的角度，依据不同的标准对"不正当利益"的界定都会不一致。因此，要正确界定"不正当利益"，首先要统一认定标准。在司法实践中，认定"不正当利益"最主要的依据是《通知》中关于"谋取不正当利益"的解释。

（一）正确理解《通知》中关于"不正当"的认定标准

从《通知》对"谋取不正当利益"的解释中可以看出，"不正当"的认定标准为是否违反法律、法规、国家政策和国务院各部门规章的规定。一般意义上的法律、法规、国家政策和国务院各部门规章比较好理解，但在司法实践中还要注意把握以下几个方面的问题：

1. 违反党的有关政策和相关规定是否属于"不正当"。由于我国是在中国共产党的领导之下，党要从路线、方针、政策等方面，指导和掌握国家的经济、政治、教育、社会等各方面的发展。从这个角度来说，党的政策与国家政策应当是一致的，党的政策也体现了国家政策。在司法实践中对国家政策的理解应包含党的各种方针、路线、政策，包括党内约束党员行为的有关准则、条例、规范等。而且，现实中有相当部分的贿赂犯罪，牵涉党员干部违反选拔、任用以及廉洁自律等方面的相关规定，买官卖官、为亲属及身边工作人员谋取利益等。将此纳入"不正当"的范围，将对进一步促进党风廉政建设，加强广大党员干部特别是领导干部的廉洁自律有十分积极的作用，同时，也能为查处此类行贿犯罪提供充分的法律依据。

2. 违反地方性法规和地方性政策的规定是否属于"不正当"。地方性法规是指省、自治区、直辖市以及省级人民政府所在地的市和国务院批准的较大市的人民代表大会及其常务委员会，根据宪法、法律和行政法规，结合本地区的实际情况制定的，并不与宪法、法律和行政法规相抵触的规范性文件。其本身就是我国立法体系中的一个层次，对"法规"一词如无特别说明，就应当包括地方性法规，自然可以作为界定"不正当"的标准。而地方性政策则是各地党和政府为当地社会发展因地制宜所作的各项决策，在当地是具有普遍实施的效力的，应属于国家政策的一部分，只要不与国家层面的政策相抵触，也应是认定"不正当"的依据之一。

3. 违反各单位的规章制度是否属于"不正当"。严格来说，《通知》提到的"法律、法规、国家政策和国务院各部门规章"中并不包含各单位的规章制度，各单位的规章制度也并不属于法律、法规、国家政策和国务院各部门规章的体系之列，一般来说不能用来作为认定"不正当"的标准。但实际上，各单位的规章制度在制定时肯定参照了相关的法律、法规、国家政策和国务院各部门规章，因此，在司法实践中，可以根据违反各单位的规章制度的具体情况，审查是否同时违背了法律、法规、国家政策和国务院各部门规章的规定，以此来确定是否符合"不正当"的标准。还有一种情况是，法律、法规、国家政策和国务院各部门规章对某一方面的问题作了原则性规定，根据该原则性规定，各单位的规章制度在具体实施中作了详细具体的规定，此时，如果违反了该具体规定，自然就违反了法律、法规、国家政策和国务院各部门规章的原则性规定，也应视为"不正当"。

（二）正确理解《通知》中界定"不正当利益"的两个层面

第一个层面是"违反法律、法规、国家政策和国务院各部门规章规定的利益"。具体包括两种情况：一是绝对禁止的非法利益，如贩毒、走私、偷税、赌博得到的利益等，这种利益法律、法规、国家政策和国务院各部门规章规定任何人都不可获得；二是相对禁止的非法利益，即根据法律、法规、国家政策和国务院各部门规章规定某种主体不具备获得某种利益的条件而获得该利益，如经营国家限制经营的商品、滥伐林木、非法渔猎、计划外生育等。

第二个层面是"国家工作人员或者有关单位提供违反法律、法规、国家政策和国务院各部门规章规定的帮助或者方便条件"。它指的是国家工作人员违反规定为请托人实现请托利益所提供的帮助或方便条件，侧重于实施的手段、行为、方式、程序等，如在提拔任用干部时利用职务之便打招呼、在招投标过程中私自泄露标底等。由于利益本身就分为物质性利益和非物质性利益，"不正当利益"自然也就包括这种违规的"帮助或者方便条件"。

有的学者认为，"帮助或者方便条件"不应当是利益本身，因为，如果指的是利益本身，就与前一种不正当利益形成了同义反复。① 事实上，如果将第一个层面的利益作广义解释的话，这种违规的"帮助或者方便条件"确实可以理解为违反法律、法规、国家政策和国务院各部门规章制定的利益，但《通知》中分两个层面来界定，是将第一个层面的非法利益作狭义的理解，偏重于行贿人请托的最终目的利益，是一种实体利益；而第二个层面的界定侧重于为行贿人谋取利益的手段和程序，是一种程序利益，虽然这两个层面的利益经常互相交织，但侧重点不同，分两个层面界定便于拓宽侦查思路，更有利于指导司法实践中对行贿罪的认定。

## 三、"为谋取不正当利益"的界定

根据刑法关于行贿罪的表述，"为谋取不正当利益"，从字面上理解，很明显带有目的指向性，即行为人的目的是谋取不正当利益。"为谋取不正当利益"作为行贿罪的主观要件而非客观要件，即要求行为人的主观方面是故意，以谋取不正当利益为目的。这也是区分行贿罪与非罪的一个重要标准。在司法实践中，要正确界定"为

---

① 参见于志刚、鞠佳佳：《贿赂犯罪中"不正当利益"的界定》，载《人民检察》2008 年第 17 期。

谋取不正当利益",实际上就是要严格依照刑法规定,牢牢把握"为谋取不正当利益"这一主观要件。

(一)要注意避免客观归罪

"为谋取不正当利益"属于主观要件,这个问题看似简单,但有许多人不自觉地将这个主观要件变为客观要件。如"违背职务说"主张,通过受贿人为行贿人谋取利益是否违背职务要求来界定行贿人是否谋取不正当利益,认为《通知》中关于"谋取不正当利益"解释的第二层面意见支持了该观点。[①] 其实不然,《通知》中明确解释的是何谓"谋取不正当利益",其第二层面的意思是"要求国家工作人员或者有关单位提供违反法律、法规、国家政策和国务院各部门规章规定的帮助或者方便条件",并没有指出受贿人提供违规的帮助或方便条件就可以认定行贿人主观上具有谋取不正当利益的故意。按照这样的观点,如果行贿人谋取的是不确定利益,当受贿人以正当的程序和手段实现该利益,则不构成行贿罪;反之,当行贿人以违规的程序和手段实现,则构成行贿罪。这是很荒谬的,其忽视了行贿罪主观要件的存在,违背了刑法的主客观相统一的原则。在司法实践中,一定要注意审查行贿人的主观目的,避免客观归罪。

(二)要注意区分行为人在行贿时的主观直接目的与行贿人的最终目的

对于行贿人的主观目的,严格来说可以分为行为人行贿时的主观直接目的和行贿人期待获得的最终目的。行为人行贿时的主观直接目的是指行为人在实施给予财物的行为时所持的心理状态或直接期待达到的目的,而行贿人的最终目的则是其通过行贿最终期待获得的利益。虽然两者在很多时候是重合的,但也有不少情形是完全分离的。只要行为人在行贿时的主观直接目的和最终目的之一是"为谋取不正当利益",就符合行贿罪的主观要件。

---

① 参见黎志慧:《论行贿罪中的"不正当利益"之认定》,载《无锡职业技术学院学报》2007 年第 1 期。

在实践中，行为人在行贿时的主观直接目的与其最终目的极易混淆，一定要注意加以区分。在司法实践中要注意全面审查行贿人主观直接目的及其最终目的，如果其最终目的属于《通知》中明确的第一个层面的"不正当利益"，自然可以认定其主观目的是"为谋取不正当利益"；如果其最终目的属于正当利益，就要进一步审查其在行贿时的主观直接目的是否要求受贿方提供违规的帮助或方便条件，如是肯定的，则依然可以认定其主观目的是"为谋取不正当利益"。这样可以最大限度地加大打击行贿犯罪力度，防止行贿人以谋取正当利益为借口逃避惩处。

（三）要注意把握认定"不确定和概括的主观目的"的标准

对于行贿人的主观目的，现实中一般有两类，一种是确定的主观目的，指有证据证明行贿人明知请托利益违规或明确要求受贿方违规提供帮助或便利条件。而所谓"不确定和概括的主观目的"是相对确定的主观目的而言的，是指行贿人对意图谋取的最终利益是否违规，或者对受贿人为其谋取利益的手段和程序是否违规未提出明确要求，具有一种只要谋求的利益能够实现，是否违规并不在乎的心态。另一种表现形式是行为人在行贿时没有明确的请托意思表示，甚至没有请托意思表示或者没有证据表明其在行贿时有明确的请托意思表示。这些情形在现实中比比皆是，行贿人在行贿时往往都不会明确说明要求受贿人做什么，一般都只模糊地表示请给予关照、照顾或是交个朋友、人情来往等，在讯问的时候，一些行贿人也不会原原本本将行贿时的表述如实供述。笔者认为，对这种行贿人的"不确定和概括的主观目的"，一是应从行贿人和受贿人的供述、相关证人的证言以及受贿人实现请托利益的手段行为和程序上综合考虑，以此来认定是否属于"为谋取不正当利益"。其中，比较重要的是受贿人手段行为和实现程序，可以从受贿人的手段行为和实现程序上间接印证行贿人行贿时的主观目的，再通过综合其他间接证据以期形成完整的证据锁链，从而证明行贿人的主观要件。二是应以社会普遍认可的语境和语义作为界定标准。同一表述和行为在不同的语境、时间、阶段、场合可能会表现出不同的主观目的，应当以社会普遍认可的语境和语义作为界定标准，而不能仅凭犯罪嫌疑人为逃避法律追究而作的各种狡辩和托词来模糊其主观目的。例如，法律、法规、规章以及党和国家政策中有特别规定的，可以按照规定的情形来认定；有约定俗成的交易习惯、行为规范甚至行业潜规则的，可以参照认定；还可以参照正常的人情往来、风俗习惯等认定。

（四）要注意把握"为谋取不正当利益"与是否实际获得不正当利益的关系

司法实践中一定要将行贿人主观上是否有"为谋取不正当利益"的目的与是否实际获得不正当利益两个方面区别开来。根据《刑法》第389条第1款对行贿罪的表述，只要行为人主观上有"为谋取不正当利益"之目的，客观上实施了给予国家工作人员财物的行为，就构成行贿罪。如果行贿人为谋取的不正当利益由于种种原因未能实现或受贿人没有提供违规的帮助和方便条件，行贿人仍应构成行贿罪。还有一种情形就是行贿人明确要求受贿人违规提供帮助或便利条件，但受贿人在实施过程中完全依照合规的程序实现了受贿人谋求的最终利益，此时，只能说行贿人在行贿时要求提供违规帮助或便利条件之目的未实现，其主观上有"为谋取不正当利益"之目的，客观上也实施了给予财物的行为，仍应构成行贿罪。

正确把握"为谋取不正当利益"与是否实际获得不正当利益的关系，还有助于对行贿犯罪未遂形态的认定。行贿罪属于行为犯，只要实施了符合刑法分则规定的基本构成要件行为就是既遂，无须发生特定的犯罪结果。就是说，只要行为人主观上有"为谋取不正当利益"的目的，客观上实施了给予国家工作人员以财物的行为，就构成犯罪既遂。因为行贿人此时的行贿犯罪行为已经完成，其对国家机关的正常管理秩序和国家工作人员的职务行为廉洁性已经构成了侵害。如果在实施这一行为的过程中，由于行为人意志以外的原因而未得逞，如行贿对象拒绝或立即还财物的等，就属于犯罪未遂。

对于犯罪未遂和为谋取的不正当利益未能实现的情形，由于社会危害性相对较小，在司法实践中可以作为量刑情节予以考虑，从轻或者减轻处罚，甚至可以综合其他情节认定为情节显著轻微，危害不大的情形，不认为是犯罪。

# 2 执法公信力建设与群众工作的辩证统一[*]

近年来，在高检院的统一部署下，全国检察机关持续深入推进执法公信力建设，引起了社会各界的广泛关注，理论界和实务界对检察机关的执法公信力问题进行了深入的探讨和研究，丰富和发展了执法公信力的理论体系，尽管观点众多，但大家所讨论的执法公信力的前提和基础都不约而同地落脚到"以人为本、执法为民"上来。2009 年，湖北省人民检察院准确把握这一社会脉搏，在广泛征求人民群众和社会各界代表意见、多次论证研究的基础上，制定下发了《关于加强检察机关群众工作的指导意见》（以下简称《指导意见》），针对检察机关如何加强群众工作明确了指导思想、基本原则、目标任务和具体措施。这是省院在多年来的群众工作实践中，不断总结新经验、进行新思考、作出新概括，创新出的群众工作方式方法；是省院关注群众利益，思民之所忧，做民之所盼，为提高检察机关执法公信力所做的一项重要举措。同时也是省院从全局高度对如何推动检察工作科学发展所进行的战略谋划。在检察工作实践中，如何认识和把握执法公信力建设与群众工作的关系，本文拟从以下几个方面做一简单探讨。

## 一、二者相互依存、相互统一

胡锦涛总书记指出，"政法机关的执法能力集中体现在执法公信力上，执法公信力来源于严格、公正、文明执法，来源于全心全意

---

[*] 本文原刊于《方圆》（专刊）2011 年 7 月。

为人民服务的良好形象"，这一精辟的论述，很好地诠释了执法公信力建设与群众工作的统一性。从两者的内涵可以看出，执法公信力建设和群众工作在中国传统文化上同出本源，无论是执法公信力的核心"信"，还是群众工作中体现的民本思想都来源于对中国古代政治文化有深远影响的儒家思想，在古代社会都是为了着重协调统治阶级与民众的关系，进一步巩固统治阶级的统治地位。而如今，我们说的执法公信力建设的落脚点在于提高社会公众对检察机关执法状况的评价，其评价的主体是社会公众，也即广大的人民群众，人民群众对检察工作的满意与否、信任与否直接关系到这一评价的高低；而群众工作的宗旨是努力满足人民群众日益增长的司法需求，解决人民群众最关心、最直接、最现实的利益问题，维护社会公平正义，保进社会和谐稳定，其直接效果就是增强了人民群众对检察工作的信任度和满意度，这种信任度和满意度也就是人民群众对检察工作的一种评价。执法公信力建设的目的是提高人民群众对检察工作的主观评价，而这恰恰是加强群众工作，全心全意为人民服务的直接效果，从这个角度来说，加强检察机关的执法公信力建设与群众工作是并行不悖、相互统一的。

## 二、二者能够互相促进、共同发展

辩证唯物主义哲学对物质和意识关系的回答，既是唯物的，又是辩证的；既肯定物质决定意识，又承认意识对物质具有能动作用，这种能动作用离不开客观实践活动、客观规律及客观条件的制约，物质的决定性和意识的能动性是辩证统一的。具体到执法公信力建设和群众工作相互作用的关系上，主要表现为求证工作这一物质范畴对执法公信力这一意识范畴的决定作用，以及执法公信力对群众工作能动促进作用。具体来说：

（一）群众工作的具体措施对执法公信力有着决定性的作用

严肃查办损害群众利益的案件，树立公信。社会和谐稳定是民生之本，一些损害群众利益的民生案件，社会关注度高，处理不及时、不依法、不公正往往会引发新的社会矛盾，检察机关的执法公

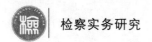

信力就难以建立。

着力监督纠正群众反映强烈的执法不严、司法不公问题，增强公信。公平正义是检察工作的生命线，是广大人民群众对检察机关的殷切期盼。检察机关要以对人民、对宪法高度负责的态度，切实履行好法律监督职能，要敢于监督、善于监督，切实担负起法律赋予检察机关的责任。强化对诉讼活动的法律监督，坚决监督纠正有案不立、有罪不究、以罚代刑以及动用刑事手段插手民事经济纠纷、违反立案等问题；监督纠正有罪判无罪、无罪判有罪、量刑畸轻畸重等问题；监督纠正违法减刑、假释、暂予监外执行、不按规定交付执行等问题；监督纠正民事行政裁判错误以及民事诉讼中存在的违法调解、违法执行等问题；监督纠正滥用强制措施、刑讯逼供、暴力取证、超期羁押、体罚虐待被监管人员等侵犯人权的问题；监督纠正违法扣押、冻结及处理款物，侵犯单位和群众个人合法财产权益的问题；严肃查办执法不严、司法不公背后的职务犯罪，维护司法公正和司法权威，维护人民群众和当事人的合法权益。

依法妥善解决群众诉求，赢得公信。能否维护好人民群众的切身利益，满足人民群众的新要求、新期待，依法妥善解决群众诉求，是赢得人民群众信任和满意，提升执法公信力的关键所在。检察机关要全面加强涉检信访工作，妥善解决人民群众反映的问题；要落实首办责任制，对涉检信访案件都应当明确受理、移送、办理、反馈等环节的具体责任，落实到部门和承办人，努力把问题解决在首办办理环节，提高就地化解信访问题的能力；要实行领导包案制，对重信重访、越级上访、群体性上访事件，坚持定领导、定专人、定方案、定时限，加强办理工作；要讲究工作方法，善于用沟通协调、说服教育等方法，引导群众通过正当渠道反映和依法解决问题；要讲究处置策略，注重工作艺术，落实善后措施，争取做到案结事了。

（二）执法公信力的提高能进一步促进群众工作的开展和加强

有利于进一步加强检察机关与人民群众的沟通交流。沟通交流始终是一个双向的交互过程，只有单方面的加强是远远不够的。近年来，检察机关建立了多元化的民意交流沟通渠道和制度，如果人民群众对检察机关不信任、不满意，就不会过多对检察工作发表意见，就不会主动地向检察机关反映问题，更不会为检察工作的健康发展出谋划策。因此，提高检察机关的执法公信力，增强人民群众对检察机关的信任度和关注度，将是检察机关与人民群众进行有效沟通交流的首要措施。

有利于进一步依靠人民群众查办和预防职务犯罪。群众的眼睛是雪亮的，检察机关只有依靠群众的眼睛，才能有效提高查办和预防职务犯罪的成效。近年来倒在社会公众监督之下的腐败分子不计其数，如天价烟局长、最牛团夫人等，充分显示了群众监督的力量。但并不是所有的案件都像这样能进入社会公众的视野，更多的职务犯罪案件还需要检察机关去寻找线索、调查取证，而这就更需要广大人民群众的积极参与和帮助。

有利于进一步依靠人民群众强化对诉讼活动的法律监督。在现行的体制机制下，检察机关行使对诉讼活动的监督职能，由于多种因素的制约，还不可能遍及所有诉讼活动的全部环节，人民群众却是诉讼活动的全程参与者，而且还是事关切身利益的参与，因此，紧紧依靠人民群众来实现对诉讼活动的监督才是检察机关唯一正确的选择。

# 3 切实加强执法规范化建设  为贯彻修改后刑事诉讼法奠定良好基础<sup>*</sup>

近几年来，黄冈市检察机关认真贯彻落实高检院、湖北省院关于执法规范化建设的一系列部署要求，不断深化"六观"教育，注重"六个统一"，坚持"两长一本"工作方针，不断探索"五位一体"工作格局，切实加强执法规范化建设，重点纠正了一度存在的受利益驱动违法办案、在办案区违规办案、不文明办案及办案安全隐患等问题，实现了执法办案由不太规范到全面规范的质的飞跃。通过近几年的实践，我们深切感受到，执法规范化建设是检察执法公信力之本，是检察事业科学发展之基，更重要的是契合了刑事诉讼法修订的立法本意，为修改后刑事诉讼法的实施奠定了较好基础。

## 一、牢固树立规范执法理念，为修改后刑事诉讼法实施奠定了思想基础

受执法观念、经济条件的影响，黄冈市规范执法经历了曲折的过程，2008 年以前没有真正树立起规范执法的理念，甚至发生过严重违规办案行为，造成了不良影响。这次处理极大地警醒和教育了两级院领导及全体检察干警。为此，我们按照高检院、省院要求，在全市检察机关深入开展"三个专项治理"、扣押款物专项清理、"反特权思想、反霸道作风"专项教育等转变执法理念、规范执法行为的教育整顿活动，狠抓了敬大力检察长提出的"四个绝对禁止、

---

* 本文原刊于《人民检察·湖北版》2012 年第 6 期。

一个必须实行"办案纪律的贯彻执行，结合黄冈实际采取了"六个纳入"（规范执法问题纳入每次自侦工作会议主题之一、纳入领导干部一岗双责、纳入对基层院和市院各部门年终目标考核、纳入每期自侦干警培训班培训内容、纳入对干警测试科目、纳入检务督察重点）措施，通过持续、高强度的教育整顿活动，引导干警在思想上形成共识，心灵中产生共鸣，行动上步调一致，真正把规范执法的要求融入干警血脉，促使广大干警牢固树立人权保障意识和规范执法观念，实现了执法办案从被动规范到积极、主动规范的根本性转变。这种执法观念的转变正是尊重和保障人权基本原则的重要体现，契合了修改后刑事诉讼法"尊重和保障人权"的立法宗旨和精神，为修改后刑事诉讼法的实施奠定了思想基础。

**二、严格落实规范执法要求，为修改后刑事诉讼法实施奠定了工作基础**

坚持把高检院、省院出台的一系列规范执法的要求贯穿于整个执法办案全过程，确保程序规范、实体公正。切实规范讯（询）问行为。严格执行传唤、拘传时间不超过 12 小时的规定，不超时在办案区羁押、留置犯罪嫌疑人；严格实行审押分离、审录分离；切实做到讯问犯罪嫌疑人全程全面全部同步录音录像；对拘留、逮捕的犯罪嫌疑人一律在看守所讯问，确保每天至少安排犯罪嫌疑人还押连续休息 6~8 小时；询问绝不限制被询问人的人身自由，绝不进行拘禁、留置或者变相拘禁、留置。切实规范证据采信。积极推行公诉引导侦查，严格执行非法证据排除规则，坚决实行违法违规讯问笔录排除入卷制度，确保证据合法性。凡是对内容造假、私自涂改、记载讯问时间地点不实、取得程序不符合程序的讯问笔录，一律排除入卷，不作为证据使用；凡是没有本次提讯同步录音录像的讯问笔录，也一律排除入卷。切实规范赃款赃物管理。认真落实最高人民检察院《人民检察院扣押、冻结涉案款物工作规定》，严守扣押冻结款物范围，严格扣押冻结款物处理程序，严明扣押冻结款物处理方式。切实规范办案区管理。认真执行《湖北省检察机关办案工作区使用管理规定（试行）》、《湖北省检察机关办理职务犯罪案件安全防范工作备案监督的暂行规定》等规定，全面完善办案区"五室"、双通道、强制物理隔离、视频监控等设施，加强安全值班守备，确保办案安全。这些规范的执法行为，契合了修改后刑事诉讼法关于非法证据排除、证据证明体系标准更高的要求，为侦查、公诉等工作模式的转变提供了实践经验，为修改后刑事诉讼法实施奠定了工作基础。

## 三、健全规范执法长效机制，为修改后刑事诉讼法实施奠定了制度基础

注重发挥机制的基础性、根本性和长远性作用，以制度机制确保规范执法。一是健全业务部门监督制约机制。积极探索省院"两个适当分离"改革，建立以案件管理办公室为依托的"全面管理、分工负责、统筹协调"的执法管理模式和全方位、全环节、全过程的执法监督管理体系，紧扣初查、立案、传唤、审讯、扣押、批捕、起诉及赃款物处置等关键节点，全面加强对执法办案的流程管理。各业务部门按照职责在不同环节共同加强对执法行为的监督制约。二是健全检务督察机制。实行办案区使用、安全预案、讯问时限及扣押、冻结、查封涉案款物等报纪检部门备案审查制度；加强对执法活动的跟踪监督，做到案前安全防范监督、案中执法行为监督与案后回访考察监督相结合，严格落实执法问责规定，切实解决"铁律不铁、禁令不禁"的问题，确保中政委"四条禁令"和省检察院"四个绝对禁止，一个必须实行"的办案纪律等制度规定落到实处。三是健全上级院对下级院监督制约机制。认真落实最高人民检察院《关于强化上级人民检察院对下级人民检察院执法办案活动监督的若干意见》，将规范执法纳入考评和报告事项，严格执行执法办案有关审批制度、备案审查制度、请示报告制度和责任追究制度，确保制度规范落实到每一个办案部门、每一个办案人员和每一个执法环节。这种较为完善的内部监督制约机制为修改后刑事诉讼法实施后进一步规范检察机关行使法律监督权、加强自身监督制约奠定了制度基础。

### 四、加强规范执法硬件建设，为修改后刑事诉讼法实施奠定了物质基础

不规范执法行为的发生，客观上也与执法保障、基础设施不到位有关。如不文明办案，甚至刑讯逼供行为的发生，在很大程度上与办案区未建立视频监控系统和全程同步录音录像设备有关。因此，近几年，我们积极采取措施，加大执法硬件建设力度，改善执法条件。在前些年先后投入770余万元建成市县两级办案工作区、购置了47套便携式录音录像等设备基础上，2011年，根据省检察院推进规范执法24项任务特别是"三项重点建设任务"要求，认真落实敬大力检察长一系列指示精神，黄冈市又积极争取地方支持筹措资金510余万元，对办案工作区进行了标准化升级改造，并在10个看守所建成了标准化职务犯罪案件讯问室15间，保证了办案工作区和看守所讯问室视频监控全覆盖，实现了强制物理隔离和审讯全程同步录音录像，为规范执法提供了有效的监督保障。同时，两级院高度重视警务建设，全部按标准更新、配备了囚车、各类警务装备以及常备药物，实现了看审分离和审录分离，有效保证了各项规范执法要求的落实。这些基本硬件装备，为新刑诉法实施后完善侦查讯问措施、建立讯问全程录音录像制度奠定了坚实的物质基础。

# 4 在强化程序意识中实现刑事诉讼法关于程序公正与实体公正并重的价值追求*

刑事诉讼法是规范刑事诉讼活动的基本法律，有"小宪法"之称。我国现行刑事诉讼法于 1979 年制定，1996 年进行了首次修正，时隔 16 年再次大修，对于健全中国特色社会主义法律体系、完善中国特色社会主义司法制度、树立社会主义法治国家良好形象，具有里程碑意义。刑事诉讼法此次大修的重要特征之一，就是彰显了程序公正与实体公正并重基本价值追求，要求在整个刑事诉讼活动中努力实现程序公正与实体公正的有机统一。在这种新的形势下，如何转变执法理念在强化程序意识中实现程序公正和实体公正并重的价值追求是检察机关面临的重大课题。本文就此谈几点看法。

## 一、深刻认识强化程序意识实现程序公正与实体公正并重价值追求的重大意义

法治观念上，从忽视程序到重新审视程序的价值，从片面追求实体公正到程序公正与实体公正并重，在我国法治史中具有划时代的象征意义和重大现实意义。

（一）强化程序意识是尊重和保障人权的需要

从程序渊源来看，正当的法律程序起源于英国的"自然正义"理念。1215 年英格兰《人民自由大宪章》第 39 条规定："除非经由贵族法官的合法裁判或者根据当地法律，不得对任何自由人实施监

---

* 本文原刊于《人民检察》2012 年第 8 期。

禁、剥夺财产、流放、杀害等惩罚。"在英美法系发展历史中，正当的法律程序从保障人身权、财产权逐渐演进扩大到保障人的生命权、自由权等基本人权。因此，强化程序意识，尊重法律程序的独立价值，归根结底是为了尊重参与过程的人的价值和人格尊严，天然体现了尊重和保障人权。从现实情况来看，我国刑事诉讼法的执行过程中，受"诸法合体、重实体、轻程序"的传统法律文化影响，司法理论和司法实务中以强调诉讼程序的工具性价值为主要特征的程序价值理念长期占据主导地位，把程序仅仅视为实现实体目标的工具和手段，把刑事诉讼程序的目的也仅仅定位于"保证惩罚犯罪"和"保证刑法的正确实施"，导致司法实务中片面追求司法效率，执法随意性过大，落实程序不到位，极不利于人权的保护。从形势发展来看，刑事诉讼法此次大修，明文确立"尊重和保障人权"基本原则，不仅适应了世界人权保障的新要求，具有重大宣示性意义，而且适应了国际上刑事诉讼发展趋势的需要，更加具有重大实践指导意义。对诉讼程序设置进行了大量修改、完善、补充，在实质上就是要强化程序作为刑事诉讼的灵魂所具有的独立价值，通过程序对权力肆意进行约束，进一步明确实体权利的处分规则，对实体权利的适用正当性和合理性进行保障，提供制度安排，确保实现"尊重和保障人权"的基本原则。

（二）强化程序意识是彰显法治精神的需要

首先，重视程序是法治的题中之义。法治从本质上讲是规则之治，通过规则的设置，对每个人的权利和义务给予具体的界定，使社会公众对法律等社会规则及其内在价值主动认同并自觉遵守，从而实现尊重和保护各个权力主体合法权益的目标。程序正是法制化的公共规则，是实现法治的基本手段。在推进依法治国进程中，我们只有不断强化程序意识，严格依照程序办事，确保一切组织、机构和个人都受到法律的约束，才能实现"权力寓于程序之中"的法治状态。其次，强化程序意识有利于培育法治精神。不断强化程序意识，我们就能够在执法实践中，准确把握刑事诉讼法此次大修关于充分关注和保障公民所享有的程序上的知情权、选择权、抗辩权、启动权等一系列权利的立法精神，切实平衡国家权力与个人权利、公共领域与私人领域、普遍利益与特殊利益、自我权利与他人权利，引导公民在行使各项权利时，自觉遵守和信奉法律，服从既定的程序和规则，从而促进法治精神的形成和发展。最后，强化程序意识有利于提升法治效果。法治的效果关键在于让正义及时以公正、透明的方式实现。司法实践表明，在很多情况下，公民不服从司法结果或对司法权威产生怀疑，是因为他们觉得没有为他们提供公平的司法程序，或者没有充分保障他们的程序权利，或者正义总是姗姗来迟，根本原因还是程序意识不强。因此，强化程序意识有利于规范国家公权力运行，充分保障公民程序权利，在全社会形成对法治的确信，提升法治的效果。

（三）强化程序意识是推进司法文明的需要

司法文明作为物质文明、精神文明和政治文明在司法领域中的综合表现，是人类社会在长期的司法活动中积累的积极成果的总和。从司法理念上讲，强化程序意识是推进司法文明的基础。在西方较为推崇"程序优先"理念，通说认为实体的不公表现出的仅仅是个案的不公，而程序的不公表现的则是整个司法的不公。两者发生冲突时，绝不容许因个案的公正牺牲司法的公正，著名的辛普森案就是典型；我国司法实践中因为轻视甚至损害程序造成的错案时有显现，如轰动全国的杜培武案、佘祥林案、赵作海案等，结果不仅达不到实体公正的目标，反而严重影响司法文明。刑事诉讼法此次大修特别强调程序公正和实体公正并重的价值追求，意在扭转"重实体、轻程序"的传统理念，确立一种与现代司法文明相适应的司法理念。从基本要求来讲，强化程序意识是推进司法文明的核心。推进司法文明，包括司法活动的民主性、司法过程的实体公正与程序公正的统一性，要求司法程序公开，自觉接受外部监督，保障诉讼参与人的参与权利，通过发挥程序的抑制、导向、缓解、分工、感染作用，约束法律适用者，引导诉讼参与人理性选择，确保以程序公正促进和保障实体公正。从实现方式上讲，强化程序意识是推进司法文明的关键。"没有程序就没有正义。"正是程序，体现和保持对国家公权力根本的、永恒的制约，通过科学配置、有效制约司法权的运行，保障和推进司法文明。但在司法实践中，程序执行不到位，执法不严、执法不公、徇私枉法等现象时有发生，严重损害了司法公信力，阻碍了司法文明的进程。在新形势下，我们必须通过强化程序意识，遵循程序监督制约机制，严格依法办事，不断增强执法透明度，切实维护和保障当事人的诉讼权利，才能有效推进司法文明进程。

## 二、准确把握强化程序意识实现程序公正和实体公正并重价值追求的基本原则

贯彻修改后刑事诉讼法，在强化程序意识实现程序公正和实体公正并重价值追求过程中，必须始终坚持合法性、公正性和协调性三个基本原则。

### （一）坚持合法性原则

刑事诉讼程序合法性原则，是指国家刑事司法机关的职权及其追诉犯罪、惩罚犯罪的程序只能由立法机关所制定的法律即刑事诉讼法加以明确规定，刑事诉讼法没有赋予的职权，司法机关不得行使，司法机关也不得明确违背刑事诉讼法所明确设定的程序规则而任意决定刑事诉讼的过程。其有两层基本含义：一是"程序法定"，即刑事诉讼程序必须公正合理且由法律预先予以明确规定，国家应当在刑事诉讼法和法律中对于限制个人基本人权的强制措施及其使用予以明确具体的规定；二是"履行依法"，即刑事诉讼法律活动应依照法律规定的程序进行，国家专门机关在刑事诉讼中不得违反法定程序，必须在法律规定的程序规则下进行刑事诉讼活动。我国刑事诉讼法规定"人民法院、人民检察院和公安机关进行刑事诉讼，必须严格遵守本法和其他法律的有关规定"，从而确立了严格遵守法律程序的刑事诉讼基本原则。强化程序意识，坚持合法性原则，具体到检察工作而言，要把握好以下三点：一是立案、侦查、公诉等各个刑事诉讼环节的变更，必须要依照法律的规定有序进行，不得随意超越或回转；二是各种刑事强制措施的适用，必须严格按照法

律规定的权限、适用对象、条件、审批程序和期限来行使；三是行为主体必须按照法定的程序履行职责，确保程序合法。

（二）坚持公正性原则

《正义论》作者约翰·罗尔斯有句名言，"公正的法治秩序是正义的基本要求，法治取决于一定形式的正当过程，而正当过程主要通过公正的程序来体现"。坚持程序的公正性原则，要努力实现程序的参与性、平等性、公开性。参与性是指诉讼参与人全面地参与到司法活动中来，可以充分表达意见、行使权利，直接影响司法结论。它要求司法者在司法活动中必须确保和案件有直接影响的人员能直接有效地参与，当事人已被给予充分、平等、有效的机会和手段来保护自己。平等性主要指对每一个诉讼当事人平等适用法律，不搞特殊待遇、不搞法外施法，做到一把尺子量到底。它要求在法律面前实行无差别对待，权利义务相当，即不允许出现无义务的权利和无权利的义务。在刑事诉讼中，检察机关是代表国家履行职权，相对另一方当事人而言处于优势地位，尤其要主动保障刑事诉讼程序的平等实现。公开性就是在程序运行的过程中，坚持法律程序以及刑事诉讼规则向所有诉讼参与人全面公开，保障当事人知情权、选择权，提供明确法律指引，使当事人形成对程序公正的确信，从而对法律坚信不疑。

（三）坚持协调性原则

程序公正是实体公正实现的保障，实体公正是程序公正所要达到的目标，两者是有机统一的，片面强调任何一个方面，都会对司法公正造成损害。程序公正是司法公正的重要保证，要强化程序意识，切实做到实体与程序并重，把程序公正的要求落实到刑事司法活动全过程。强化程序意识，深刻认识实体公正和程序公正并重这一修改后刑事诉讼法的价值追求，必须做到程序与实体"两手抓、两手硬、两手协调"：一方面要处理好强化意识和落实程序要求的关系。要通过教育强化意识，更重要的是在执法办案中贯彻程序要求，通过反复的实践锻炼来使程序意识融入血脉、深入骨髓，变成自觉行动，奠定实践基础。另一方面要处理好程序公正、实体公正以及司法公正之间的关系。实体公正是结果的公正，程序公正是过程的公正，两者协调统一于司法公正。程序公正与实体公正出现冲突时，既不能简单地走向一个极端——坚持程序公正，维护程序正义，伸张诉讼程序公正而牺牲实体公正；也不能走向另一个极端——一味追求实体结果的公正，视实体公正为最终目标，而忽略程序的正当性，而应该灵活的将两者有机统一于司法实践中，做到既能够体现实体公正以维护法律的正义，又能够通过对程序公正的重视，改变司法实践中存在的不合理状况，不断推进司法公正建设。

## 三、严格落实强化程序意识实现程序公正与实体公正并重价值追求的根本要求

我们处在一个以法治方式追求正义、公正、公平的时代。法治的过程就是追求程序的过程，公正的程序是实现正义、公正、公平的保障。如果没有严格的程序，我们就不能获得稳定持续的正义。曹建明检察长在湖北调研时强调，要进一步强化程序公正意识，更加重视严格遵守法定程序，真正把程序公正作为提高办案质量、实现和保障实体公正的前提和基础，使每一个执法办案环节都符合程序规范。因此，我们必须切实找准强化程序意识的根本路径，通过程序公正这个重要手段，确保实现程序公正与实体公正并重价值追求。

（一）严格遵守程序规范

首先，要规范执法行为。通过控辩审三方严格遵守程序规范，防止执法、司法人员的任意裁判，确保执法办案在严谨的程序环节中有序推进，强化诉讼参与人对法律的信服敬畏。就湖北省检察机关而言，省院敬大力检察长在总结生动实践基础上强调要重点强化的"三个观念"之一就是规范执法观念，要求把规范执法提得更高、看得更重、要求更严格，进一步解决好当前存在的一些执法不规范、不文明的"顽症"。我们在执法办案中，要特别注意利用近年来执法规范化建设在执法理念、执法机制、执法保障等方面取得的积极成果，充分利用规范执法"倒逼"机制，切实解决实际上还

不同程度存在的超时讯问、超期羁押、变相体罚、诱供骗供等突出问题，严格执行修改后刑事诉讼法关于采取强制措施、保障犯罪嫌疑人合法权益、律师执业权利等方面的规定，切实履行告知、保障、规范职责，真正做到严格按程序执法，始终按规则办案，切实提高检察机关执法规范化水平。其次，要严守证据规则。证据是刑事诉讼的核心，提高证据证明标准体系是修改后刑事诉讼法的特点之一。在执法办案实践中，我们要牢牢把握举证责任、证明标准、非法证据排除等重点，明确非法证据排除的具体标准、程序和内容，坚持事实认定与证据审查并重、言词证据与实物证据并重、实质要件与形式要件并重，不断强化对证据客观性、关联性与合法性审查，切实按照程序规定来收集、固定、审查、判断和运用证据，努力做到使每一起案件事实清楚、证据确实充分。对于存疑的证据，要通过启动证人出庭、侦查人员或者其他人员出庭说明情况等程序，排除合理怀疑，对应当排除的证据，坚决予以排除。目前，检察机关执法办案中尤其要加强技术侦查手段的研究和应用，提高电子类证据的收集、固定、审查、判断和运用能力。最后，要注重监督制约。强化法律监督职能是修改后刑事诉讼法的亮点之一，然而这远远不够，还需要检察机关强化法律监督意识，在分工制约中履行好法律监督职能。要有监督的法治底气，积极履行好修改后刑事诉讼法赋予的各项法律监督职权，对诉讼程序进行监督，强化当事人及其代理人对诉讼程序的参与，为其行使程序选择权、程序异议权等提供便利，并引入程序性裁判机制，妥善处理程序争议纠纷，解决实践中法律监督不力的问题。法律监督要全面，在全面加强侦查监督、审判监督、执行监督、民行诉讼监督的同时，尤其要深入研究修改后刑事诉讼法设置的一些新的监督事项，如精神病人强制医疗、没收非法所得、监视居住，如未成年人刑事案件、当事人和解等，积极运用近年来检察改革在强化法律监督方面的有益经验，特别是"两法衔接"、法律监督调查、检察长列席审委会等机制改革创新的成功经验，拓展监督途径，完善监督方式，增强监督实效。要加强自身监督，纵向要进一步强化上级检察机关对下级检察机关的监督，深入落实职务犯罪逮捕权上提一级改革、请示报告制度等方面的要求。横向制约方面，自觉接受公安机关、人民法院和律师在诉讼中的制约。外部监督方面，在自觉接受党委领导、人大监督、政协民主监督和社会公开监督的同时，从实践来看要特别注重强化人民监督员制度执行力度。总之，要通过强化监督制约，确保检察机关法律监督严格限制在法律设定的程序中，保持足够的谨慎、自制和谦抑，确保检察权本身依法规范运行。

**（二）着力提高程序效率**

"迟到的正义就是非正义。"这句话道出了程序的公正价值和效率价值的内在关系，当程序的效率价值得不到充分满足时，必然会损害程序公正价值的实现。在刑事诉讼中，公正是永恒追求，效率则是内在要求。办理每一起案件，都要力争实现公正与效率的最佳结合。一要严格遵守期限规定。在刑事程序中，期限就像一道又一道的防波堤，通过有效的分流清淤，确保水流的通畅清澈。检察机关既要全面掌握每个诉讼环节的期限规定，自觉严守期限；又要监督当事人遵守各种期限规定，及时完成诉讼活动，保障刑事诉讼程序依法按时推进。二要提高执法效率。司法效率越高，公平正义实现得越快，公众就越满意。要准确把握刑事诉讼法修改后简易程序的适用范围，用好刑事诉讼法赋予的程序、措施和手段，做到案件繁简分流，探索简易程序审理案件的相对集中提讯、移送起诉、起诉、开庭等方式，及时、及早结案，提高司法效率。要发挥检察机关领导体制优势，在严格依法前提下，健全完善检察工作一体化机制，创新执法办案模式，增强执法办案合力，改进执法办案方式，以执法能力提升促进执法效率提高。三要严格案件质量。程序的效率是建立在案件质量基础上的，没有案件质量作保证，光讲效率是毫无意义的，公平也会大打折扣。要正确处理好质量与效率的关系，在严格办案时限、讲究办案效率的基础上，一个一个程序推进，一个一个环节落实，严把事实关、证据关、程序关，确保质量、效率和效果的有机统一。

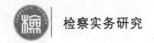 

（三）切实保障程序利益

程序利益包括两方面：一方面是程序通过权利配置带给诉讼参与人的诉讼权利；另一方面则是程序自身的独立价值。一是要切实按照诉讼程序要求，在侦查、审查批捕、审查起诉、出庭公诉、刑罚执行监督等各项工作中，尊重和保障诉讼参与人作为"人"所应当享有的基本权利和人格尊严，依法保障犯罪嫌疑人和被告人的辩护权、获得法律援助权、不受强迫证实自己有罪权、不受任意逮捕权、获得公正审判权、上诉权、申诉权等；依法保障被害人的案件处理知情权、意见表达权、获得赔偿权、获得法律援助权等；尤其要保证无罪的人不受刑事追究。同时，积极适用简易程序、刑事案件当事人和解等程序，切实维护诉讼当事人权益。二是要通过准确适用程序，让诉讼参与人和社会公众从公开的程序运作过程中看到公正的实现过程，从而对处理结果连同其据以形成的合理根据表示认可和满意，让正义以看得见的方式及时实现。法律的生命在于施行。在学习、贯彻、落实修改后刑事诉讼法过程中，强化程序意识是首要举措。要不断强化程序意识，提升尊重程序、依法办事的能力和水平，在强化程序意识中实现修改后刑事诉讼法关于程序公正与实体公正并重的价值追求。

# 5 在提升执法公信力中践行 公正的价值追求*

公正,即公平正义,没有偏私。公正是司法活动的基本价值追求,是中国社会主义制度的本质要求,体现在司法活动中,就是公正司法执法,维护社会公平正义。检察机关的宪法地位和司法属性决定了公正是检察工作的生命线,也是检察工作的根本目标。

时代形势要求检察机关必须始终坚定公正的价值追求。首先,公平正义是和谐社会的基本特征。新的历史时期,我们党从全面建设小康社会,开创中国特色社会主义事业新局面的全局出发,提出了构建社会主义和谐社会的重要战略目标。胡锦涛总书记深刻指出,我们所要建设的社会主义和谐社会,应该是民主法治、公平正义、诚信友爱、充满活力、安定有序、人与自然和谐相处的社会。公平正义,就是社会各方面的利益关系得到妥善协调,人民内部矛盾和其他社会矛盾得到正确处理,社会公平和正义得到切实维护和体现,它是和谐社会的基本特征。其次,开放、透明、信息化下的检察机关执法需要更加坚定公正信念。在开放、透明、信息化的条件下,政法机关的执法活动越来越成为社会各界和新闻媒体关注的焦点。现代的执法是阳光下的执法,是透明的执法。坚定公正的价值追求,坚定公正的法律信念,是检察机关公正廉洁执法的思想基础和保障,是新形势对检察机关执法活动的根本要求。最后,修改后的刑事诉讼法对检察机关公正执法提出了更高要求。修改后的刑事诉讼法对证据制度、辩护制度、强制措施、侦查措施、审判程序、执行程序

---

* 本文原刊于《楚天法治》2012 年第 9 期。

等方面进行了完善和修改，顺应了经济社会发展的需求和人民群众的期待，同时也给检察机关公正执法提出了更高要求。检察机关在执法过程中要始终坚持、牢固树立正确的执法理念，积极主动适应修改后的刑事诉讼法的要求，尤其要进一步强化程序公正意识，更加注重严格遵守法定程序，真正把程序公正作为提高办案质量、实现和保障实体公正的前提和基础。

公平正义是检察机关的价值追求，是检察工作的生命线和根本目标。公平正义要通过检察机关公正、廉洁、文明的执法行为得以实现，而检察机关的执法能力集中体现于执法公信力。执法者的执法行为必须坚持公正、廉洁、文明，才能得到执法对象的认同、遵从和好评。从这个意义上来说，坚持公正、廉洁、文明、执法，不断提升检察机关执法公信力的过程，就是检察机关实现公正价值追求的过程。要在提升检察机关执法公信力中践行公正的价值追求，应坚持五个必须：

一是必须更新执法理念，牢固树立理性、平和、文明、规范的执法观。我国正处于经济体制深刻变革、社会结构深刻变动、利益格局深刻调整、思想观念深刻变化的时期，各种社会矛盾凸显，执法工作面临前所未有的新形势、新问题。检察人员必须更新执法理念，牢固树立理性、平和、文明、规范的执法观，在执法中自觉做到办案数量、质量、效果、效率、规范、安全有机统一，努力实现执法办案的法律效果、政治效果和社会效果有机统一。坚持理性执法，要求我们在执法全过程中始终保持应有的理性，不断增强政治意识、大局意识和服务意识，正确认识执法办案与服务大局、打击犯罪与保障人权等重大关系，冷静对待、慎重处理执法过程中出现的复杂情况和问题，努力使执法办案活动有利于维护社会稳定。坚持平和执法，要求我们在执法办案中始终保持平等谦和的态度，认真审慎对待案件，耐心细致对待当事人，保持高度的敏锐性和极强的责任心，努力使执法办案活动有利于促进社会和谐。坚持文明执法，要求我们在执法办案中始终做到语言文明、行为文明、方式文明、作风文明，充分尊重和保障人权，特别是要依法维护犯罪嫌人的合法权益，树立起检察机关的良好执法形象。坚持规范执法，要求我们实现执法办案活动全程规范化，在实体上严格遵守法律规定的同时，严格遵守办案程序，严格遵守办案纪律，严格遵守制度规定，以实体公正和程序公正彰显公平的价值理念。

二是必须创新执法管理，以科学管理实现和促进执法模式创新。面对执法工作的新挑战、新考验，只有不断创新才能适应新形势、新任务的要求，创新是检察工作健康发展的动力。要在遵循检察工作规律的基础上，积极探索科学的执法管理方式，以科学管理实现执法模式的创新。要深入构建以执法办案为中心、以制度规范为基础、以执法管理为前提、以监督制约为关键、以执法保障为条件的促进公正廉洁执法"五位一体"工作格局，将现代化管理理论应用于检察工作实际，实现执法管理由粗放式向精细化转变。在"五位一体"格局中，要始终将执法管理放在重要位置来抓。通过建立以"案件管理中心"为依托的"全面管理、分工负责、统筹协调"的执法管理模式，形成多位一体、融会贯通、齐头并进的管理机制。在案件流程管理中，突出初查、立案、传唤、审讯、扣押、批捕、起诉及赃款物处置等关键节点，全面加强对执法办案的流程控制。全面规范案件线索、案件受理、案件质量、办案安全及法律文书、业务统计、执法考评等各项执法管理具体工作，切实提高规范执法管理水平。

三是必须健全执法监督，在强化监督制约中凸显公正廉洁。要高度重视执法办案监督长效机制建设，不断健全完善相关机制，充分发挥长效机制的基础性、根本性和长远性作用，在强化监督制约中凸显公正廉洁。健全外部监督制约机制。始终坚持党的领导，自觉接受人大监督，进一步深化检务公开，全面推行人民监督员制度，建立自侦案件和其他重大案件回访制度。健全内部监督制约机制。建立以提高办案质量、规范执法行为为核心的监督制约机制，形成上级监督纠正、专门机构监督管理、业务部门相互监督制约的监督网络体系。完善纪检监察部门对执法办案活动的监督制约。实行办案区使用、安全预案、讯问时限及扣押、冻结、查封涉案款物等报纪检部门备案审查制度。健全完善对执法活动考核评价机制，强化预防教育工作。加强执法质量考评，推行个人《执法档案》和"一案三卡"，对每位执法干警的执法经历实行全过程监督，严格落实执法问责规定，有效预防和减少执法办案中的违法违纪问题。加强上级检察院对下级检察院的领导与监督体系建设，严格执行重大案件和事项报告制度和查办职务犯罪案件有关报备、审批制度。健全廉政风险防控机制。坚持防患未然，抓住关键环节对各个岗位风险点进行梳理排查，建立科学的风险预警机制，明确风险防控措施，科学分析风险信息，动态研究执法办案、队伍管理等方面可能出现的问题和漏洞，找出共同性和规律性问题，采取切实有效措施提前化解执法风险。

四是必须提高执法能力，大力加强队伍建设适应执法工作新要求。提高检察机关执法公信力，队伍建设是关键。执法者的素质和能力直接决定了案件质量的高低，直接代表和体现了执法机关的形象，直接影响了人民群众对检察机关执法活动的印象和评价。要加强队伍政治素质。以开展政法干警核心价值观教育实践活动为载体，坚定干警的理想信念。通过教育实践活动，提高干警思想政治素质、强化执法理念，引导干警牢固树立忠诚、为民、公正、廉洁的核心价值观，为树立正确执法理念打牢思想根基。要大力加强检察队伍专业化建设。以开展检察文化建设和创建学习型检察院为载体，切实提高干警的业务素质。把加强干警业务能力建设作为一项战略任务常抓不懈，扎实完成各类教育培训任务，着力提高干警业务素质和水平，锻炼培养各类专门业务尖子和办案能力，加快推进各类专家型业务人才的培养。要深入开展规范执法形势教育和理念教育。引导广大干警充分认识到当前检察工作面临的新形势、新任务、新问题，引导干警深入学习领会各项执法规范的具体要求，主动适应形势变化，坚持不懈地走"理性、平和、文明、规范"的执法办案路子。要加强纪律作风建设。切实抓好治庸问责的制度化、常态化，探索完善日常巡查与重点督查相结合的工作模式，建立健全违法违纪线索早发现、早教育、早查处机制，确保权力行使到哪里，监督就延伸到哪里，问责就延伸到哪里。重点加大对工作作风、规范执法、廉洁从检等方面的检查督察力度，以铁的纪律保证作风转变、制度落实和规范办案。

五是必须强化执法保障，为提高执法水平提供有效支撑。执法保障是执法办案的物质基础，是当前影响公正廉洁执法的深层次诱因，执法保障水平直接影响到公正廉洁执法的效果，必须不断加强和完善执法保障，为提高执法能力和水平创造必要的条件，从客观上防止执法不公现象发生。要深入落实科技强检规划纲要，加大执法硬件建设力度。根据严格执法和文明执法的要求，强化办案基础设施和业务装备保障，改善执法装备执法条件；健全检察技术和信息化建设，提高执法办案的科技含量和水平。要积极落实经费保障要求，保障执法办案经费。积极争取政策，确保办案经费和装备经费逐年增长，彻底解决受利益驱动办案问题。要加大基层基础设施建设投入，增强基层检察工作科技含量，加强科技装备保障建设，改善办公、办案条件，为公正廉洁执法提供物质保障。要建立与经济社会发展、财力增长水平和检察工作实际需要相适应的基层检务保障体系，为基层执法规范化建设创造条件。

# 6 职务犯罪侦查模式转变的实践探索*

　　职务犯罪侦查是检察机关履行法律监督职能，依法行使监督权的重要体现。随着刑事诉讼改革的不断深入，转变职务犯罪侦查模式，既是克服传统侦查模式的缺陷和不足的现实需要，也是适应刑事诉讼发展形势的客观要求，已成为检察机关当前面临的重要课题。本文立足于转变侦查模式的实践探索谈谈对这一问题的认识思考。

## 一、职务犯罪侦查模式转变的背景

　　党的"十八大"进一步强调了依法治国理念，修改后的刑事诉讼法确立了尊重和保障人权原则，对侦查措施、证据制度、律师代理辩护制度等方面都作出了新的规定，给职务犯罪侦查工作带来新的挑战，同时也给职务犯罪侦查工作转变模式、转型发展带来机遇。

　　（一）法治进程的加快构成了职务犯罪侦查模式转变的大环境

　　从法治理念来讲，过去那些封闭主义、职权主义、"重实体、轻程序"等理念及"由供到证"的办案模式，与法治理念的要求相悖，必须予以摒弃，树立起与社会主义法治理念相适应的执法观念，通过积极探索符合社会主义法治理念的侦查模式，充分发挥职务犯罪侦查工作在惩治腐败和保障人权中的重要作用，更好地贯彻法治

---

　　* 本文于 2013 年 9 月在中国诉讼法学 2013 年年会上交流发表。

精神，维护公平正义。从法律制度设计来讲，修改后的刑事诉讼法进一步确立了尊重和保护人权的原则，规定了侦查阶段的辩护权、与保障人权相一致的取证、确证制度，明确了非法证据排除规则、"不得强迫自证其罪"规定，给传统的职务犯罪侦查工作带来挑战，转变侦查模式势在必行。从诉讼现代化趋势来讲，职务犯罪侦查活动作为刑事诉讼活动的重要环节，通过刑事诉讼制度的改革，逐渐具有了可辨性、可诉性、双向性、公开性等特性，诉讼现代化的要求从应然变为实然、从制度变为现实，促使职务犯罪侦查模式必须要转型发展，才能步入诉讼现代化发展的轨道。

（二）法律规定修改的"挑战"构成了职务犯罪侦查模式转变的"底线"

此次刑事诉讼法的修改，在进一步明确尊重和保障人权总的原则之下，对检察机关自侦办案具体的挑战主要体现在以下几个方面：一是更加注重程序公正使程序对案件判决的影响更大。修改后的刑事诉讼法规定了犯罪嫌疑人权利告知程序，律师建议、逮捕必要性司法审查程序，查封、扣押审批程序等。使侦查办案的程序更加完善和规范，一旦违反这些程序，将导致违法责任，甚至承担案件败诉的风险。二是辩护制度的修改使侦查更具对抗性。律师提前介入、律师可凭"三证"会见犯罪嫌疑人、会见犯罪嫌疑人不被监听、对违法违规行为可以提出申诉、控告等，打破了以前职务犯罪侦查相对"封闭"的办案环境，增加了犯罪嫌疑人的"底气"，加入了律师这一外界因素和不确定因素，使检察机关自侦办案面临更多风险压力。三是非法证据排除规则使取证更要注重技术性和方法性。防止证据被作为非法证据排除，一方面要下更多的功夫，付出更多的人力、物力；另一方面要承担更多的注意义务。不仅要全面收集证据，收集能够证明犯罪嫌疑人有罪无罪、罪轻罪重的证据，还要客观收集证据，保证取证主体、程序的合法，证据具有应有的形式。不仅要收集传统证据、直接证据等，还要注意收集电子证据、再生证据等。不仅要单个证据合法，具有证明力，证据之间还要能相互印证，形成证据链条，确实充分、排除合理怀疑。四是不得强迫自证其罪规定使获得犯罪嫌疑人的口供更难。因不得强迫自证其罪的规定，将可能使更多的职务犯罪嫌疑人选择沉默。检察机关自侦部门在讯问时间、手段有限的情况下，追求犯罪嫌疑人的"口供"更具有难度，更考验自侦部门的讯问能力。

（三）法律规定修改的"机遇"为职务犯罪侦查模式转变带来了有利契机

一是有条件地适当延长传唤、拘传时间。修改后的刑事诉讼法基于办案实际情况，规定案情重大、复杂，需要采取拘留、逮捕措施的，传唤、拘传持续的时间可以延长至 24 小时，有条件的适当延长了传唤、拘传时间，为侦破职务犯罪大案要案提供了非常宝贵的时间资源。二是证据种类增加。修改后的刑事诉讼法将原来刑事诉讼法规定的 7 种证据增加为 8 种，与时俱进地将现在常用的侦查实验笔录、电子数据列为证据，增加了刑事诉讼证据的涵盖范围，一定程度上增加了证明犯罪的容易度。三是侦查手段增加。修改后的刑事诉讼法规定检察机关自侦办案可以使用技术侦查、隐匿身份侦查等新侦查手段，用好这些手段，将为自侦办案模式转变提供有效途径。四是行政机关收集的证据可以直接作为刑事诉讼证据使用。修改后的刑事诉讼法明确了行政程序中收集的物证、书证、视听资料、电子数据等证据材料，在进行刑事诉讼中可以直接作为证据使用。① 此规定，为检察机关自侦部门更加及时收集有关证据，有效揭露、查办职务犯罪提供了更为便捷的条件。因此，刑事诉讼法的修改，为转变职务犯罪侦查模式、转型发展带来了契机，创造了条件。

## 二、职务犯罪侦查模式转变的要求

法律修改的变化，新形势的发展，促使职务犯罪侦查模式转变在探索实践过程中必须要遵循以下要求：

---

① 参见刘文峰主编：《新刑诉法新增新改条文精解与立法理由》，人民法院出版社 2012 年版。

（一）要全面客观收集证据

一是重视初查，将侦查工作重心进一步前移，加强初查，在初查阶段收集有关证据、固定证据线索，为下一个办案环节奠定坚实的证据基础。二是坚持与讯问同时、同步进行搜查、查封，把握收集证据的最佳时机。三是注重收集证据的主体和程序合法性。四是落实分工协作，加强对信息的利用，全面客观收集有关证据，不仅收集有罪、罪重证据，也收集无罪、罪轻证据；不仅收集直接证据、言词证据，也收集间接证据、实物证据，尤其注重对电子数据的收集，并注意证据之间的相互印证和逻辑统一，及时固定和保存。五是收集重要证据要注意录音录像、邀请旁证参加，注重收集和固定取证合法性的证据材料。六是注重对行政执法机关移交证据的转换和认定。七是建立完善的证据审查机制。切实改变过去重侦查轻审查的做法，在侦查中强化证据审查意识，每个案件侦查终结前，职务犯罪侦查部门内部应安排专门力量进行证据审查，对于重大复杂案件，主动邀请侦监、公诉部门提前介入，指导取证，对有关证据进行审查，排除非法证据。

（二）要规范讯问

一是讯问时严格遵守"不得强迫自证其罪"、同步录音录像、审押分离等法律规定和办案纪律，在看守所讯问，避免超时审讯，确保审讯时侦查人员与犯罪嫌疑人不得有身体接触、犯罪嫌疑人的必要饮食和足够的休息时间等。二是规范讯问语言，防止在讯问中出现侮辱、威胁、欺骗、诱供、指供等及类似问话。三是加强侦查人员讯问能力培养，提高首次讯问突破的成功率和"镜头下"讯问能力。四是通过全方位立体审讯等方式固定犯罪嫌疑人供述，着力构建犯罪嫌疑人不能、不想、不敢翻供的机制。

（三）要开放办案

要由对一种人、一个群体的开放，逐渐扩大为对全社会的开放。目前，主要是要培养树立开放办案的意识和理念，畅通和维护开放办案的"窗口"和渠道，关键是要积极应对修改后的刑事诉讼法律师提前介入的规定，构建新型检律关系，发挥律师在侦查工作中的

"正能量"。一是理解和尊重律师，为律师依法执业提供便利，保障律师依法行使法律赋予的各项权利，赢得律师对办案的理解和支持。二是运用好律师会见批准、听取律师意见制度，加强与律师的沟通合作，做好律师的说服工作，通过律师来做犯罪嫌疑人的工作，为职务犯罪侦查创造有利条件。三是加强与律师行业主管部门和律师协会的联系沟通，定期向他们通报律师介入职务犯罪侦查的执业情况，督促、协助律师行业主管部门和律师协会加强对律师依法执业的教育和管理，加强律师执业道德建设，规范律师执业行为，防止律师滥用执业权利。

（四）要完善执法办案风险和效果评估及预警、处置、防范工作体系

一方面，要做好评估工作。高度重视风险评估，根据案件具体情况，对可能产生的政治风险、社会风险、法律风险、办案人员安全风险及其程度作出准确判断。高度重视效果评估，综合考虑案件性质、涉案范围、发生领域、经济社会影响等因素，着眼于努力实现法律效果、政治效果、社会效果的有机统一，指导执法办案工作开展。另一方面，要完善执法办案风险预警、处置、防范"三位一体"工作体系。将执法办案风险预警、处置、防范工作意见落实到每一起案件、每一个环节，着力完善、认真落实预警、处置、防范的程序、机制和措施。

## 三、职务犯罪侦查模式转变的实践探索

面对刑事诉讼法修改等新形势，各地检察机关都在积极探索符合刑事诉讼法规定要求的职务犯罪侦查模式。根据湖北省人民检察院的统一部署，黄冈市检察机关在职务犯罪侦查工作转变模式、转型发展上做了一些有益尝试，取得了较好的成效：办案规模逐年上升，黄冈市 2012 年立案查办职务犯罪案件人数比 2011 年上升 20%，今年 1~6 月同比上升 23.16%；办案质量稳步提高，黄冈市 2012 年立案查办职务犯罪案件起诉率达 93.1%，同比上升 25.5%，没有无罪判决案件；办案效果明显提升，既凸显服务职能，党委政府满意，

又回应人民群众关切，人民群众满意，检察工作报告连续两年获全票通过。

（一）严格规范办案，尊重保障人权

一是牢固树立规范执法理念，为修改后的刑事诉讼法实施奠定思想基础。坚持不懈地开展执法规范化教育，引导干警在思想上形成共识，心灵中产生共鸣，行动上步调一致，真正把规范执法的要求融入干警血脉，促使广大干警牢固树立人权保障意识和规范执法观念，实现了执法办案从被动规范到积极、主动规范的根本性转变。这种执法观念的转变，正是尊重和保障人权基本原则的重要体现，契合了修改后的刑事诉讼法"尊重和保障人权"的立法宗旨和精神。二是严格落实规范执法要求，为修改后的刑事诉讼法实施奠定工作基础。坚持把高检院、省院出台的一系列规范执法的要求贯穿于整个执法办案全过程，确保程序规范、实体公正。切实规范讯（询）问行为，严格执行传唤、拘传时限规定，严格实行审押分离、审录分离，做到讯问犯罪嫌疑人全程全面全部同步录音录像，对拘留、逮捕的犯罪嫌疑人一律在看守所讯问，询问绝不限制被询问人的人身自由。切实规范证据采信，坚决实行违法违规讯问笔录排除入卷制度，凡提讯没有同步录音录像的讯问笔录，一律排除入卷。三是健全规范执法长效机制，为修改后的刑事诉讼法实施奠定制度基础。注重发挥机制的基础性、根本性和长远性作用，建立健全了业务部门监督制约机制、检务督察机制、上级院对下级院监督制约机制，以制度机制确保规范执法。四是加强规范执法硬件建设，为修改后的刑事诉讼法实施奠定物质基础。全面落实湖北省人民检察院推进规范执法 24 项任务，投资 1280 余万元，对办案工作区进行了标准化升级改造，在全市 10 个看守所建成标准化职务犯罪案件讯问室 15 间，配置办案工作区和看守所讯问室视频监控全覆盖系统，实现了办案工作区强制物理隔离和审讯全程同步录音录像，奠定规范执法物质基础，通过运用现代信息技术"倒逼"规范执法。

（二）高度重视初查，实现先证后供、证供结合

按照"系统分析，理性初查"的思路，坚持"系统抓、抓系

统", 将侦查工作的重心前移, 把收集证据材料、发现犯罪事实的重点前移到初查环节, 做细做实初查工作。一是注重案件线索研判, 积极对全市查办的个案和所收集到的线索进行综合分析, 注重研究职务犯罪案件发生的规律、特点, 避免初查工作的盲目性。二是制订周密的初查方案, 做到初查人员、初查任务、初查范围、初查方法 "四个明确", 始终抓住主要问题, 在 "快捷"、"准确"、"周密" 上下功夫, 及时迅速固定证据, 提高初查质量和效率。三是有效开展风险评估。成立自侦案件风险评估小组, 重点对案件线索能否成案、是否会诱发不稳定因素两个方面进行评估, 既把握好初查、立案时机, 又确保案件初查质量。通过侦查重心前移, 务实初查、风险评估, 使案件线索在完成初查时已经形成案件 "半成品", 为侦查决策、侦查工作深入开展奠定良好的基础。2012 年以来, 黄冈市职务犯罪案件初查成案率达到 98.1%, 充分证明了这种初查工作的高效性和有效性。

(三) 强化信息化建设, 逐步实现信息引导侦查

在大力推进侦查信息化平台建设的基础上, 着力在提高职务犯罪办案视野上下功夫, 构建 "耳聪目明" 的自侦办案格局。工作机制方面, 黄冈市由市检察院反贪局明确指导科科长为信息管理员, 各基层院明确一名情报信息员, 信息工作直接受局长领导, 形成局长和信息人员共同负责信息工作的机制。信息收集方面, 涵盖了媒体中涉嫌职务犯罪的资源和检察机关内部的简报、网站通报的办案信息, 政策、法规的出台对相关行业领域产生的影响, 本地区重大项目的建设、重大资金走向以及相关政策规定的情况, 审计、监察、公安、工商、税务等行政执法部门办理的案件情况, 历年在办案中发现而未初查的线索等。信息处理方面, 首先对搜集的信息进行甄别, 然后汇总、整理、整合, 分门别类地录入, 建立信息库, 供分析利用。信息利用方面, 对有关信息进行评估和综合分析后, 形成若干案件信息资源, 为侦查决策提供信息支撑和服务。今年 1~6月, 共受理网上举报线索 6 件, 网上自行发现案件线索 4 件, 利用侦查信息平台进行通讯查询 160 余批次、房产信息查询 30 余批次、

人口信息查询 20 余批次，利用有关信息顺利查办大要案 80 余件。信息的力量为职务犯罪案件侦查工作提供了强有力的支持。

（四）建立新型检律关系，加强与律师良性交流互动

转变传统对待律师的思维，将律师提前介入作为助推侦查工作开展的有效手段。一是通过与律师的沟通，进一步明确侦查思路。在充分听取律师有关意见的过程中，及时发现和纠正办案中的偏差，适时调整侦查方向，通过及时了解律师的辩护思路，有针对性地调整侦查思路。二是通过律师会见，了解犯罪嫌疑人思想状况，为审讯工作创造良好条件。犯罪嫌疑人往往对所聘请的律师比较信任，能够向律师坦陈思想动向。因此，把律师会见作为我们了解犯罪嫌疑人真实思想动态的重要途径，促进讯问工作有的放矢。三是通过律师做好犯罪嫌疑人的思想工作。侦查人员与律师之间进行良好沟通，将讯问要达到的目的用律师的语言适当适度表达给犯罪嫌疑人，往往能收到事半功倍的效果。今年，黄冈市所查办的贪污贿赂犯罪案件，我们均及时安排了律师会见，与律师之间形成了良好沟通，丝毫没有影响案件的侦查工作，有的案件通过与律师沟通，助推了案件的突破。因此，通过建立新型检律关系，可以有效提升执法办案的效果，节约侦查资源。

（五）深化"检察工作一体化"机制，切实提高侦查效率

在"检察工作一体化"机制下构建大自侦格局，有效整合侦查资源，促进部门之间、上下之间的联动，最大限度地排除干扰和阻力，提升办案的整体合力。一是上下一体，统一指挥，联动作战。对于重大贪污贿赂案件，市检察院统一指挥，人员统一调配，赃款赃物统一追缴，案件处理统一研究，全市协同作战，形成强大的办案攻势。二是横向协作、侦捕诉监协同作战。在办案中，侦查部门主动与侦监部门沟通，共同把好审查逮捕的关口，为使用好强制措施，扩大战果奠定基础；公诉引导侦查，把好案件证据关口，提升办案效率和案件质量；与监所部门探索开展狱侦措施，有效利用"线人"、"耳目"等特侦手段为突破案件创造条件。三是根据特点实行反贪、反渎联合办案，或以渎查贪、贪渎并查。针对贿赂案件

与渎职案件相融合的案件变化趋势，注意将渎职案件纳入反贪办案的视野，实现贿赂案件与渎职案件同办的互补效应。近几年，我们成功查办的拍卖领域等系列案件就是上述机制成功运用的典型，通过成立反贪、反渎联合专案组，建立了"统一指挥、分合有序"的办案运行模式，贪渎并查，大胆利用狱侦手段破案，同时实现了快侦、快捕、快诉的办案效果。

（六）严格落实宽严相济政策，实现"三个效果"统一

在严厉打击职务犯罪的同时，坚持宽严相济的刑事政策，该宽则宽，该严则严，宽严有度，消除社会矛盾，实现执法办案法律效果、政治效果和社会效果的有机统一。一是在侦查中审慎使用强制措施。对主观恶性较小、主动认罪的犯罪嫌疑人尽量不使用羁押性强制措施；对于情节较重，无悔改表现，对社会造成重大危害的犯罪嫌疑人不吝于采用羁押性强制措施。二是在处理方式上"以人为本"。根据犯罪情节、主观恶性、认罪态度区别处理，做到以事服人、以理服人、以法服人，真正制服犯罪。对于有自首、立功情节的，及时予以认定；能依法使用简易审的尽量建议使用简易审，既使犯罪嫌疑人接受审判，又照顾到其"面子"，最大限度减少法律的对立面。在宽严相济刑事政策的感召下，2012 年以来，有 15 名"问题人员"经过结果权衡，选择向市检察院投案自首，我们依法对 13 人立案侦查，其中县处级干部 2 人、执法人员 1 人。

## 四、职务犯罪侦查模式转变的建议

职务犯罪侦查模式转变是一个系统复杂的工程，涉及刑事诉讼改革、检察改革方方面面。当前，可从以下几个方面着手，积极推动职务犯罪侦查模式转变。

（一）强化对职务犯罪侦查模式转变的引导

要自上而下地加强转变侦查模式的理念教育，形成顺应形势发展、不得不转变侦查模式的自觉氛围。要加强领导和指导，搞好顶层设计和模式转变的路径探索研究，引领下级检察院侦查办案模式转变的实践探索。要加强调研宣传，找出当前侦查模式转变存在的

问题、找准关键点和重点，及时提出解决对策和应对方案。

（二）深化对职务犯罪侦查格局改革的探索

要科学研究当前贪污贿赂案件与渎职侵权案件相互交织、系统窝串案、重大复杂疑难案多发的态势，把握职务犯罪的规律和特点，积极在检察改革中探索职务犯罪侦查工作转变模式、转型发展，努力构建"检察工作一体化"机制下的大侦查格局。

（三）实化对职务犯罪侦查工作的人力、财力保障

要着力解决当前侦查办案难度大、压力大、案多人少的矛盾，将检察机关的人才、骨干、年轻力量尽量充实到一线侦查部门，满足侦查办案的需要；要畅通检察官"入口"制度，为侦查岗位引进侦查专业人才、法律人才、讯问、取证人才；要积极争取对职务犯罪侦查工作的经费保障，建立完善专案经费机制，满足侦查工作需要。

（四）细化有关职务犯罪侦查的法律依据

要对法律有关规定进一步具体化。如修改后的刑事诉讼法和刑诉规则都规定了检察机关自侦办案可以使用技术侦查措施，但没有详细规定技术侦查的种类、审批程序、执行机关、救济措施等，增加了自侦部门使用技术侦查措施的难度；[①] 没有建立侦查人员讯问犯罪嫌疑人的时候，犯罪嫌疑人"不如实回答"的制约机制，增加了侦查人员获取犯罪嫌疑人口供的难度，等等。因此，应对检察机关自侦部门办案使用技术侦查、进行逮捕必要性审查、听取辩护律师意见、查封扣押涉案款物等法律规定进一步完善和细化，增强有关规定的科学性和可操作性。

---

① 参见徐超：《细化技术侦查措施适用的四个建议》，载《检察日报》2012 年 8 月 13 日第 3 版。

# 7 论刑事诉讼法修改后的 未成年人刑事检察工作*

　　未成年人刑事司法制度是整个司法制度中的重要组成部分。20世纪80年代以来，司法实务界积极探索涉罪未成年人在刑事诉讼中的合法权益保护问题，积累了较为丰富的经验。刑事诉讼法的修改，充分吸收了这些实践成果，在第五编特别程序第一章设置了未成年人刑事案件诉讼程序，进一步丰富、完善了我国未成年人刑事司法制度。检察机关作为司法机关中唯一全程参与刑事诉讼并履行法律监督职能的司法机关，必须深刻领会设立未成年人刑事案件特别诉讼程序的意义，深入研究刑事诉讼法修改对未成年人刑事检察工作带来的影响，全面落实相关规定和要求，以保障涉罪未成年人的诉讼权利和合法权益，推进未成年人司法制度的完善。

## 一、深刻认识修改后刑事诉讼法设置未成年人刑事案件诉讼程序的重大意义

　　未成年人作为一个刑事法律意义上的概念，是指依照法律规定尚未成年的人，而不以生理或心理上的成熟程度为依据。根据我国《未成年人保护法》第 2 条之规定，未成年人是指未满 18 周岁的公民。根据最高人民检察院 2012 年 11 月 22 日颁布的《人民检察院刑事诉讼规则（试行）》第 508 条之规定，未成年人犯罪是指已满 14 周岁未满 18 周岁年龄阶段的自然人实施危害社会、触犯刑法并应受刑罚处罚的行为。由于未成年人尚未达到社会公认的生理和心理成

---

　　* 本文原刊于《人民检察》2013 年第 22 期。

熟程度，自我辨认能力和自我控制能力均有别于成年人。因此，设置未成年人刑事案件诉讼程序具有里程碑意义。

（一）设置未成年人刑事案件诉讼程序是司法公正的体现

司法公正的基本内涵是司法机关在适用法律的过程和结果中体现公平、平等和正义的精神，标志着政治民主进步。司法公正要求依法公平地对待诉讼当事人，但并不意味着绝对排斥差异。未成年人犯罪与成年人犯罪本身就存在本质差异。从个体差异看，未成年人生理、心理不成熟，世界观、价值观尚未成型，思想存在较强可塑性。因此，在司法理念上应侧重教育、挽救和感化，而不是单纯地惩罚。从社会角度看，未成年人犯罪是家庭、学校管教不当及社会不良风气影响的结果，涉罪的未成年人本身就是受害者，需要社会的宽容。歌德说"爱是真正促使人复苏的动力"。因此，在司法政策上应充分体现刑法谦抑、宽容、人道的一面，应更充分地贯彻宽严相济的刑事司法政策。同时，未成年人一人犯罪，牵扯几代人、多个家庭，直接影响社会稳定和谐。因此，更应体现犯罪预防、控制以及恢复性司法政策的要求。从权利保障角度看，未成年人处于弱势群体地位，其诉讼行为能力与成年人存在实质上的不对等，更无法与强大的国家追诉力量抗辩。因此，在司法制度上除要按照平等保护原则充分保障未成年人所享有的与成年犯罪嫌疑人、被告人所依法享有的各项权利外，尤其要保障其依法享有的特殊诉讼权利。未成年人刑事案件诉讼程序的专章设立，针对不同的犯罪案件及犯罪人适用不同的程序，正是彰显司法公正的最好途径，充分反映了我国民主法制建设的进步。

（二）设置未成年人刑事案件诉讼程序是司法实践和完善立法的重大成果

我国未成年人刑事案件诉讼程序的司法实务探索源于上海。1984年，上海市长宁区人民法院创设全国首个"少年法庭"，在组织体系上迈出了审理未成年人案件专业化的第一步。1986年，长宁区人民检察院在起诉科设立"少年起诉组"，成为我国未成年人审查起诉机构建设新起点的标志。此后，全国司法机关在司法实务中先后开展了暂缓起诉、刑事和解、合适成年人参与制度、人格调查以及试行捕、诉、监、防一体化等工作机制的探索实践，使未成年人犯罪案件的办理更加公正高效。1991 年，我国《未成年人保护法》颁布，第一次提出"教育、感化、挽救"的六字方针和"教育为主、惩罚为辅"八字原则，并提出分管分押的监管制度。1999 年，《预防未成年人犯罪法》明确规定了涉罪未成年人在羁押、审判等程序上的特殊性。最高人民法院、最高人民检察院、公安部通过出台司法解释或规范性法律文件，分别建立了未成年人审判制度、检察制度和侦查制度。2010 年，中央综治委、最高人民法院、最高人民检察院、公安部、司法部、共青团中央下发了《关于进一步建立和完善办理未成年人刑事案件配套工作体系的若干意见》，强化了司法部门与社会相关部门在办理、预防未成年人刑事案件中的"司法一条龙"和"社会一条龙"的衔接和配合。司法实务界关于办理未成年人案件诉讼程序的长期探索所取得的成果，为设立未成年人刑事特别诉讼程序提供了充分的经验，奠定了坚实的基础。

（三）设置未成年人刑事案件诉讼程序符合国际公约的要求

未成年人犯罪问题在二战后日益突出，与环境污染、吸毒贩毒并称世界三大公害。国际上，普遍加大了处理未成年人犯罪问题的探索力度，逐步形成了少年司法领域的联合国准则体系。我国已经承认并签署了《公民权利和政治权利国际公约》、《儿童权利公约》、《北京规则》、《利雅得准则》、《保护被剥夺自由少年准则》等国际公约，在未成年人刑事检察制度中就应该遵循办理机构和人员实现专业化、慎用少用羁押措施、充分保障未成年人诉讼权利、法律援助全程化、最优先最快捷方式处理案件等国际义务。修改后刑事诉讼法在未成年人刑事案件特别诉讼程序中确立的专人办理、法律指定援助、社会调查、严格限制逮捕措施、分管分押、法定代理人或合适成年人到场、附条件不起诉、犯罪记录封存等制度，体现了联合国刑事司法准则的基本要求，反映了我国刑事诉讼法的内在规律和未来发展方向。

## 二、准确把握修改后刑事诉讼法对检察机关办理未成年人犯罪案件的基本要求

准确把握修改后刑事诉讼法关于未成年人刑事诉讼程序对检察工作的要求，要突出把握以下四个方面：

（一）准确把握对涉罪未成年人案件办理原则和方针

"教育、感化、挽救"的方针和"教育为主、惩罚为辅"的原则，尽管在1991年我国《未成年人保护法》中就已经确立，但在刑事诉讼法中明确规定还是首次，标志着我国未成年人司法制度的历史性进步。正如德国学者阿尔布莱希特教授所指出那样，"尽管对于未成年犯在法律上也应对其犯罪（犯罪意图必须被证明）负责，但是其最为根本的目的还是对其教育和使其康复。并且，对未成年人的处理不是建立在他的罪行或者罪行的严重程度之上，而是建立在未成年犯罪者和他或者她的需要上"。① 将"六字方针"和"八字原则"贯彻到具体的工作中，其精神实质在于要求检察机关在办理未成年人刑事案件时，应当以"少年权益最大化"为出发点，既避免过分强调刑罚的作用，又防止将必要的刑罚与教育挽救对立起来，充分考虑未成年人生理、心理特征，适用个别化司法处遇，选择最有利于教育挽救涉罪未成年人的处理决定。

（二）准确把握以羁押必要性审查工作为重点，严格限制对未成年人逮捕措施的适用

《刑事诉讼法》第269条第1款规定，"对于未成年犯罪嫌疑人、被告人，应当严格限制适用逮捕措施……"，即要求检察机关准确把握逮捕必要性条件和适用逮捕措施，保障涉罪未成年人的合法权益。"少捕慎捕"，降低批捕率、羁押率，应当做到：一是准确理解未成年人刑事案件适用逮捕必要性的条件。要从案件的性质和犯罪形态、涉案未成年人品行表现状况、能否保障诉讼的顺利进行以及不捕后

---

① 宋英辉、甄贞主编：《未成年人犯罪诉讼程序研究》，北京师范大学出版社2011年版，第47页。

监护帮教条件等方面考量，结合各地实际，研究细化无逮捕必要条件。同时，加强公检协作，强化公安机关对逮捕必要性的证据收集，要求公安机关在提请逮捕涉案未成年人时，除提供未成年犯罪嫌疑人犯罪的事实、情节等方面的证据材料外，还需提供社会调查报告、家庭监护、社会帮教等涉案未成年人具有逮捕必要性的证明材料。二是切实开展捕后继续羁押必要性评估审查工作。对已被适用逮捕措施的未成年人，一旦发现其患有不适于羁押的疾病的、轻伤害等轻微刑事案件达成和解协议、履行到位的、主观恶性较小的初犯、偶犯、过失犯，且有悔罪表现、积极退赃、赔偿以及帮教条件恢复等情节的，检察机关要建议予以释放或者变更强制措施，最大限度地减少不必要羁押对未成年犯罪嫌疑人带来的不利后果。三是创新未成年人批捕的相关机制。如建立未成年人逮捕必要性的说理机制，对不捕案件及时与公安机关沟通并说明不捕理由，向受害人开展沟通和释法说理工作，争取其对未成年人刑事司法政策的理解和支持，避免当事人非正常上访，特别是极端事件的出现；建立不捕、取保候审训诫制度，在办理不捕获取保候审、释放手续的同时，对未成年人进行敬畏、遵守法律的训诫教育；建立跟踪督导机制，对不捕或取保候审的犯罪嫌疑人，进行回访，听取其家人、保证人以及派出所、社区等的意见，考察其表现情况，共同研究确定不捕后的帮教措施和有关防范措施，不仅将教育挽救从"判决后"提前到"不捕"时，也保证后续诉讼的顺利进行。

（三）准确把握以附条件不起诉为重点，切实降低未成年人起诉率

《刑事诉讼法》第271～273条对未成年人犯罪案件开展附条件不起诉工作的适用对象、适用条件、适用程序和处置结果等进行了明确规定，要求检察机关对于符合条件的未成年人可以作出附条件不起诉决定，第一次在立法中正式规定了不同于成年人的不起诉标准。在适用附条件不起诉中需要注意：一是准确把握未成年人附条件不起诉的法律适用条件。注重对涉嫌罪名、犯罪情节、主观恶性及悔罪表现的审查，同时认真听取公安机关、被害人、犯罪嫌疑人

及法定代理人的意见，综合认定是否符合有关未成年人附条件不起诉的适用条件。二是构建附条件不起诉的宣告教育机制。在宣告不起诉时，仍要注重心理疏通，矫正未成年犯罪嫌疑人的逆反心理，促使其从心底认识到犯罪危害性，重塑阳光健康心理，同时责令监护人加以管教，通过不起诉达到对涉罪未成年人法律教育的目的。三是综合考量正确作出最终司法处理。要构建多方联动的社会帮教工作格局，跟踪考察被附条件不起诉的未成年犯罪嫌疑人在考验期间内接受矫治和教育的情况，客观评判附条件不起诉后未成年犯罪嫌疑人的改造效果，依法作出最终司法处理决定。

（四）准确把握以轻罪记录封存为重点，促进未成年人顺利回归社会

《刑事诉讼法》第275条规定，对于犯罪的未成年人中被判处五年有期徒刑以下刑罚的，应当对相关犯罪记录予以封存。但是，犯罪记录封存受到立法、司法、社会环境以及公众认知等诸多因素的制约，需要建立相关配套制度，保证其真正运行实施。其关键在于：一是依职权封存。根据修改后刑事诉讼法的规定，未成年人被判处五年有期徒刑以下刑罚的，应当对全部相关犯罪记录予以封存，无需考虑涉及罪名、行为的社会危害性以及公安机关、被害人等的要求。因此，案件涉及的公安、检察、审判等各部门，以及立案、侦查、审查起诉、审判等各环节，应当主动对未成年人的轻罪判决、不起诉决定和强制措施适用予以封存。二是建立严格的刑事记录查询程序。除司法机关为办案需要或者有关单位根据国家规定进行查询外，犯罪记录被封存后，不得向任何单位和个人提供。三是妥善处理犯罪记录封存和刑事诉讼法相关规定的冲突。刑事诉讼法同时规定了对涉罪未成年人的社会调查、合适成年人到场、社区帮教矫治等机制，需要社会力量的参与，一定程度上"公开了"未成年人的犯罪记录，因此在办理案件的全程中，既要做好法律规定的相关工作，又要对相应参与人明确规定保密义务，避免不当扩散未成年人犯罪记录。

### 三、积极探索修改后刑事诉讼法实施后检察机关办理未成年人犯罪案件的应对措施

修改后刑事诉讼法实施以来，从检察机关办理未成年人犯罪案件的司法实践看，检察环节应积极采取下列应对措施。

（一）转变执法理念是加强未成年人刑事检察工作的思想基础

一是要切实把"教育、感化、挽救"方针贯穿于未成年人刑事检察工作始终。在未成年人刑事检察所有环节中，要营造平等温馨的诉讼环境，体现人文关怀，尊重保护其合法权益、人格尊严和个人隐私。要针对涉罪未成年人的身心特点、成长背景、犯罪原因和帮教条件等个性化因素，结合案件具体情况，制定个性化矫正方案，寓教于审、惩教结合；要加强与家长、学校、社区以及相关单位的配合，认真落实帮教措施，将教育挽救工作贯穿于工作始终。二是要坚持依法"少捕慎诉少监禁"，为未成年犯罪人回归社会创造条件。在正确评估可行性、合理性的基础上，依法适当放宽对涉罪未成年人的审查逮捕、审查起诉的条件，正确贯彻宽严相济刑事司法政策，对未成年人犯罪的刑事政策应侧重于宽缓的一面，可捕可不捕的坚决不捕，可诉可不诉的尽量不诉，而不是简单的不捕、不诉，要把教育、感化、挽救贯穿到不捕不诉的说理中，既不能不教而罚，也不能不教而宽，应当是宽容而不纵容，当教育感化无法起到挽救作用时，应依法追究其刑事责任，依法惩罚也是实现挽救目标的手段。三是要坚持双向保护原则，注重社会矛盾化解。既要注重保护社会秩序，维护社会稳定和社会公众利益，对犯罪未成年人依法惩处，又要注重保护犯罪未成年人。既要注重对犯罪未成年人的权益保护，又要注重对未成年被害人的保护，要切实落实、规范对未成年被害人的诉讼权利义务告知、提供法律援助、咨询服务、未成年被害人心理辅导、听取未成年人被害人及法定代理人的意见，保障知情权、知晓案件进展权、注重保护未成年被害人名誉和隐私等依法审慎地处理好有关案件，防止片面性。

（二）设立专门机构是加强未成年人刑事检察工作的组织保障

　　未成年人是一个特殊群体，其生理、心理特点决定未成年人法律问题具有特殊性。未成年人案件相较于一般刑事案件，其特别之处体现在检察机关社会调查机制、羁押必要性审查制度、法定代理人或合适成年人讯问在场制度、获得律师帮助制度、分案审查、分案起诉、附条件不起诉、犯罪记录封存以及分管分押的法律监督，工作流程集维权、教育、矫正、观护、预防为一体。办案人员除了要具备专业的法律知识和熟练掌握国家政策外，还必须对每一个涉罪未成年人进行有针对性的惩防矫治，需要投入更多的爱心、更多的理解和更多的精力、物力。根据《儿童权利公约》第40条第3款规定："对少年的指控由专门机构主管"；以及《北京规则》第22条及其说明中规定："处理少年案件的人员具备必要的专业能力，有合理的妇女和少数民族工作人员，而且要求具有最低限度的法律、心理学、行为科学的知识"。因此，要不断拓宽办案人员专业知识，持续提高岗位技能，以更好地适应未成年人刑事检察工作的特殊需要和发展要求，逐步实现办案人员专业化或办案机构专门化，全面有效保护涉罪未成年人。

　　（三）健全工作机制是加强未成年人刑事检察工作的根本途径

　　在法律规定的框架内探索行之有效的工作机制，规范专业化办案模式，以"少捕慎诉少监禁"为导向，落实羁押必要性审查制度，建立附条件不起诉制度，深化社会调查和量刑建议；完善专业化维权机制，以监督促维权，实现法律援助全程化、全面化和专业化，完善合适成年人到场制度，推动建立犯罪记录封存制度；加强专业化教育机制，贯彻"寓教于审"，深化庭审教育，强化不起诉教育，探索开展社区矫正教育和刑满释放前教育。这一整套机制关键在于降低"三率"，即对涉罪未成年人的批捕率、起诉率和监禁率。一是严格限制适用羁押性强制措施。审查逮捕时要全面听取公安机关与涉罪未成年人及其法定代理人、律师以及被害人意见，强化说理机制；必须采取强制措施的，应当体现谦抑性和必要性，非羁押性强制措施应优先考虑适用；对于已经逮捕的，要加强羁押必要性审查，严格把握延长侦查羁押期限条件，不需要继续羁押的，要及时建议变更强制措施。二是充分运用不起诉裁量权。依法、慎重运用附条件不起诉制度，准确把握附条件不起诉的适用条件和范围，掌握好决定附条件不起诉的时机，严格执行法律规定的决定程序，认真履行好监督考察职责。三是强化检察机关的量刑建议权。加强诉前考察工作，依据社会调查报告提出量刑建议，既要适当又要宽缓，对不具备监禁刑适用条件的涉罪未成年人，尽可能明确提出适用缓刑的建议，从而降低监禁率。

# 8 保障律师执业是构建新型检律关系的核心*

　　良性互动是构建新型检律关系的基本要求。随着修改后刑事诉讼法实施，律师对刑事诉讼活动的介入在时间上提前、在范围上扩大、在程度上更深，将有更大的作为和影响力。新形势下，检察官和律师如何在履行好各自职责使命中实现良性互动，共同维护社会公平正义，是我们面临的重要课题。

　　当前，制约检律关系健康发展的瓶颈是理念陈旧，一些检察官对律师介入诉讼活动存在抵触心理，人为设置关口回避或阻止律师介入诉讼活动，而一些律师则对检察官产生不信任感，不愿意通过正常途径介入诉讼，存在执业行为异化的非正常现象。检察官、律师之间基于法律职业的分工，在参与诉讼活动时直接接触是正常的，也是正当的，但一些检察官与律师在长期交往中，逐渐顺应所谓"熟人社会"的规律建立起"熟人关系"，产生不符合法律职业道德要求的无原则"一团和气"，看似"良性互动"，实则干扰正常诉讼活动，成为检律关系发展的误区。

　　切实尊重并保障律师行使执业权利，是构建新型检律关系的核心要求之一。为此，需要牢牢把握以下重点：

　　树立正确的观念。一要强化尊重律师观念。只有尊重律师职业和尊严，才能更好满足人民享受高质量法律服务的民生权利需要，才能通过双方共同努力，让人民群众在每一个司法案件中都感受到公平正义。二要强化诉讼公开观念。诉讼公开是现代法治的趋势和

---

　　* 本文原刊于《检察日报》（观点版）2013 年 10 月 9 日。

要求之一，检察工作必须转变神秘化的传统观念，从习惯于没有外界介入的情况下执法办案，转向于习惯在律师会见不受监听、自由交流、案件信息外流的情况下办案，不断促进诉讼公开，提升执法公信力。三要强化平等协作的意识。检察官作为控方，律师作为辩方，依照法律规定行使各自的诉讼职能，规范地实施各自的诉讼行为，在平等协作中共同完成诉讼任务。

落实严格的制度。严格的制度是保障律师执业权利的基础。律师会见权、阅卷权、调查取证权、知情权及申请变更强制措施、提出意见权等执业权利，归根结底要通过诉讼环节中严格的制度落实来保障。一要落实好律师接待制度。通过案件管理办公室统一接待窗口，完善律师接待工作，优化律师执业环境。二要落实好律师会见制度。对依法符合法律规定会见犯罪嫌疑人的律师，不设置任何关卡，及时安排会见；对法律规定暂时不能会见的情况，做好解释说理工作，适时安排会见。三要落实好听取律师意见制度。适时向律师通报案件有关办理情况，对律师提出申请变更强制措施以及有关建议意见，符合法律规定的迅速办理，要求回复的依法回复，应该改进的及时改进。

强化过硬的监督保障。过硬的监督是保障律师执业权利的后盾。一要发挥好案管部门的作用。通过对案件办理环节实施动态监控，有效跟进律师执业活动，保障权利实现。二要发挥好纪检监察部门的作用。通过受理律师投诉控告，对反映的问题及时督办处理，随机回访听取律师反馈意见，属于沟通不到位引起投诉的，责成有关人员主动作出解释。三要发挥好人民监督员的作用。通过人民监督员对案件的监督，对发现检察机关在保障律师执业权利上存在的问题，及时研究解决。

# 9 整合三项预防职能　构建检察机关预防违法犯罪工作大格局<sup>*</sup>

党的十八大强调社会和谐是中国特色社会主义的本质属性，要深入开展法制宣传教育，弘扬社会主义法治精神，树立社会主义法治理念，增强全社会学法遵法守法用法意识；要依法防范和惩治违法犯罪活动，保障人民生命财产安全，确保人民安居乐业、社会安定有序、国家长治久安；要坚持中国特色反腐倡廉道路，坚持标本兼治、综合治理、惩防并举、注重预防方针，全面推进惩治和预防腐败体系建设，做到干部清正、政府清廉、政治清明。2012 年 8 月，敬大力检察长在湖北省检察长座谈会上明确提出了"整合三项预防职能，构建检察机关预防违法犯罪工作大格局"的要求。本文从法学理论、司法实践、历史任务新情况出发，就整合三项预防职能构建检察机关预防违法犯罪工作大格局谈一些思考。

## 一、基础索源——检察机关开展预防违法犯罪工作的依据

检察机关开展预防违法犯罪工作，可以从三个方面来追索依据。

（一）理论依据

预防违法犯罪工作是刑事政策的基本价值取向。从刑法学理论发展的普遍价值观念来看，在英美法系中，通说虽然认为并无"刑事政策"的独立概念，但也认为实质上存在类似大陆法系广义刑事

---

＊ 本文原刊于《人民检察·湖北版》2013 年第 5 期；《方圆》2013 年第 11 期转载。

政策的概念。英国南安普顿大学法学院教授 Andrew Rutherford 曾指出，刑事政策包括刑事司法程序所有环节关涉与犯罪作斗争以及保护公民不受不公正或压抑对待而与犯罪斗争的一切措施，涉及防卫犯罪（更恰当地说是减少犯罪）的方方面面，涵盖社会针对犯罪现象所作出的全部反应内容。在大陆法系中，从 19 世纪末实证主义学派普林斯（Prins）等人提出"社会防卫"概念，到 20 世纪末法国法学家、犯罪学家马克·安赛尔（Marc Ancel）提出"社会防卫要通过人文学科的研究提出符合时代要求，对打击、预防犯罪更有效的反应方式和战略"。① "社会防卫"的内涵实现了从单纯的"打击犯罪防卫"向"打击、预防犯罪防卫"并重的转变。在我国，著名刑法学家陈兴良教授指出："刑事政策是以预防为根本目的的，这是刑事政策作为一种公共政策的根本特征。"② 由此可见，无论国际还是国内，也无论英美法系还是大陆法系，现代刑事政策在不断完善刑事惩罚政策的同时，都更加注重社会预防政策，更加注重把"预防"作为刑事政策的核心和基本价值取向。我国检察机关是宪法规定的法律监督机关，不仅对刑事诉讼全程实施法律监督，而且有权对民事诉讼和行政诉讼进行法律监督。所谓法律监督，就是为了保证宪法和法律的统一正确实施，对国家机关、国家工作人员和公民执行法律和遵守法律情况所进行的监察、督导活动，实质就是防止违法。③ 因此，检察机关在履行法律监督职能过程中天然具有预防违法犯罪的价值追求，应当旗帜鲜明地开展预防职务犯罪、预防刑事犯罪特别是青少年犯罪、预防诉讼违法工作。

---

① ［法］马克·安赛尔：《从社会防护运动角度看西方刑事政策新发展》，王立宪译，载《中外法学》1989 年第 2 期，第 60～61 页。

② 陈兴良：《刑法法治视野中的刑事政策》，载《润物无声——北京大学法学院百年院庆文存之刑事一体化与刑事政策》，法律出版社 2005 年版，第 215 页。

③ 许道敏：《预防职务犯罪关涉深层次检察改革》，载《检察日报》2003 年 6 月 3 日。

（二）法律依据

检察机关开展预防违法犯罪工作具备充足的宪法、法律、法规基础。从法律规定来看，我国宪法和有关法律规定了通过思想教育、法制教育等方式开展预防违法犯罪活动。如我国《宪法》第 24 条规定："国家通过普及理想教育、道德教育、文化教育、纪律和法制教育；……加强社会主义精神文明建设。"从我国国家"五权"架构来看，检察权是作为独立的国家权力存在的，检察机关理应承担通过教育预防违法犯罪的责任。《宪法》第 129 条规定："中华人民共和国人民检察院是国家的法律监督机关。"宪法赋予检察机关的法律监督权，是法律实施的一种保障机制，涵盖了法律实施的全过程和各个方面，根本目的就在于预防和消除法律实施过程中出现的违法行为，保证法律的统一正确实施。这些是检察机关开展预防违法犯罪工作的宪法基础。我国《刑事诉讼法》第 2 条把"教育公民自觉遵守法律，积极同犯罪行为作斗争，以维护社会主义法制"规定为刑事诉讼法的任务之一。《检察院组织法》第 4 条第 2 款规定："人民检察院通过检察活动，教育公民忠于社会主义祖国，自觉地遵守宪法和法律，积极同违法行为作斗争。"全国人大常委会 1991 年通过的《关于加强社会治安综合治理的决议》中对贪污贿赂、渎职等职务犯罪的综合治理进行了规定，并且规定了检察机关在综合治理中的职责。这些是检察机关开展预防违法犯罪工作的法律基础。此外，从中央《建立健全惩治和预防腐败体系 2008—2012 年工作规划》及各省制定的《实施办法（或意见）》、各省级人大常委会制定的《预防职务犯罪条例》看，都对检察机关预防职务犯罪的职责进行了明确规定。如湖北省《实施办法》明确规定检察机关对预防职务犯罪负有牵头职责，《湖北省预防职务犯罪条例》规定了检察机关应当承担的 7 个方面职责。① 这些都构成检察机关开展预防违法犯罪工作的法规基础。

（三）实践依据

预防职务犯罪方面，从 1989 年广东省在检察机关成立我国第一个反贪污贿赂局开始，全国各级检察机关逐步建立了反贪污贿赂机构，"惩处"这种特殊预防手段逐渐成为检察机关预防职务犯罪的常态。2000 年，高检院成立职务犯罪预防厅，颁布了《关于进一步加强预防职务犯罪工作的决定》，要求检察机关预防职务犯罪工作努力实现从分散状态到集中管理、从初级形式预防到系统全面预防、从检察机关的部门预防向与社会预防相结合的"三个转变"，加强预防职务犯罪工作的规范化、专业化、社会化、法制化建设，推进中国特色检察机关预防职务犯罪工作机制。近年来，全国检察机关按照"标本兼治、综合治理、惩防并举、注重预防"的方针，立足法律监督职能，通过综合运用各种预防职务犯罪手段，会同社会各界开展预防职务犯罪工作，更是取得了明显的成效，为进一步巩固提升检察机关预防职务犯罪工作地位奠定了坚实基础。刑事犯罪预防方面，检察机关从成立之日起就已经参与其中，当第一篇公诉词在法庭发表之时，教育公民自觉遵守宪法和法律就得到鲜活的体现。近年来，检察机关还普遍地以参与社会管理综合治理的形式积极开展刑事犯罪预防工作并取得巨大成就。预防未成年人刑事犯罪，始终是包括检察机关在内的司法机关积极探索实践的重大课题，许多实践经验已成功地吸收到相关法律之中。如 1999 年，我国颁布的

---

① 指下述职责：（1）开展预防职务犯罪的法制教育和警示教育，提供法律咨询；（2）督促、指导有关单位制定和组织实施预防职务犯罪措施；（3）与有关单位建立预防职务犯罪工作联席会议制度，交流信息；（4）了解、掌握预防职务犯罪工作情况，分析、研究职务犯罪发生的原因，提出预防职务犯罪的意见和建议；（5）在职务犯罪易发、多发行业和领域与有关单位共同开展系统预防和专项预防活动；（6）检察、通报预防职务犯罪工作情况；（7）其他预防职务犯罪工作。

《预防未成年人犯罪法》，明确对未成年人犯罪预防坚持教育、感化、挽救的原则。诉讼违法预防方面，检察机关通过强化法律监督，有效地防止了侦查机关、审判机关和执行机关的诉讼违法行为。同时，检察机关加强了自身执法活动的监督制约，如对职务犯罪案件逮捕决定权上提一级、实行讯问职务犯罪嫌疑人全程同步录音录像等，较好地防止了自身的诉讼违法行为。因此，检察机关开展预防违法犯罪工作已经具备坚实的实践基础。

## 二、实践反思——必须加强检察机关预防违法犯罪工作

近年来，检察机关开展预防违法犯罪工作取得了巨大的成就。如 2012 年，全国检察机关结合办案向有关单位提出预防职务犯罪建议 161786 件，同比上升 286.5%；向社会提供行贿犯罪档案查询 223 万余次，同比上升 286.5%；督促侦查机关立案 118490 件、撤案 56248 件，同比分别上升 498.6%、374.0%；对侦查、刑事审判及刑罚执行和监管活动中的违法情况提出纠正意见分别为 177819 件次、34636 件次、110656 件次，同比分别上升 351.0%、300.2%、359.7%；纠正减刑、假释、暂予监外执行不当 52068 人，同比上升 338.6%。① 但是，检察机关预防违法犯罪的实践也正面临着种种新的挑战，必须采取有效措施进一步加强预防违法犯罪工作。

（一）社会管理的新情况要求进一步加强预防刑事违法犯罪工作

随着依法治国方略的稳步实施推进，我国社会管理法治化程度越来越高，社会和谐稳定总体形势趋好。但我国作为发展中大国，拥有 13 亿多人口、2 亿多流动人口、1.5 亿多农民工、4 亿多网民，各种社会组织众多，又正处于经济体制深刻变革、社会结构深刻变动、利益格局深刻调整、思想观念深刻变化的特定历史阶段，社会管理面临着许多新的情况。有关研究表明，"十一五"期间，我国刑事犯罪立案高达 2590 余万件，2010 年高达 596 万件，比 1980 年

---

① 数据来源于最高人民检察院工作报告（2011 年、2012 年）。

上升 12 倍，预计整个"十二五"期间年均刑事立案数将突破 600 万件。2011 年，全国提起公诉 1201032 人，同比增加 4.6%。① 近年来，未成年人刑事犯罪也成为一个突出的社会问题，不仅呈上升趋势，还呈现出低龄化、团伙化、恶性化的特征。如据中国青少年犯罪研究会的统计数据显示，青少年犯罪占中国刑事犯罪总数的 70% 以上，在未成年人犯罪中，17 岁的青少年犯罪占比高达 68.4%、共同犯罪占比为 60%、恶性犯罪占比为 71.4%。这种刑事犯罪居高不下的态势，使我们不能不深思在"依法打击"的同时，如何更好地预防刑事违法犯罪特别是未成年人刑事犯罪。

（二）反腐倡廉的新部署要求进一步加强预防职务犯罪工作

我们党反对腐败的决心十分坚定，反对腐败的成效非常明显。按照有效比值计算，2003 年至 2009 年查处腐败案件逐年下降了 5%。但从中纪委工作报告看，2007 年 11 月至 2012 年 6 月，全国纪检监察机关共立案 643759 件，结案 639068 件，给予党纪政纪处分 668429 人。② 2011 年，全国纪检监察机关共接受信访举报 1345814 件（次），初步核实违纪线索 155008 件，立案 137859 件，处分 142893 人。③ 这说明反腐败的形势仍然十分严峻。党的十八报告强调我们党面临更加尖锐的四大危险之一就是腐败危险。报告明确指出，反对腐败、建设廉洁政治，是党一贯坚持的鲜明政治立场，是人民关注的重大政治问题。这个问题解决不好，就会对党造成致命伤害，甚至亡党亡国。反腐倡廉必须常抓不懈，拒腐防变必须警钟长鸣；要坚持中国特色反腐倡廉道路，坚持标本兼治、综合治理、惩防并举、注重预防方针，全面推进惩治和预防腐败体系建设，做到干部清正、政府清廉、政治清明。党的十八大对反腐倡廉作出的新部署，表明检察机关在反腐倡廉的道路上担负的责任将更加重大、任务将更加繁重，必须进一步加大查处和预防职务犯罪工作力度。

---

① 数据来源于最高人民检察院工作报告（2011 年）。

② 数据来源于中纪委 2012 年向党的十八大年工作报告。

③ 数据来源于中纪委 2011 年工作报告。

（三）人权事业的新发展要求进一步加强预防诉讼违法工作

任何诉讼违法行为，不论损害的是程序公正还是实体公正，归根结底损害的都是当事人的权益，与我国人权事业的发展进步背道而驰。近年来，我国人权事业已经取得显著进步和发展。2012 年 3 月，修改后的刑事诉讼法将"尊重和保障人权"写入总则，贯穿于刑事诉讼的具体制度设计中。如参照联合国刑事司法准则规定了"不得强迫任何人证实自己有罪"；进一步完善非法证据排除制度，以期有效遏制刑讯逼供等非法取证行为；进一步完善辩护制度，保障律师辩护权的依法充分行使；严格限制采取强制措施后不通知家属的情形，保证被采取强制措施人及其家属的合法权益；改革死刑复核程序，提高死刑案件的办案质量，更好地贯彻"严格控制和慎重适用死刑"政策，有力地保障被判处死刑被告人的权利等。这些人权事业建设的新成果，把保障人权提升到一个全新的高度，对检察机关加强诉讼违法预防工作提出了新的更高要求。

## 三、路径选择——努力构建预防违法犯罪工作大格局

"善偃川者绝其源，善防奸者绝其萌。"从社会管理的角度出发，预防违法犯罪的成本远远低于打击违法犯罪的成本，预防的价值远远高于打击的价值。在新的形势下，检察机关应当积极地探索预防违法犯罪工作新思路，整合预防职务犯罪、预防刑事犯罪、预防诉讼违法三项预防职能，努力构建检察机关预防违法犯罪工作大格局。在整合"三项"预防职能构建检察机关预防违法犯罪工作大格局中要把握好三个方面。

（一）要遵循基本原则

一要坚持全面预防。认真贯彻惩防并举、纠防并举原则，积极参与惩防腐败体系建设，做好职务犯罪预防；积极参与加强和创新社会管理，做好刑事犯罪特别是青少年犯罪预防；积极强化对诉讼活动的法律监督，包括对自身执法办案活动的监督，做好诉讼违法的预防，以此实现三种预防的相互促进、协调发展。二要坚持各方协同。对内实行一体化，明确各部门责任，形成共同负责、各司其

职、互相配合、齐抓共管的运行模式；对外实行社会化，紧紧依靠人民群众，充分利用各类社会资源，走开放型预防违法犯罪之路。三要坚持多措并举。积极采取审查审批、提示预警、警示教育、预防调查、预防咨询、预防宣传、检察建议等各种手段和措施，提升预防工作水平和实效。四要坚持依法履职。检察机关在预防违法犯罪工作大格局中，必须严格依照法定职权开展工作，既要认真完成承担的工作任务，又不能大包大揽，越权办事。

（二）要完善相关机制

整合"三项"预防职能构建检察机关预防违法犯罪工作大格局，需要建立的机制很多，从实践来看，重点应当建立健全以下三个机制：一是信息共享机制。信息是做好预防违法犯罪工作的基础。目前，就检察机关内部而言，预防违法犯罪信息共享的机制还不完善。除预防职务犯罪的信息相对具有一定程度的共享外，预防刑事犯罪、预防诉讼违法的信息均不具备共享条件。因此，要切实加大科技强检力度，加快建立相关数据库，充分利用检察机关专线网实现信息互通共享。同时，要畅通检察机关与其他司法机关、行政执法单位的信息、情报交流通道，加强情况通报和信息交流争取最大程度实现共享信息。二是协作配合机制。从湖北省实践来看，检察机关内部实行"检察工作一体化"机制是充分发挥整体效能行之有效的途径，在增强检察机关内部预防违法犯罪合力方面可资借鉴。在检察机关与外部协作配合上，要在运转更加灵活高效上下功夫，把各部门各单位各群团组织预防工作的优势与检察机关专业化预防的优势紧密结合起来，形成更加强大的预防工作合力。三是领导机制。预防违法犯罪工作是全党、全社会的共同任务。要充分借鉴预防职务犯罪领导机制，建立一种党委统一领导、总体统筹、各方协同、分工负责的领导机制，充分调动各方面的力量，坚持专门预防和社会预防相结合、专门工作和群众路线相结合，形成各部门、各单位共同参与、纵横交织、上下联动的社会化预防违法犯罪格局。

（三）要突出工作重点

三项预防目标不尽相同，工作重点也应有所侧重。

预防职务犯罪是以建设廉洁政治为目标，力求做到干部清正、政府清廉、政治清明，重点要抓好以下几个方面：一要加强预防职务犯罪的宣传和教育。检察机关应结合窗口部门的职能作用，与新闻媒介建立广泛联系，通过各种有效形式，揭露职务犯罪的危害性，宣传查办和预防职务犯罪工作的成果，对典型案件进行剖析，促进国家工作人员树立良好的职业道德，严格自律，提高"免疫力"，教育和引导广大公民自觉遵守宪法和法律，自觉同职务犯罪作斗争，形成强有力的遏制职务犯罪的舆论环境。二要推进规范管理体制机制建设。职务犯罪的发生与公权力运行的管理体制机制不健全是密不可分的。检察机关要综合运用预防调查、案例分析、检察建议、警示教育、预防咨询、行贿犯罪档案查询六种专业化预防手段，切实抓好宏观预防、同步预防、个案预防和系统预防，积极促进预防工作的成果转化为规范管理体制机制的成果，促进从制度层面约束和减少职务犯罪发生。三要突出查办职务犯罪案件。查办职务犯罪案件，是保持惩治腐败强劲势头的重要环节，是一种特殊预防。检察机关应充分履行职务犯罪案件侦查权，切实查办发生在领导机关和领导干部中的利用职权贪污贿赂、失职渎职的犯罪案件，有力震慑心存侥幸的腐败分子，让人民群众感受到反腐倡廉的实际成效。

预防刑事犯罪以维护和谐稳定为目标，力求营造人民安居乐业的良好环境。一要突出打击重点。牢固树立稳定压倒一切的思想，始终保持对恶性犯罪的高压态势，通过打击促预防。二要大力培育法律意识。深入开展送法进机关、进企业、进学校、进社区活动，通过人民群众喜闻乐见的形式开展法制宣传教育，在全社会营造崇法、信法、守法的氛围。三要健全治安防控体系。努力做到对违法犯罪苗头信息早掌控、早防范、早处置；努力健全矛盾纠纷排查化解机制，确保矛盾不积压、不升级。

预防未成年人犯罪除具有预防刑事犯罪的一般目标追求外，更多的是保护未成年人合法权益，促进未成年人健康成长。因此，要重点抓好以下三个方面：一要努力营造良好的成长教育环境。检察机关应结合检察职能全方位开展预防未成年人犯罪的法制宣传，促进把法制宣传融入学校的德育教育中，增强学生的法治意识；积极开展未成年人犯罪调研活动，适时发出检察建议，督促学校加强思想道德教育与素质教育；积极参与青少年维权岗建设，发动全社会关爱和保护未成年人，共同给未成年人创造良好的生活环境和学习环境。二要积极探索未成年人刑事检察工作机制。应充分认识修改后刑事诉讼法确立未成年人刑事检察制度的重大意义，切实把"教育、感化、挽救"方针贯穿于未成年人刑事检察工作始终，正确贯彻宽严相济刑事司法政策并对未成年人犯罪侧重于宽缓，努力做到依法"少捕慎诉少监禁"，为未成年犯罪人回归社会创造条件。三要积极参与建设帮扶机制。积极参与并依法监督社区矫正帮扶工作，对处于"缓刑、管制、拘役"等社区矫正监管状态的未成年人罪犯，督促有关方面加强关怀教育，让他们感受到来自社会的温暖，消除对社会的抵触心理，主动适应并回归社会。

预防诉讼违法是以保障案件当事人合法权益为目标，严格防止各种诉讼过程中的违法行为，力求程序公正和实体公平，重点要抓以下三个方面：一要着力强化诉讼监督。侦查监督方面，重点监督有案不立、以罚代刑和违法立案等问题；刑事审判监督方面，切实纠正审判活动中违法情形；民事审判监督和行政诉讼监督方面，重点监督严重侵害国家利益或社会公共利益、因地方保护主义造成错判、审判人员枉法裁判以及裁判明显不公的案件；刑事执行监督方面，注重督促有关部门完善监管制度，尤其要把减刑、假释、暂予监外执行作为重点，监督促进公正公开公平执法。二要着力防范侵犯人权行为。诉讼过程中，要切实尊重和保障诉讼参与人作为"人"所应当享有的基本权利和人格尊严，确保程序公正本身的固有价值得到充分实现，让诉讼参与人和社会公众从公开的程序运作过程中看到公正的实现过程，让正义以看得见的方式及时实现。三要着力加强自身执法监督。要积极探索建立"全面管理、分工负责、统筹协调"的执法管理模式，全方位、全环节、全过程加强对执法办案的流程管理。要努力构建公正廉洁执法"五位一体"工作格局，形成规范执法的"倒逼"机制，通过全程同步录音录像等技术手段"倒逼"规范执法。要切实健全检务督察机制，做到案前安全防范监督、案中执法行为监督与案后回访考察监督相结合，严格落实执法问责规定，确保各种办案纪律制度规定落到实处。要着力强化对下级院监督，认真落实最高人民检察院《关于强化上级人民检察院对下级人民检察院执法办案活动监督的若干意见》，将规范执法纳入考评和报告事项，严格执行执法办案有关审批制度、备案审查制度、请示报告制度和责任追究制度，确保制度规范落实到每一个办案部门、每一个办案人员和每一个执法环节。

# 10 论行政权运行的检察监督<sup>*</sup>

  党的十八届四中全会审议通过的《中共中央关于全面推进依法治国若干重大问题的决定》提出："完善对涉及公民人身、财产权益的行政强制措施实行司法监督制度。检察机关在履行职责中发现行政机关违法行使职权或者不行使职权的行为，应该督促其纠正。探索建立检察机关提起公益诉讼制度。"这一决定，丰富拓展了检察机关法律监督的内涵和外延。检察机关对行政权运行进行法律监督，一定意义上讲是宪法赋予的法律监督题中之义，具有重要的价值，也是防止行政权异化和滥用，有效促进依法行政的必然要求。现就检察机关如何对行政权运行进行监督谈几点思考。

## 一、关于检察机关对行政权运行进行监督的范围

  检察机关对行政权运行的监督，应界定范围，做到有所为有所不为。其范围应当为检察机关在履行职责中发现的问题。具体来讲，需从三个方面进行分析研究。

  （一）从监督对象出发进行考量

  检察机关对行政权运行的监督对象应当为在履行职责中发现的违法具体行政行为和抽象行政行为，从"作为"来看，包括违法行使职权或者不行使职权的行为。这样界定监督对象，主要理由有三：第一，行政权的运行是通过行政机关的行政行为来实现的。行政行为包括具体行政行为和抽象行政行为。不论是具体行政行为，还是

---

  <sup>*</sup> 本文原刊于《人民检察·湖北版》2015年第1期。

抽象行政行为，一旦违法，不仅会损害行政相对人的实体权利，而且会影响国家的经济、社会等方面的正常秩序。为保障国家行政法律的统一正确实施和维护公共利益，检察机关作为法律监督机关，有必要对违法的具体行政行为和抽象行政行为进行监督。第二，行政机关违法行使行政权的具体表现形式多种多样，但从其"作为"来看只有两种，一是积极主动违法行使职权，即滥用职权行为；二是消极不行使职权，即玩忽职守行为。这两种行为无论是违法还是涉嫌犯罪，检察机关依照职权都应当进行监督。第三，检察监督本身固有的谦抑性决定检察机关不可能"包打天下"，同时为维护行政权运行的稳定性和严肃性，检察机关对行政权运行进行监督应受到合理的限制，应当严格遵循十八届四中全会决定中"检察机关在履行职责中发现"这一限定。我们认为"履行职责"既包括检察机关履行职务犯罪侦查、批捕、公诉、诉讼监督等职责，也包括受理接待当事人的申诉、控告、检举等职责。

（二）从监督内容出发进行考量

检察机关对行政权运行进行监督应是对行政权行使的合法性监督，不包括合理性监督。检察监督为法律监督，对行政行为的合法性进行监督是检察监督的应有之义。但就行政行为合理性而言，既要尊重行政机关依法享有的行政自由裁量权，又要充分考量采取行政行为的客观情境、有关政策、行政习惯等所具有的特殊性；同时，对于行政行为合理性的监督，更适合采取人大监督、政协监督、上级行政机关监督、社会舆论监督等方式，如果采取司法监督的方式，既不符合司法监督的属性，又不利于贯彻行政权运行兼顾效率与公平的原则。因此，不宜将行政行为合理性纳入司法监督的内容。

（三）从监督时机出发进行考量

检察机关对行政权运行的监督，应是事后监督为主，事中监督为辅。行政权运行是以具体或抽象的行政行为为载体的，而具体或抽象的行政行为是否违法、是否产生损害结果，主要基于该行政行为实施后产生客观事实，即行政行为的"后果"。因此，对行政权运行的监督更多表现为一种事后监督。以检察机关对行政机关涉及人身、财产的行政强制措施进行监督为例，行政强制措施是行政机关为制止违法行为、防止证据损毁、避免危害发生、控制危险扩大等情形，依法对公民的人身自由或财物实施的暂时性限制或控制的行为，具有预防性、及时性和时限性，如果检察机关过早介入，有可能影响行政强制措施预防性和及时性功效，导致行政强制措施难以发挥其运行的目的，故进行事后监督更为妥当。但是，在有些特殊行政审批、行政许可等行政行为过程中，检察机关如果发现涉及重大公共利益可能受到损害，作为社会公共利益的维护者，有义务介入进行监督，此时的行政行为并未作出最终决定，处于实施过程之中，检察监督则表现为一种事中监督。

## 二、关于检察机关对行政权运行进行监督的方式

检察监督方式是实现法律监督效果的基本保证。为保障监督实效，应构建多元化的行政检察监督方式体系，具体讲包括以下四种方式。

### （一）督促履行职责

对于行政机关不履行职责违反法律的，检察机关可以敦促有关行政主体在合理的期限内予以救济，并将具体处理情况书面答复检察机关。如果需救济的是国家利益、公共利益，而且必须通过诉讼途径才能解决的话，则应当督促相关行政机关依法提起民事诉讼。从实践来看，2013 年高检院提出积极审慎探索督促行政机关履行职责以来，湖北省检察机关的探索实践取得较好成效。黄冈市检察机关近两年共督促行政机关履行职责 294 件，相关行政机关采纳 275 件。实践证明，督促行政机关履行职责是一种行政机关比较容易接受而且行之有效的行政权运行监督方式。

### （二）建议纠正违法

对于行政机关违法行使职权的行为，检察机关可按照宪法、法律赋予的职责，向有关行政主体提出检察建议，要求其在规定的时限内予以纠正，并将纠正情况及时书面告知检察机关。建议纠正违法主要针对羁束性行政行为及滥用行政自由裁量权的行为。如涉及

公共利益的行政违法，基于相对人不愿、不敢或不知提起诉讼，检察机关应站在公共利益代表的立场，按照法定程序提出纠正意见，要求相关行政部门在规定的期限内进行整改，并将结果书面告知检察机关。

（三）提起行政公益诉讼

提起行政公益诉讼是检察机关直接针对违法的具体行政行为，在特定的范围内监控行政权的滥用或不作为违法，即因行政机关的失职、滥用权力，严重损害国家利益和社会公共利益而无人起诉、法院又必须奉行不告不理的诉讼原则情况下所采取的监督方式。检察机关代表国家和社会公益提起诉讼，是检察权对行政权运行的直接监督，体现为一种权力制衡。

（四）查办职务犯罪

检察机关在监督过程中，发现行政机关违法行使职权或者不行使职权的行为涉嫌职务犯罪，应当对相关责任人依法立案查处。

需要注意的是，以上监督方式在适用范围、监督力度、监督效果和效率上各有不同，应当根据违法行政行为轻重程度采取相适应的监督方式，以期实现对行政权运行监督效果的最大化。

## 三、关于检察机关对行政权运行进行监督的程序

检察机关对行政权运行进行监督应当采取"3 + 1"的程序运行模式，即三个一般程序，一个特别程序。

（一）受理程序

检察机关对行政权运行进行监督的案件线索应统一由案件管理部门登记，进行归口管理，并分流到具体办案部门。对于当事人申请监督或检举、控告的，由控告申诉部门受理后将线索移交案件管理部门，由案件管理部门行登记并分流到具体办案部门；对于检察机关其他职能部门履职过程中发现的线索，应由相关职能部门移送案件管理部门进行登记并分流到具体办案部门。对涉及公民人身、财产权益的行政强制措施的监督，囿于行政自由裁量的范围较大，为体现对行政权运行的尊重和检察监督的谦抑性，应遵循适度干预

原则，有必要将行政相对人申请行政复议作为申请检察监督的前置程序，相对人向行政机关申请行政复议后，检察机关方可受理。

（二）审查程序

审查程序的根本价值在于分析研判对行政权运行进行监督的案件线索，审查决定是否启动监督运行程序，既避免监督缺位，又避免监督越位。这是因为，行政行为一经作出就对相对人产生直接的法律效力，如果等到损害结果产生再寻求法律救济，既不公平也不经济，在确认申请人、相对人的合法权益或国家利益和社会公共利益可能受到侵害的情形下，有必要及时启动监督运行程序；对于一般违法行为或属于纪检监察部门职权范围的违纪行为，则不应启动检察监督运行程序。

（三）运行程序

运行程序是检察机关运用法定的监督手段进行监督调查和审查，并以法定的方式提出监督意见的程序。主要包括：（1）调查取证。收到当事人对行政权运行违法进行监督的申请或检察机关依职权启动监督后，应进行调查，即检察机关依法对有关行政行为的运作过程采取调查措施，如调阅相关案卷、质询有关事宜、询问涉案当事人和相关证人、扣押相关书证、物证和委托检验、鉴定重要物证等，收集固定有关证据。（2）作出处理决定。检察机关根据不同的案件类型，综合调查情况决定适时采取与违法行政行为相适应的方式进行监督。（3）回告。一方面，相关行政机关应当根据检察机关监督事项和要求及时作出响应，并将响应结果回告检察机关；另一方面，检察机关对当事人申请监督、检举、控告的案件，在作出处理决定后，应当及时制作《通知书》，将案件处理情况告知当事人。

（四）特别程序

提起行政公益诉讼应当作为一种特别程序，在督促履行职责、建议纠正违法无效果情况下运用，即当公民、法人或者其他团体认为行政机关的行为侵害了公共利益，通过申请、控告、举报的形式申请提起诉讼，检察机关经审查后，确定行政主体的违法行为严重侵害国家和社会公共利益的，先行向有关行政主体发出检察建议，督促行政机关作出答复或整改，而行政机关无正当理由不予答复或拒绝、怠于执行整改内容时，检察机关则提起行政公益诉讼。

## 四、其他应当重视的问题

加强对行政权运行监督是新课题，面临许多新的情况和问题，需要在探索实践中认真研究解决，目前亟待解决的问题主要有三个方面。

### （一）完善立法

建议从立法上赋予人民检察院对于行政权运行实行法律监督的权力，在宪法及人民检察院组织法中予以明确，在人民检察院组织法中确立检察机关对行政权运行进行监督应遵循的基本原则。鉴于检察机关对行政权运行进行监督，绝大多数情况下为诉讼外监督，在理顺诉讼监督与诉讼外监督相互关系的基础上，建议制定专门的行政检察监督法。行政检察监督法是程序法与实体法的统一，包括以下内容：一是对于检察机关对行政行为的监督范围作出立法解释，使检察机关在进行检察监督的过程中权责明确。二是明确督促履行职责、建议纠正违法、提起行政公益诉讼、移送违法违纪线索或查办职务犯罪等监督方式，便于针对不同违法情形作出不同的处理决定。三是完善行政检察监督的程序性规定，对检察机关行政监督的程序、期限、法律文书等作出具体规定，增强司法实践中的可操作性。四是明确规定检察机关提出检察建议、纠正违法意见的法律效力，以及行政机关在规定期限内不予答复或整改的法律责任，增强检察建议及纠正违法意见的刚性。

### （二）健全工作衔接机制

检察机关对行政权运行进行监督是一项系统工程，外部涉及检察机关与其他行政机关工作衔接，内部涉及检察机关各相关职能部门的配合衔接，有必要建立健全内外工作衔接机制。外部工作衔接机制上，应充分吸收近年来推进刑事司法与行政执法衔接工作机制的有益经验，建立信息共享、联席会议、案件咨询等机制。内部工作衔接机制上，应充分发挥"检察工作一体化"机制和内部监督制约机制的功效，强化各相关职能部门在履行对行政权运行进行监督职能过程中的相互配合与制约。通过健全工作衔接机制，充分调动内外各方面的积极因素，实现内外联动，整体互动，形成监督合力，提高监督效果。

（三）职能划分及机构设置

民事、行政诉讼监督分属于两大诉讼领域，随着民事、行政两大诉讼法相继修改，十八届四中全会决定出台，民事、行政诉讼监督工作日趋专业化，现有的职能划分和机构设置已难以满足形势发展需要。因此，建议检察机关增设行政违法监督部门，专司对行政权运行监督职责。

# 11 关于诉讼监督工作"四化"的思考*

2013 年，湖北省人民检察院提出推进诉讼监督工作制度化、规范化、程序化、体系化，这是契合法治精神，符合改革要求，强化法律监督工作的创新举措，对全面加强诉讼监督工作具有方向性、原则性、框架性、前瞻性的指导意义。本文就诉讼监督工作"四化"的理论与实践，谈些个人思考。

## 一、诉讼监督的法律定义及依据、特征

### （一）诉讼监督的定义

诉讼监督是特定的诉讼监督主体对诉讼活动的法律监督，是法律监督的重要组成部分。我国宪法将检察机关定位为国家法律监督机关。因此，这里的诉讼监督主体特指人民检察院，可以把诉讼监督定义为：人民检察院依法对侦查、审判、执行和监管活动是否合法进行监督的一系列诉讼活动的总称，包括刑事诉讼监督、民事诉讼监督、行政诉讼监督。

诉讼监督的核心价值是检察机关通过诉讼监督与相关机关共同促进公正、高效、权威的社会主义法治的实现，从而维护国家法律的统一正确实施。诉讼监督的主体是检察机关，客体是侦查机关、审判机关、刑罚执行和监管机关及工作人员诉讼活动中的实体错误、程序违法和渎职行为。诉讼监督的范围覆盖刑事、民事、行政诉讼

　　* 本文于 2014 年第七届检察发展论坛发表交流，《黄冈师范学院学报》2015 年 4 月第 35 卷第 2 期转载。

的全过程，包括对刑事诉讼、民事诉讼、行政诉讼、与诉讼活动密切相关的司法、行政执法活动的违法监督，在诉讼流程上全程实现对诉讼启动、诉讼过程、诉讼结果、司法人员渎职行为的监督。诉讼监督的方式是针对不同的诉讼违法情形，选择采取更有利更有效的监督方式，主要有抗诉、再审检察建议、检察公函、检察意见、检察建议，更换办案人建议、下达纠正违法通知书、口头纠正违法等。

（二）诉讼监督的依据

1. 理论依据。诉讼监督的理论基础是列宁法律监督思想。我国的现行检察制度的直接理论渊源是列宁法律监督思想，十月革命胜利以后，列宁提出一系列法制统一的思想和法律监督理论，如为了保证社会主义法制在全国统一实施，必须建立专门的法律监督机关；法律监督机关由最高国家权力机关产生，并与行政机关、审判机关具有平行的宪法地位；检察机关的法律监督不仅包括对刑事犯罪行为和民事违法行为的监督，而且包括对一切国家机关、社会组织、公职人员违法的行政行为和执法行为的监督①。列宁提出检察机关作为专门的法律监督机关，对我国的法律监督体系产生深远影响。苏联的检察权位于最高监督地位，是一般监督。我国在 1982 年修宪时，为维护社会稳定，把严重的违法犯罪行为确定为法律监督对象，检察机关定位于专门的法律监督机关而不是一般监督。检察机关在诉讼中的作用就是对程序法的正确实施起到全程监督作用，检察权本职上就是监督权，包括诉讼职能和诉讼监督职能。

2. 哲学依据。实事求是，是辩证唯物主义的世界观和方法论。诉讼监督正是把实事求是哲学方法论用到司法领域中，通过法律语言和法律行为、法律程序对诉讼中错误、不规范的行为进行纠正，从而追求法律真实，实现程序正义和实体正义的统一、公正与效率的统一、惩罚犯罪和保障人权统一。从哲学角度讲，美国经济学家

---

① 参见吕世伦：《列宁法律思想史》，法律出版社 2000 年版。

肯尼斯·加尔布雷思有句名言："人们追逐权力不仅仅是因为权力能够满足个人的利益、价值和社会观念，而且还有权力自身的缘故，因为精神的和物质的报酬存在于权力的所有和使用之中。"英国思想家阿克顿说："权力导致腐败，绝对的权力导致绝对的腐败。"因此，凡是权力都需要制衡与制约，通过诉讼监督来制衡和制约侦查权、审判权、执行权，是哲学关于权力制衡与制约方法论在司法领域的具体运用，符合权力运行特征和规律。

3. 文化依据。诉讼监督的文化基础是我国特有的监督文化传统。我国是世界上最早建立起职业官吏制度的国家，在封建社会历史时期就建立了纠察百官的御史制度，崇尚以集中统一的弹劾权来解决权力制衡的问题，御史作为天子耳目，其职责是"纠举官吏不法"，以维护封建国家法律政令统一，并负责纠正错案，监督官吏断案。如汉朝，御史有查办"吏不廉"、"狱不直"职责；宋朝，凡违法失职的官员，在送大理寺审判前都要先送御史台调查；明朝，御史的职责进一步明确为"纠查内外百司之官"。① 这种御史制度的深厚历史底蕴，在文化层面对我国诉讼监督制度和检察机关法律监督地位的形成和发展具有深刻的影响。

4. 法律依据。我国宪法赋予了检察机关法律监督的法律地位，"三大诉讼法"都明确了检察机关诉讼监督的职权。2013 年 1 月 1 日实施的修改后刑事诉讼法、民事诉讼法进一步对诉讼监督职权进行了新的诠释，扩展了诉讼监督的范围、增加了检察监督方式、强化了检察监督手段，如刑事诉讼监督中新增检察机关对死刑复核程序的监督、对实行暴力行为但依法不负刑事责任的精神病人的强制医疗程序是否合法实行监督等；民事诉讼监督的范围由"民事审判活动"拓展到"民事诉讼"，增加了"检察建议"的监督方式，赋予检察机关在法律监督工作中的调查核实权，明确规定当事人可以向检察机关申请检察监督和检察机关办理申请监督案件的期限等；伴随着刑事诉讼法、民事诉讼法的修改，行政诉讼法的修改

---

① 参见曾宪义主编：《中国法制史》，中国人民大学出版社 2006 年版。

已经提上日程，检察机关行使行政诉讼监督权的法律依据必将进一步完善。

5. 实践依据。近年来，我国司法体制改革和工作机制创新，主要是围绕优化司法职能配置、规范司法行为、加强诉讼监督、促进司法公正、民主来展开的。"两高三部"出台了一系列司法解释和政策，把法律监督深化到诉讼的各个环节中。与此同时，湖北省人民检察院在推进诉讼监督工作机制创新方面进行了整体部署，指引和推动实践取得较好效果。在工作理念上，强调监督是主业，监督者必须接受监督。在工作思路上，系统总结以往诉讼监督工作的经验，按照"强化监督意识、加大监督力度、突出监督重点、增强监督实效"和"规范监督行为、健全监督机制、完善监督方式、提升监督水平"的原则对诉讼活动开展监督。在工作格局上，注重加强对刑事、民事、行政三大诉讼全过程的监督。在工作机制上，先后推出检察工作一体化机制、"两个适当分离"工作机制、法律监督调查机制、检察机关与相关政法部门监督制约与协调配合机制、规范执法"倒逼机制"、行政执法与刑事司法衔接工作机制、纠防并举机制等，有力推动各项诉讼监督工作的协调发展，为推进诉讼监督工作的制度化、规范化、程序化、体系化奠定了坚实的实践基础。

（三）诉讼监督的特征

诉讼监督作为检察机关专门特有的监督形式，具有以下特征：一是国家性。诉讼监督作为法律监督的重要内容，代表的是国家意志和利益。二是中立性。检察机关在行使诉讼监督职能时，是独立于诉讼之外（不进行实体处理）对诉讼活动中存在的违法或裁判不公行为进行监督，对诉讼各方不偏不倚，保证诉讼的公正，具有超然中立的地位。三是救济性。通过对诉讼活动进行监督，纠正公权力运行中的违法或错误，实现对私权或公益的补偿或修复。四是程序性。诉讼监督的效力主要表现为启动并运行纠正违法或错误的程序，并不对违法或错误直接作出实体性的纠正和处理。五是有限性。通说认为，法律监督是宪法规定的在国家机关之间进行权力控制层面上的一种制度安排，以违法行为为监督客体，并不直接涉及公民个人等私法主体，监督对象仅为国家有权机关。

## 二、诉讼监督工作"四化"的深刻内涵

### （一）深刻理解诉讼监督工作"四化"的背景

1. 从宪法定位层面讲，推进诉讼监督工作"四化"是检察机关的职责要求。实行诉讼监督是实现权力制衡与制约的宪法性制度安排。① 人民检察院作为宪法规定的国家法律监督机关，深入推进诉讼监督工作的制度化、规范化、程序化、体系化，通过对刑事诉讼、民事诉讼、行政诉讼的监督，发现并纠正错误的裁判或决定，以保障法律的统一正确实施，维护司法公正，保护国家、社会公共利益和公民个人的利益，是更好履行法定职责的客观要求。

2. 从法治层面讲，推进诉讼监督工作"四化"是当前法治建设的形势需要。党的十八大将全面推进依法治国提升到前所未有的新高度，检察机关作为法律监督机关，在推进法治中国建设进程中，负有义不容辞的职责，要充分发挥检察职能促进法治国家、法治政府、法治社会一体建设，促进各项事业法治化。曹建明检察长要求切实做到敢于监督、善于监督、依法监督、规范监督、理性监督；强调要严格执行法律规定，正确处理好监督与支持、监督与配合、监督与制约的关系，注重监督措施运用的适当性、实效性，防止和克服执法任意性、选择性。推进诉讼监督工作的制度化、规范化、程序化、体系化正是落实曹建明检察长"五个监督"的具体行动，无论是从推进法治中国建设还是推进检察工作法治化来讲，都是形势所需。

3. 从改革层面讲，推进诉讼监督工作"四化"是检察机关服务全面深化改革的积极举措。党的十八届三中全会在部署推进司法体制改革中提出，要建立健全权力运行制约和监督体系。检察机关作为改革的实践者，推进诉讼监督工作制度化、规范化、程序化、体

---

① 参见陈辐宽：《论检察诉讼监督及其价值目标》，载《法学》2012 年第 2 期。

系化，契合了深化司法体制改革的要求，有利于确保检察机关依法独立公正行使检察权；作为改革的护航者，通过进一步健全科学合理规范有序的司法权力运行机制，强化与其他司法机关之间的监督制约，有利于确保司法权不被滥用，为全面深化改革营造公平正义的法治环境。

4. 从履职层面讲，推进诉讼监督工作"四化"是检察机关实现诉讼监督"主业"地位的有效途径。我国"三大诉讼法"赋予检察机关的诉讼监督权总体上讲还较为原则，要真正凸显诉讼监督的"主业"地位，还需要加大实践层面的探索。推进诉讼监督工作制度化、规范化、程序化、体系化，能较好地解决法律法规对诉讼监督的规定相对较为原则、薄弱的问题，推动更好实现诉讼监督"五个监督"的根本要求。

（二）准确把握诉讼监督工作"四化"的要求

1. 准确把握制度化的要求。制度化是指从特殊的、不固定的方式向被普遍认可的固定化模式的转化过程。党的十八大强调要构建系统完备、科学规范、运行有效的制度体系，使各方面制度更加成熟更加定型。当前，从诉讼监督工作制度规定层面来讲，虽然已经形成了以宪法、三大诉讼法、检察院组织法、检察官法为基本框架的法律监督制度，但关于诉讼监督的具体规定大多较为抽象，导致大量的诉讼行为仍然游离于检察机关的诉讼监督之外，① 需要进一步丰富完善诉讼监督制度，从制度层面解决"监督缺位"问题。从诉讼监督工作制度执行层面来讲，由于制度本身的缺陷，导致具体诉讼监督过程中执行力、约束力不够，需要进一步强化诉讼监督制度的落实，从制度层面解决"监督乏力"问题。

2. 准确把握规范化的要求。规范化是制度由静态到动态的过程，既包括建立、健全制度，又包括制度运行的规矩和章法，为诉讼监督工作有序有效进行提供保障。这就要求诉讼监督工作必须要

---

① 参见甄贞、郭兴连：《诉讼监督的原则》，载《国家检察官学院学报》2010 年 8 月。

严格限制在法律授权的范围内，克服随意性、无序性，绝不能擅自突破法律的规定。既要立足诉讼监督权力的拓展可能性，又要正当而科学地界定诉讼监督的内涵和外延，不能恣意扩张诉讼监督权力的界限；既要承认诉讼监督作用的有效性，又要避免诉讼监督权力过度行使，讲究诉讼监督方式刚柔并济，确保监督实效。① 使诉讼监督工作在规范的轨道中运行。

3. 准确把握程序化的要求。程序化是指推进过程依据事先规定的流程和方式进行。从法律角度来讲，主要体现为按一定的顺序、方式和步骤作出法律决定的过程。诉讼监督权力是法律赋予检察机关的权力，其程序必须是正当程序，由立法明确规定和具体设置，遵循检察工作规律，体现优化检察机关职权配置特点，统一诉讼监督的范围、步骤、方式和方法，使诉讼监督的各个环节推进有序、运转有效，从而确保诉讼监督的正当性。

4. 准确把握体系化的要求。体系化是指一定范围内按照一定的秩序和联系组合为整体的过程。诉讼监督工作体系化是一个实践探索的过程，只能随着制度化、规范化、程序化水平的不断提高而逐步发展，最终形成体系化。其工作要求就是要在诉讼监督工作实践的基础上，不断总结做法，提炼经验，研究制定出全面系统、上下统一、整体配套、运行有序的诉讼监督工作规则，② 使各项诉讼监督职能划分清晰，配置合理，诉讼监督工作各项制度机制衔接紧密、相互促进，诉讼监督工作运行流畅有序、务实高效，从而提升诉讼监督工作整体合力和质效。

（三）严格遵循诉讼监督工作“四化”的原则

1. 要遵循法定原则。法定原则要求检察机关必须严格依照法律的规定和授权，按照法律规定的形式和程序对诉讼活动实行监督。

---

① 参见杨迎泽、薛伟宏：《检察诉讼监督的概念、特点与种类》，载《中国刑事法杂志》2012 年第 7 期。

② 参见敬大力：《把握立法精神 坚持问题导向 扎实推进诉讼监督工作制度化、规范化、程序化、体系化》，载《人民检察·湖北版》2013 年第 4 期。

一是监督范围必须依法。"三大诉讼法"明确规定的诉讼监督范围包括对刑事诉讼、民事诉讼、行政诉讼、与诉讼活动密切相关的司法、行政执法活动的违法监督。检察机关必须严格依法在上述范围内监督，不能扩大也不能缩小范围。二是监督形式必须依法。检察机关必须通过抗诉、再审检察建议、纠正违法通知书、检察意见、建议更换办案人等方式进行监督。三是监督程序必须依法。诉讼监督必须严格依照法定程序开展，减少随意性，树立权威性。目前，"三大诉讼法"对诉讼监督程序的规定都不够完善，尤其需要在实践探索中不断完善相关法律规定。

2. 要遵循适度原则。诉讼监督中应秉持谦抑谨慎的态度，以法律标准权衡利弊，尊重侦查权、审判权运行规律，尊重公民诉权，发挥诉讼监督对诉讼活动运行的保障性和补充性作用。一是诉讼监督的方式应与诉讼违法程度相适应。针对不同的违法行为采取不同的监督方式，防止影响诉讼程序正常进行。如对于确有错误的生效裁判，可以采取抗诉和再审检察建议的方式；对于诉讼违法行为，可以视严重程度采取口头或书面纠正违法方式；对于渎职行为，可酌情采取建议更换办案人或移送渎职犯罪线索的监督方式。二是诉讼监督过程必须突出监督重点。检察机关进行诉讼监督的效力和力量的有限性，决定检察机关不可能对所有的诉讼案件、诉讼活动和司法主体进行面面俱到的全面监督，因而应抓住重点矛盾、矛盾的主要方面进行监督，从而确保监督的实效。

3. 要遵循及时有效原则。迟来的正义非正义。诉讼监督从本质上讲就是要通过程序正义来保障实体正义的实现。因此，检察机关在监督事项发生后，应及时启动相应的诉讼监督程序，并实时对违法主体的纠正情况进行监督、督促，保障相关诉讼主体切实纠正违法行为，维护受违法行为侵害的诉讼主体的合法权利。

4. 要遵循系统协调原则。诉讼监督涉及诉讼活动的覆盖面广，包括刑事、民事、行政诉讼监督以及在此基础上的诉讼各个环节，必然要求检察机关对自身各部门的职能划分作出系统协调的划分。要充分发挥检察工作一体化优势，强化上级院对下级院的领导，强化各地检察机关的协作，强化内设机构的配合，真正做到总体统筹、上下统一、横向协作、内部整合，构建起以抗诉为中心的多元化监督格局，确保诉讼监督工作依法、高效、规范、有序。

### 三、推进诉讼监督"四化"的路径选择

（一）优化理念是推进诉讼监督"四化"的基础

1. 要强化诉讼监督的法治理念。诉讼监督作为法律监督的重要组成部分，需要以法治思维为指导，用法治方式推进。因此，必须强化法治理念，坚持宪法定位，努力推进诉讼监督由国家本位、权力本位向社会本位、权利本位的转变；必须遵循法律监督规律和诉讼规律，监督方式力求合法、适度和有效，并切实保证监督的规范统一；必须牢固树立理性、平和、文明、规范的执法观，全面提升法律监督能力和水平，既敢于监督、善于监督，准确把握监督权力的边界和限度，又依法监督、规范监督，切实发挥诉讼监督在推进法治国家、法治政府和法治社会建设中的作用。

2. 要强化诉讼监督的创新理念。就诉讼监督工作而言，在现有法律制度框架下，推进工作机制创新是全面正确履职的重要保障和必然要求。检察机关要抓住加强诉讼监督工作是司法改革的重要内容这一契机，加强工作机制层面的探索，深入研究诉讼监督的特点和运行规律，通过强化实证调研和理论论证，破解影响和制约诉讼监督工作的难题，推进诉讼监督工作在现行体制和法律框架内自我调整、自我优化。

3. 要强化诉讼监督的执行理念。诉讼监督的质量和效果关键在于执行，要系统梳理诉讼监督制度、规范、程序、体系等方面存在的重点、难点和热点，从研究具体问题入手，把原则变成清晰可见的具体办法，把要求变成便于操作的具体措施，从而确保推进诉讼监督"四化"的部署得到一体遵行，取得实效。

（二）优化组织结构是推进诉讼监督"四化"的关键

1. 要推进诉讼监督人员专业化。加快建设专业化、职业化检察队伍，既是检察队伍建设的发展方向，也是推进诉讼监督"四化"

的必要条件。要紧紧围绕提高诉讼监督检察人员发现问题、收集证据、运用法律政策、沟通协调的能力，加强诉讼监督业务的理论学习和实战演练，通过总结办案经验、举办诉讼监督技能竞赛和业务评比等活动，努力打造具有丰富实践经验和扎实理论基础的诉讼监督人才队伍。

2. 要推进诉讼监督机构专门化。诉讼监督作为检察机关的一项权能，与诉讼职能相比，本身是一个相对独立、完整的有机体系。实践中，由于诉讼监督的各项权能分散于不同职能部门，容易出现诉讼监督上各自为政、沟通不够、协作不力的现象，导致诉讼监督缺乏合力。因此，要按照"诉讼职能与诉讼监督职能制适当分离"的要求，采取多种组织形式，逐步建立健全诉讼监督专门机构，并发挥好总揽诉讼监督全局的职能作用。

3. 要推进诉讼监督工作整体化。党的十八届三中全会明确提出，推动省以下地方检察院人财物统一管理。应抓住这一有利时机，在全面落实"检察工作一体化"机制框架下，通过进一步完善诉讼监督职权在上下级检察机关之间、检察机关各内设机构之间的优化配置；进一步完善信息共享和线索通报移送制度，加快实现检察机关对案件线索统一管理、对办案活动统一指挥、对办案力量和设备统一调配的机制；进一步规范交叉办案、异地办案、授权办案、联合办案等办案模式；进一步强化综合指导、统一监督尺度、优化监督资源调配等途径，大力提升诉讼监督整体化水平。

（三）深化机制改革是推进诉讼监督"四化"的核心

1. 要健全线索发现机制。高度重视人民群众举报、当事人申诉、控告和人大代表、政协委员、新闻媒体的反映，从中发现诉讼监督案件线索；要加强与律师联系，通过其执业活动发现在诉讼活动尤其是民事和行政诉讼活动中司法人员的违法行为；要注重书面审查与实际调查相结合，对案件中关键或存疑的事实，进行必要的证据复核或现场调查，从中发现可能导致实体不公的问题。

2. 要健全沟通交流机制。要增强对法律适用的认同度，通过加强司法机关横向学术交流研讨等途径，努力消除因理论观点的互不认同导致司法实务中法律适用标准相异的现象，增强掌握"法律标尺"的统一度；要增强工作层面的协作性，加强与侦查、审判、刑罚执行机关之间的信息沟通，进一步完善"两法衔接"机制，尽可能通过事前、事中的沟通交流，促使相关机关和部门提高对检察机关监督意见认同度和执行力；要提升沟通交流的便捷性，要利用全国统一业务应用软件平台，加强检察机关内部各相关业务部门的信息交流和工作协同，同时要加大与侦查、审判、刑罚执行、行政机关之间信息系统联网建设力度，搭建诉讼监督工作的更加高效平台。

3. 要完善监督处理机制。要完善诉讼监督制裁性处理机制，针对诉讼活动中违法情节严重构成犯罪的情况，严格依法追究刑事责任，实现刚性监督；要完善诉讼监督提醒性处理机制，针对确有错误的判决、裁定以及诉讼活动中出现的违法违纪、失误情况，充分运用抗诉、再审检察建议、纠正违法等监督方式，提醒并督促有关部门予以纠正、改正；要完善诉讼监督建议性处理机制，针对诉讼活动中暴露出来的一些带有普遍性、规律性的问题，通过运用检察意见、工作通报等方式，建议有关部门认真研究对待并加以改进。

（四）细化配套措施是推进诉讼监督"四化"的保障

1. 要积极争取党委人大重视支持。良好的外部环境是推进诉讼监督"四化"的基础。我国政治体制的优势避免了检察工作执法司法在司法体系内运行反馈的封闭性，党委和人大对诉讼监督工作的决定和决议，使诉讼监督被放在更高的格局中审视，放大了诉讼监督蕴含的制度价值，也确保了司法体制内监督制约的正常运转。因此，检察机关应争取党委、人大对诉讼监督工作的支持，及时将诉讼监督工作的开展情况、存在的问题以及合理建议向党委、人大汇报，在党委领导、人大监督和协调下解决诉讼监督工作中的疑难、复杂和重大问题，推动诉讼监督工作深入开展。

2. 要制定规范性文件。建议省院与相关机关和部门加强沟通协调，针对诉讼监督工作的重点、难点和薄弱环节，就构建各政法机关之间协作配合和监督制约的工作机制制定出台规范性文件；制定健全检察机关内部执法机制的规范性文件，统筹整合检察机关内部监督资源，形成高效协调的工作机制；制定健全检察机关诉讼监督保障机制的规范性文件，将现代科技手段充分运用到诉讼监督工作中，以推进诉讼监督信息化和装备现代化建设，促进诉讼监督质效的较快提升。

3. 要完善考核评价方法。把诉讼监督摆在与打击刑事犯罪和查办职务犯罪工作同等重要的位置，提高诉讼监督在整个检察业务考评中的权重，通过考评导向作用促进解决"抓打击硬、抓监督软"的问题；注重对诉讼监督工作的法律效果、政治效果、社会效果进行综合评价，避免出现诉讼监督重视数量、忽视质量的现象，通过考评导向作用促进提升诉讼监督的质效。

# 12 论规范司法语境下的职务犯罪侦查工作转型发展*

　　规范司法是全面推进依法治国对检察工作的基本要求。职务犯罪侦查工作，是检察机关履行法律监督职能的重要体现，更需要严格规范司法行为，依照法定权限、法定程序行使权力。从司法办案实践来看，长期以来，受习惯思维、陈旧模式等方面的影响，在推进规范司法的过程中经常会遇到理念不转变、方法不管用、能力不适应等问题，如何走一条既敢办案、能办案、办大案，又坚持理性平和文明规范司法的良性循环之路，是我们近几年不断思考研究的课题。通过几年的艰苦探索实践，我们认识到只有把司法办案转型发展作为规范司法的重要途径，根据形势发展变化，对原有的司法理念、办案机制、侦查模式进行系统调整与完善，以规范促转型、以转型促发展，才是推进司法办案工作平稳健康发展的正确路径。本文拟结合我们近年来的思考和实践，对如何在规范司法时代背景下推进职务犯罪侦查工作转型发展作些探讨。

## 一、职务犯罪侦查工作转型发展的现实背景

　　职务犯罪侦查工作之所以要转变模式转型发展，是检察机关参与和推进法治建设、提升司法公信力的形势所需，是法治反腐的形势、人权保障的原则、刑事诉讼法的必然要求，是规范司法行为的"倒逼"之举。可以说，转型发展符合实际、符合法律、符合规律，是应急与谋远的有机统一，既是当务之急，也反映了职务犯罪侦查

---

　　* 本文于 2015 年 8 月在湖北省人民检察院反贪污贿赂工作会议上发表交流。

工作未来发展方向。

(一) 职务犯罪侦查工作转型发展的必然性

所谓必然性，就是事物发展的自然规律方向，也即"非如此不可"。在全面推进依法治国的战略布局新形势下，公信力评价标准呈现多元化、复杂化的趋势，职务犯罪侦查工作作为一项极其重要的检察权，要健康良性运行，全过程贯穿法治、体现公信，必须转变模式转型发展。从法治的层面讲，转型发展是依法治国大形势所需。全面推进依法治国是一项广泛而深刻的革命，检察机关在依法治国中的主力军、生力军作用越来越重要。职务犯罪侦查工作，既是检察机关推进依法治国进程的重要手段，也是检察机关在依法治国中需要不断改进和完善的重要内容。必须清醒看到，传统的职务犯罪侦查工作中不同程度存在"侦查神秘"主义、办案先入为主、重实体轻程序、重打击犯罪轻人权保障、过分依赖口供等思维方式、办案模式，与法治所蕴含的公正、民主、保障人权、监督制约等要求还有一定差距。职务犯罪侦查工作，如果继续沿用旧思维、老套路，就会偏离法治精神，偏离检察工作法治化发展方向，偏离职务犯罪侦查工作法治化轨道。因此，唯有转型发展才能更好地履行宪法和法律赋予的职责。从公信的层面讲，转型发展是提升检察公信力的必要选择和要求。孟建柱同志强调，司法没有公信力，法律权威就无从谈起。从这个意义上讲，司法公信力是严格公正司法的精神支柱和力量源泉。随着我国民主法治建设的加快推进，人民群众对司法文明程度的期盼越来越高，对检察机关严格、公正、规范、文明司法也提出了新的更高要求，特别是在当前开放、透明、信息化的司法条件下，检察机关的司法活动尤其是职务犯罪侦查工作越来越成为社会各界和新闻媒体关注的焦点，如果司法办案不规范、不文明、不严、不公、不廉就有可能激化社会矛盾，引发网络舆情或者社会事件，甚至被一些别有用心的人利用，借此诋毁我们的党和政府，攻击我国政治制度、司法制度，司法公信力就无从谈起。因此，检察机关只有坚持严格、公正、文明、规范司法，不断推进司法办案转变模式转型发展，才能提升检察公信力，才能实现维护社会公平正义的价值追求，才能树立检察机关良好形象和法律监督权威。

（二）职务犯罪侦查工作转型发展的适应性

职务犯罪侦查工作之所以要"转"，从根本上讲是促其契合法治、符合规律、顺应发展的适应之举。从适应法治反腐的需要来讲，十八届三中全会提出改革党的纪律检查体制，健全反腐败领导体制和工作机制，改革和完善各级反腐败协调小组职能，表明通过法律手段反腐将成为今后反腐败的主要手段，检察机关在反腐败机制中的作用将更加凸显。职务犯罪侦查工作的办案理念、办案方法、办案模式等，必须适应法治反腐形势需要，作出相应的调整、改变，甚至是脱胎换骨的彻底转变，才能更好符合法律、符合规律、符合实际。因此，"转"的问题，在一定程度上关系职务犯罪侦查乃至整个检察工作的长远发展。从适应人权保障的需要来讲，尊重和保障人权是我国宪法确立的重要原则，也是检察机关保障法律实施的重大使命和重要职能。党的十八大以及十八届三中全会都明确提出要完善人权司法保障制度；修改后刑事诉讼法也将"尊重和保障人权"写进总则，并在多项具体规定和制度设计中加以贯彻和体现，突出了保障人权的重要性和导向性。职务犯罪侦查工作必须进行转变，将单纯注重惩治犯罪转变为惩治犯罪和保障人权并重，更加尊重和保障犯罪嫌疑人、被告人及其他诉讼参与人依法享有的各项诉讼权利。从适应修改后刑事诉讼法有关规定来讲，修改后的刑事诉讼法不仅确立了尊重和保护人权的原则，还规定了侦查阶段的辩护权、与保障人权相一致的取证、确证制度、逮捕必要性司法审查、不得强迫自证其罪等，使职务犯罪侦查工作打破了以前相对"封闭"的办案环境，向可辨性、可诉性、双向性、公开性转变，面临更多风险和压力，需要通过转变模式来适应。从适应办案手段多样化来讲，修改后刑事诉讼法规定检察机关查办职务犯罪可以使用技术侦查、隐匿身份侦查等新的侦查手段，并将侦查实验笔录、电子数据列为证据，增加了刑事诉讼证据的涵盖范围；同时，规定案情重大、复杂，需要采取拘留、逮捕措施的，传唤、拘传持续的时间可以延长至 24 小时，为侦破职务犯罪大案要案提供了非常宝贵的时间资源，这些新的手段都需要通过不断磨合适应，才能真正成为职务犯罪侦查工作转变模式的有效途径。

（三）职务犯罪侦查工作转型发展的关联性

这里所指的关联性，是指职务犯罪侦查工作转型发展与规范司法紧密相关。规范司法是推进办案新模式的重要目标和应有之义，是前提，不规范就无法转型；探索新模式是实现规范司法的必然选择和重要途径，是关键，不转型就没有发展和出路，既是工作所需，也是形势所迫，两者紧密相关、相辅相成，缺一不可。既要善于以新的模式为手段，通过一系列实践操作层面的程序性设计和技术性措施，促进解决司法不规范、不文明的"顽症"；又要善于以规范司法为目标，在坚守法治底线的过程中"倒逼"办案模式的逐步转变，使现代化的司法办案模式成为一种习惯和自觉。一方面，职务犯罪侦查工作中，如果只要力度，不讲规范；只重实体，不重程序；只求结果，不讲过程，这实际是一种背离侦查规律的不规范模式。这种模式下，在办案过程中往往容易出现规避制度踩红线等现象，虽然在短期内能取得一定办案成效，但干警普遍感到审讯突破压力大、办案安全压力大、案件质量压力大，办案工作最终就有可能走入死胡同。因此，必须摒弃不规范的办案模式，坚持规范司法，才是司法办案工作良性发展的正确路径。另一方面，职务犯罪侦查工作中，如果单纯强调规范司法，不在转变模式上探索，实际就是一种机械性的规范，也不符合职务犯罪侦查工作规律，很容易在落实规范司法要求的过程中遇到瓶颈状态。如有的干警在规范司法严苛要求下不想办案、不敢办案，久而久之就办不了案；有的干警在全程同步录音录像的镜头下表现得不适应、不自在，甚至不知道怎么问话，等等。这就说明如果司法办案还是沿着老模式、老路子，就不仅有违法治精神，还必将难以为继。转型发展就是一个主动求变求新的过程，是在规范司法的大前提下，对原有的司法理念、体制机制、运行模式进行系统调整与完善，将传统落后的办案模式转变为符合当前发展要求的新模式，而且转变模式，不是为了创新而创新，也不是做表面文章，而是有着实实在在的现实需要，有着明确的目标和方向，只有这样才能有力推进司法办案工作平稳健康发展。

## 二、职务犯罪侦查工作转型发展的实践探索

近几年，我们一直在坚持不懈探索如何在坚持严格规范司法的前提下，走一条既敢办案、能办案、办大案，又坚持理性、平和、文明、规范司法的良性循环新路子，逐步实现了从孤立办案向系统分析、理性初查的转变，从"以供到证"办案向"以证到供"、"证供结合"办案的转变，从分散办案向"一体化"办案的转变，从人力型办案向信息化办案的转变，从粗放型办案向精细化办案的转变，从封闭性办案向透明化办案的转变。从实践来看，职务犯罪侦查工作至少有"三个提升"和"三个减少"的变化，即办案规模稳步提升，2012年以来，查办职务犯罪案件规模年均增长25个百分点以上；案件质量稳步提升，每年起诉职务犯罪案件占立案总数95%以上，没有无罪判决案件，过去容易出现的犯罪嫌疑人、被告人以"逼供、诱供"为由翻供的现象现在已基本没有；侦查能力稳步提升，干警"理性分析、系统初查"、镜头下讯问、谋略使用强制措施、全面收集证据、信息引导侦查等各方面侦查能力都得到提升；审讯突破的压力减小，新的办案模式下，取得口供不再是突破贿赂案件的唯一办法，通过更细致的初查工作、更科学的风险评估决策、更合理的规划讯问时间、更充分的利用办案阵地，更有效的使用信息情报，审讯突破的压力已经变得相对较小；办案安全的压力减小，规范转型后，办案工作的主阵地由办案区转移到看守所，硬件上有全程视频监控、物理隔离等设施保障安全，制度上有看审分离、审押分离保障安全，有效减小了办案安全的压力，使更多的人力、精力都能投入到侦查工作中；案件质量压力减小，把整个办案程序都放在环环相扣的监督制约下，通过全程同步录音录像全面反映，遵循客观全面收集证据的原则，干警只要遵照规范要求、依照程序办事，案件质量就能得到充分保证，压力自然变小。我们从实践中感受到，以下八个方面是规范司法前提下职务犯罪侦查工作转型发展的重点。

（一）在司法理念上转变

司法理念是指导司法办案实践的思想基础和行动指南。司法办案实践中出现的司法不严格、不公正、不规范、不文明等问题，归根结底就是司法理念出现了偏差。因此，首先必须摒弃与规范司法不相适应的陈旧司理念，真正把法治精神内化于心、融入血脉，推动司法行为从被动到主动、从一时到始终、从重点到全面规范的根本性转变，在司法办案中树牢法治理念、公信理念、人权理念，形成理性、平和、文明、规范司法的高度自觉。在树牢规范司法理念的同时，对规范司法的形势要有清醒的认识，清醒认识规范司法是形势发展的需要，不规范、不文明的办案老路已经走不通；清醒认识规范司法是提高司法能力和案件质量的需要；清醒认识规范司法是保证办案安全和保护干警的需要；特别是要清醒认识规范司法过程中暂时遇到的办案不适应等各种困难是可以通过转型发展来逐步克服的。树立正确的司法理念，做到四个清醒认识，司法办案工作才能在新的形势下找准方向、"轻装上阵"。

（二）在初查工作上转型

把初查思路向"系统分析、理性初查"转变，全面推进侦查重心前移，珍惜线索资源，严格审慎启动初查程序，不盲目出击、不急功近利。对每件在手线索的初查可行性进行全面分析，看办案形势是否有利、有无作案可能、有无类案借鉴、有无薄弱环节，再决定启动时机、由谁查、怎么查。对于不适宜立即启动初查的线索，明确具体人员直接对分管领导负责，秘密隐蔽调查；对于迅速启动的线索，明确初查任务、初查范围、初查方法、有计划地深入初查。同时，在初查阶段用足用活可以依法采取的各项措施，既不踩红线运用技侦手段，又灵活使用技术手段；既善于用情报信息平台全面收集掌握初查对象的资料，又做到秘密初查不接触当事人，确保全面收集了解涉案行业情况、相关法规要求、犯罪易发环节以及涉案人员个人家庭社会背景、性格特点、业务往来、活动规律、财产状况等，使案件线索在初查完成时已经形成案件"半成品"。

（三）在决策方式上转型

重点对立案、拘留、逮捕三个环节开展风险评估决策。成立职务犯罪案件风险评估、决策小组，根据案件线索、初查掌握的证据、社会舆论、涉案单位或个人基本资料和社会背景等方面情况，综合考虑案件性质、涉案范围、发生领域、经济社会影响等因素，对案件可能产生的政治风险、社会风险、法律风险、干警安全风险和案件发展潜力、办案效果作出准确判断。对有潜力的案件线索大胆决策，该立案的果断立案，对决定立案的案件同时办理拘留手续，传唤时间一到坚决拘留，迅速送看守所羁押；在案件报捕上，注重侦查部门与批捕部门的沟通协调和相互理解，对于在拘留期间已经取得很好办案效果、证据稳定、不捕更能传递警示效应的案件大胆不捕；对于有深挖潜力、但部分证据暂时未到位的案件，站在全案的角度评估，需由上级院决定的积极争取上级院支持，灵活运用好附条件逮捕等手段为侦查工作创造条件。实践证明，既不能因为有风险就不办案，也不能不顾风险乱办案，风险评估是风险决策的基础，只有通过有效的风险评估，才能把握立案、强制措施的最佳时机，作出科学决策，推动案件办理。

（四）在审讯方式上转型

在规范的要求下，如何有效利用好在办案区内的有限讯问时间突破犯罪嫌疑人口供，是个难题，必须把重点放在对首次讯问突破的规律研究上。讯问就是一个信息传递、信息接受、心理博弈的过程，既要增加压力，又要给予出路，同时还要取得信任，只有把握好三者间的度，掌握好时机分寸，才能攻破心理防线。首先，对每次讯问场所的选择、审讯人员的搭配、需要传递的信息、发问语言的层次等都进行细致安排。审讯地点上，针对犯罪嫌疑人身份的不同特点选择市内不同地点的办案区营造氛围，如市直涉案人员选择基层院办案区形成异地办案环境、县市区涉案人员则选择市院办案区形成上级提办环境；审讯人员搭配上，针对犯罪嫌疑人的性格特点搭配不同的主审人员和辅审人员，如年龄层次、异地口音、外形等方面搭配等；讯问环节上，针对已掌握的案件情况制定详细的审讯提纲，由不同人员递进式发问、环环相扣，如什么人员以什么形式出场、在什么时机发出什么样的信息都预先设计。其次，指挥员全程通过监控视屏观摩，既观察审讯人员的审讯发挥状态、问话是否到位、配合是否默契，又观察犯罪嫌疑人抗审状态，如表情、肢体、语言以及精神等各方面的反应，及时予以指导，提高突破能力。第三，坚持一审一总结，对取得突破效果的总结突破点、"催化剂"在什么地方，对突破不成功的则总结难点、僵局在什么地方，不同类人员心理弱点在哪里、用什么样问话方式更易接受等。第四，注意在全市范围内发现、发掘具有不同审讯特点、具备较强审讯能力的审讯人才，建立和充实审讯人才库，根据不同案件情况需要，迅速组织攻坚能力强的审讯队伍投入审讯工作。

（五）在信息引导侦查上转型

高度重视侦查信息化对侦查办案的助推作用，提高信息化在侦查办案中的综合运用。侦查信息平台建设上，与公安、工商、银行、房产等单位实现了信息专网、专线互联，与通信、保险、证券、水电气等单位建立绿色查询通道，与人大、政协、组织部、审计局等单位建立信息档案拷贝查询途径，构建起信息资料较为全面的侦查信息平台。内部情报信息建设上，健全情报信息收集机制，反贪、反渎部门同步加强情报收集管理工作，培养情报信息工作人员，明确信息管理员，准确收集、录入各方面的情报信息进行汇总比对、分析整理，作为侦查信息平台的辅助支撑力量，为侦查工作提供决策参考。信息情报的使用上，充分利用现有的情报信息平台资料开展线索分析研判，努力分析重点领域、热点行业的发案情况、犯罪规律，结合现有案件线索、情报信息进行比对，梳理研判出有价值的情报来指导办案；同时积极开展远端查询，"足不出户"利用平台信息分析侦查对象个人家庭情况、房产情况、资产情况、通信情况，大幅提升侦查效率。

（六）在侦查指挥上转型

探索实践在"检察一体化"机制下构建"一体化侦查"格局。我们黄冈市是较早开始实践"上下一体化"办案模式的地方，经过几年的摸索感到对于侦查工作推动作用很大。首先，坚持市院带头办案，由市院为主体查办大要案、"硬骨头"案，同时通过自身办案向基层院交办大批案件，带动基层院滚动办案，形成办案"雪球效应"良性循环。其次，坚持全市办案工作"一盘棋"，市院在全市范围内根据案件需要最大限度整合侦查人才资源、情报信息资源、技术装备及办案场所资源，实现市院指挥畅通、基层院协同有力。特别是对于重大复杂案件，市院坚持案件侦查统一指挥、办案人员统一调配、赃款赃物统一追缴、案件处理统一研究决定，办案效果得到充分保证。最后，市院注重对基层办案工作的指导，在反贪、反渎部门设专门机构或人员负责对下指导，在宏观指导上，整体掌握办案情况，根据实际情况对各地办案进度、案件结构进行科学合理的调控；在具体案件上，灵活运用分类指导形式帮助基层院推进办案工作，如对于关系复杂、地方阻力大的案件，市院灵活运用交办、提办、督办等形式帮助排除阻力、打开局面；对于突破难度大的案件，市院派员介入，直接参与审讯，突破"钉子"。既帮助基层排除阻力困难，又不过分包办案件，使基层院办案热情、办案动力得以充分发挥，整体办案工作得到平衡发展。

（七）在办案切入点上转型

从当前职务犯罪的发案规律来看，贪污贿赂犯罪和渎职侵权犯罪往往交织在一起，贪中有渎、渎中有贪，贪渎并存的情况非常普遍，这既给查办职务犯罪带来了复杂性、增加了难度，同时也给突破职务犯罪案件增加了新的突破点、提供了新的办案方向。因此，在当前办案难度增大的情况下，以有利于案件突破为原则，开展贪渎并查是符合职务犯罪发案特点和查办案件规律的。在这一办案思路指导下，灵活使用"由渎查贪"或"由贪查渎"，依法运用并案查"原案"，充分发挥反贪、反渎部门各自专业优势，反贪部门注重以"查渎"作为案件突破口和办案策略，积极争取立案时机，反渎部门注重在查办渎职案件中深挖其背后的贪贿犯罪、扩大战果，办案方式更加灵活有效。在具体办案实践上，如果渎职问题暴露更充分些，就先以渎职为切入点进行侦查取证，在获取渎职行为、损害后果等关键证据后，迅速转入对贪贿犯罪的深挖；如果贪贿问题暴露得更充分些，就先以查贪为切入点侦查取证，再转入对渎职案件犯罪证据的收集固定。既通过"以渎查贪"促进贪贿案件突破，又通过"由贪查渎"带动深挖渎职案件，较好展示了"贪渎并查"的办案成效。

（八）在办案场所上转移

在严格规范司法的大环境下，职务犯罪侦查工作特别是在审讯工作上对于检察机关办案区使用的依赖性将越来越小，更多的讯问工作将在承担羁押功能的看守所内进行。以黄冈市检察机关为例，严格执行不超时在办案区羁押、留置犯罪嫌疑人，对拘留、逮捕的犯罪嫌疑人一律在看守所讯问等硬性规定，犯罪嫌疑人从进入到离开办案区的时限最长不能超过 24 小时。因此，办案干警在办案区内开展侦查审讯工作的时间非常有限，必须把职务犯罪侦查工作中的主阵地逐步向看守所转移。但是，看守所作为羁押场所，关押人员复杂，有时会出现跑风漏气、交叉影响等现象，如监号内关押人员较多、结构复杂，案件信息很容易被同监号关押人员以取保候审等方式出所的人员带出；在押职务犯罪嫌疑人的思想容易受同监号"几进宫"犯罪嫌疑人影响，出现"抗审"情况。因此，在办案场所转移到看守所后，如何加强对犯罪嫌疑人入监后的全程监控，最大限度发挥羁押场所服务支持侦查办案的作用是检察机关需要面对的一个全新课题。就这个问题，黄冈市检察机关进行了有益尝试。如在探索建立定点羁押场所的基础上，与公安机关积极协调，市内大部分看守所做到了有选择性安排职务犯罪嫌疑人的同监号在押人员、看守所监管人员不单独提解职务犯罪嫌疑人谈话、依法满足检察机关提审时间需要、检察机关全程视频监控职务犯罪嫌疑人监号内动态等，为羁押后的侦查工作创造了条件，为扩大战果提供了良好的空间环境。对于需要深挖的案件、"僵局"案件、羁押后口供出现变化的案件，则结合送押途中谈话、进所谈话等节点同步进行心理暗示，为所内审讯打好基础。同时，加强与监管部门的沟通联系，灵活采取多种形式开展狱侦工作，都取得较好的办案效果。

### 三、职务犯罪侦查工作转型发展的展望

转型发展是职务犯罪侦查工作未来发展的必然趋势，可以以探索过硬反贪局、反渎局建设为基础，在队伍建设、制度机制、方法模式、司法保障等方面全方位推进整体转型，提升职务犯罪侦查工作水平。

（一）建设适应法治反腐形势需要的职务犯罪侦查队伍

首先，加强职务犯罪侦查工作指挥团队建设，提升指挥员把握大局、组织指挥、分析研判、案件把关、靠前指挥、风险防控能力，确保指挥员政治过硬、业务精通、作风优良、纪律严明，同时敢于担当、善于指挥、带头办案。其次，顺应司法体制改革发展趋势，遵循自侦办案规律，建设以主任检察官为核心的职务犯罪侦查办案组，形成若干权责明确、结构合理、能力适应、执行有力、纪律严明、作风过硬的基本办案单位。最后，提升职务犯罪侦查人员的能力素质，使干警在思想政治上信念坚定、对党忠诚、顾全大局、品德高尚，在纪律作风上忠于使命、勇于担当、敢于负责、乐于奉献，在业务能力上精通法律、熟悉规则、善于研判、善于审讯、善用科技、善于调研，能适应日益复杂的反腐斗争形势需要。

（二）建立符合职务犯罪侦查工作需要的制度机制

一是完善的侦查组织指挥机制。职务犯罪线索分析研判机制方面，实现线索专人管理、集体评估、归口复核、跟踪研判，个案线索、类案线索分析研判制度化，线索管理、利用水平不断提高；侦查决策机制方面，建立覆盖面广、信息通畅、传递及时的侦查信息情报网络，明确战略、战役、战术各决策层面权限，加强立案、拘留、逮捕等关键环节的风险评估决策，完善决策——执行——反馈——再决策流程，细化侦查决策方案，全面统筹任务分配、力量调配、侦查保障、风险防范等各方面情况，实现侦查部署科学规范、灵活高效。二是完善的侦查联动机制。对内强化对涉案区域办案工作的统一侦查指挥、组织协调和办案力量科学调度，整合涉案区域的各种办案资源，不断优化"上下联动、横向协作"的一体化侦查

格局。对外加强与纪检检察机关的协作，特别是在案件线索通报、同级联系、及时移送、同时立案、办案协作等方面密切配合，发挥合力，用好法律手段反腐；加强与公安机关协调配合，重点是在重大职务犯罪案件嫌疑人定点羁押、技术侦查手段使用、追逃等方面加强探索；加强与行政执法机关的联系，通过"两法衔接"信息平台关于信息共享、案情通报、资源互补、案件移送等制度，提高发现有案不移、以罚代刑背后职务犯罪案件线索的能力。三是完善的案件质量管控机制。严格落实证据审查制度，坚持依法全面客观收集、固定、审查证据，坚决排除非法证据，严防冤假错案；熟练运用全国检察机关统一业务应用系统，准确录入受理、初查、立案、侦结、移送起诉等各个办案环节的案件信息，确保每一个办案环节都符合诉讼程序规范；健全案件质量评查制度，实现部门自查、季度通报、年度评查常态化，及时发现和纠正司法办案瑕疵，确保办案质量。四是完善的监督制约机制。上级院监督上，严格执行逮捕上提一级，撤案、不起诉的案件报上级院批准，并案侦查原案逐级报省院批准，重特大职务犯罪案件报上级院备案等制度；侦查监督、公诉上，加强对侦查取证的引导，使职务犯罪侦查工作能不断适应以审判为中心的诉讼制度改革。纪检监督上，实行日常监督、重点督察常态化，确保司法办案行为规范。外部监督上，广泛接受社会各界监督，主动接受人民监督员监督，提请人民监督员监督"三类案件"、"八种情形"，邀请人民监督员参与公开审查、见证搜查、司法办案质量检查等活动，以监督促公正。五是完善的激励惩戒机制。考评机制科学，建立健全以业务考评为重点，以案件质量和队伍考核为辅助的综合评价管理机制，动态适时评价司法办案情况，严格考核结果运用，充分调动干警积极性和主动性；激励机制合理，将办案力度、质量、效率、效果等统筹纳入干警个人和部门工作目标责任，并与评先评优、立功受奖、职级晋升等奖励"硬挂钩"，激发干警多办案、办大案要案、办好案；惩戒机制严格，严格落实办案责任、错案责任追究制度，确保干警司法办案各个环节责任到位。

（三）建成科技含量高、实战性强的侦查信息和装备体系

丰富侦查信息平台，全面改进完善公共信息一类平台、拓展公共信息二类平台，实现与公安、工商、银行、税务、交通、财政、通信、审计等单位信息的互联互通，拓展侦查信息平台功能，同时做牢做实信息收集等基层基础工作，更好整合各方面资源，建成覆盖更广、角度更全的侦查信息平台支撑支持侦查工作。更新侦查装备，按照办案形势的需要，不断更新侦查指挥、侦查取证、办案工作区、安全保密及交通通讯等装备，形成先进、高效、实用的现代技术装备，为侦查办案提供有力支撑和保障。提高应用水平，坚持建用结合、以用促建、管用分离，健全完善培训、管理、使用制度，规范侦查信息平台、侦查装备的管理、使用、审批程序，确保严格依法、规范、有序管理和使用；认真做好干警现代化专业技能培训工作，做到业务培训和实战演练相结合，努力使一线办案干警人人懂装备、个个会使用；切实把实战运用放在突出位置，以实战应用促进侦查装备建设，使职务犯罪侦查工作科技含量得到不断提升。

（四）形成符合职务犯罪侦查规律的办案工作模式

一是初查工作更加务实有效，做到侦查工作重心前移，坚持系统分析、理性初查，加强线索研判和使用，逐步实现利用信息平台、网上初查的常态化，用足用活初查阶段可采取的各项措施，做到初查不过度、不急于求成，不人为提高立案标准，积极开展风险评估决策，初查质量和效果不断提高，形成"前紧后松"的办案模式。二是信息引导侦查更加充分，更加重视侦查信息化建设在职务犯罪侦查工作中的重要作用，深入推进检察机关内部信息库、侦查信息平台建设，积极开展实战应用，不断加大现代化科技手段在职务犯罪侦查中的运用，逐步实现职务犯罪侦查工作从传统人力型向手段现代化转变。三是收集证据更加全面客观，高度重视研究各类证据的形式、特点及收集调取的方法、规律，不断提高依法收集调取和固定证据的水平，善于全面收集定性证据、量刑证据、程序证据和羁押必要性证据，能够以严格的证据标准、证明体系证实犯罪。四是强制措施运用更加灵活谋略，提升运用强制措施谋略的水平，善

于将羁押性强制措施、非羁押性强制措施与其他侦查手段相结合，体现宽严相济刑事政策，有效助推职务犯罪案件突破。五是司法办案更加公开透明，新型检律关系逐步形成，律师执业权利得到依法保障，有关通知、告知、听取意见、现场见证等制度得到严格执行，善于在犯罪嫌疑人非羁押状态、"舆情关注"等条件下开展职务犯罪侦查工作，高度重视包括网络在内的各种新闻媒介的作用，及时有效发布案件信息，实现以公开促公正提公信。

# 13 法国新刑法典的概述、特色和评述*

法国原刑法典是实施近代法典国家中最古老的刑法典，于 1810 年实施，走过了 180 余年的漫长岁月。法国新刑法典于 20 世纪 70 年代开始修订起草，历经 20 年持续努力，于 1992 年 7 月 6 日通过，1994 年 3 月 1 日生效。结合本次在法国培训考察期间的初步研究，试对法国新刑法典作简要评述。

## 一、法国新刑法典的概述

### （一）法国修订新刑法典的原因

法国刑法典修订主要原因有三个方面：一是顺应欧洲政治经济的发展。1950 年，欧洲一体化先驱让·莫内和法国外长舒曼提出旨在约束德国的舒曼计划，建立了欧洲煤钢共同体，此后，又相继建立欧洲原子能共同体、欧洲经济共同体。1965 年，法国、联邦德国等六国签订布鲁塞尔条约，上述三个共同体机构融为一体，标志欧洲共同体（European Communities）正式诞生。1986 年，欧洲共同体历经三次扩大后，参与的成员国增至 12 个。1991 年，第 46 届欧洲共同体首脑会议在荷兰签订了《马斯特里赫特条约》（《欧洲联盟条约》），明确了建立欧洲共同体政治联盟和经济与货币联盟的目标与步骤。随着该条约的生效，整个欧洲走向联合的态势快速发展，又经过两次大的扩张，参与的成员国增至 27 个，最终形成了欧洲联

---

* 本文于 2015 年 10 月 31 日在法国参加业务培训期间举办的业务交流学术会上交流，收录入《湖北省检察机关赴法培训班成果集》。

盟。与此相呼应的是，几乎所有欧洲国家包括刑法典在内的法典，都面临全面修改的迫切需要。二是犯罪情况发生变化。法国原刑法典颁布实施长达180年，政治、经济、文化等各方面都发生了深刻变革，"犯罪"这一社会现象也发生了很大变化。一方面，一些原刑法典所规定的犯罪情形明显减少，某些罪名已经过时，如流浪罪、乞讨罪等。另一方面，一些新型的犯罪不断出现，如有组织的恐怖犯罪、贩运毒品罪、劫持船只罪、交通肇事罪以及复杂的经济犯罪、危害环境、消费者健康和劳工安全、信息犯罪等。除了自然人犯罪以外，法人犯罪在法国也成了不可忽视的社会问题。这样一些新型犯罪的出现，对法国社会治安、经济发展已构成严重的威胁。三是刑事立法的变化。1810年以后，随着犯罪情况的变化，法国对原刑法典进行了一系列的修改，制定了许多新的规定。这些修改和规定，有的体现在特别刑事立法中，还有的体现在其他部门法中。这样一来，法国刑法体系除了刑法典之外，还有各种类型的部门刑法，如经济刑法、税务刑法、劳动刑法、城市刑法、公共卫生刑法、运输刑法以及环境刑法等。这些部门刑法产生了数以万计的刑法条文，使刑法的统一性与和谐性受到严重破坏，并且在实施中难以准确掌握和适用。同时，法国对刑罚的适用明显向轻刑化方向的发展，如废除了死刑、残害刑等，建立了缓刑、假释制度等。因此，法国刑法体系日益显得不能适应现实需要，必须从根本上变革刑事立法，将原刑法典以及其他特别刑事立法全部予以废止，颁布实施一部新的刑法典作为系统单一的刑事制裁工具。

（二）关于犯罪的规定

法国新刑法典关于犯罪的规定包括四个方面的内容：一是犯罪的分类。按照犯罪的严重性，把犯罪分为重罪、轻罪和违警罪。中法文化交流协会主席凯莱尔先生在介绍中特别指出，法国的犯罪分类并非一成不变，而是根据其犯罪发生率和社会危害性由最高法院适时予以调整的。如强奸罪开始被列为轻罪类，根据该类案件频发的现实，法国最高法院将其调整归于重罪类。二是刑法原则。明确罪刑法定原则，严格遵循刑罚法规的"严格解释"原则和禁止类推适用刑罚。三是时间效力。采用"即时适用"时效原则,即只对行为时能构成犯罪的行为予以处罚;适用行为时有可能适用的刑罚;适用比照行为时法律规定较轻的刑罚。四是地域效力。遵循属地主义、旗国主义以及属人主义原则。

（三）关于刑事责任的规定

法国新刑法典第一部分第二编由两章构成,以"刑事责任"为题,明确了一般规定、无责任事由或减轻责任事由,具体包括五个方面:一是刑事责任的基本原则。规定刑事责任的基本原则是任何人对自己以外的行为不负刑事责任。二是法人的刑事责任。明确在法律或规则有规定时,对经自己策划,由其机关或代表进行的犯罪负刑事责任;地方自治体或联合体只限于作为公务委任契约的对象,在开展委任契约的活动过程中进行犯罪时负刑事责任;法人承担刑事责任时,不排除自然人的刑事责任。三是犯罪的主观内容。明确故意犯罪应当承担刑事责任;如果无进行重罪或轻罪的意思,不能成立重罪或轻罪;还规定不注意、怠慢或意图给他人身体造成危险时构成轻罪。四是共犯和未遂。明确由于着手实行的行为被中断或缺少结果时构成未遂;共犯是了解情况,通过给以援助或支持,使重罪或轻罪的实施更为容易,或者通过滥用赠与、约束、胁迫、命令、权威或权限唆使犯罪的行为。五是无责任事由或减轻责任事由,包括无责任能力和限制责任能力,不可抗力、法令上的命令、正当防卫、紧急避难和未成年人等事由。

（四）关于刑罚的规定

法国新刑法典第三编以"刑罚"为题,规定了刑的性质、刑的执行制度和刑的消灭及宣告刑的执行。一是刑的性质。根据适用对象,将刑罚分为对自然人适用的刑罚和对法人适用的刑罚两类;根据罪的轻重,将刑罚分为重罪刑罚、轻罪刑罚、违警罪刑罚三类。凯莱尔先生介绍,法国对自然人适用的刑罚有主刑和罚金刑两种,其重罪主刑有无期徒刑和有期徒刑两种,无期徒刑就是终身监禁,无期徒刑有30年、20年、15年三种档次,最低不低于10年,适用这类刑罚的约占犯罪总数的13%;轻罪主刑有期徒刑有2个月至10

年不同刑期。违警罪一般以罚款处理，最轻的为38欧元，初犯1500欧元，再犯可能罚3000欧元。对法人适用的刑罚，规定了重罪与轻罪的刑罚和违警罪的刑罚两种，重罪与轻罪的刑罚又分为两种，即所有的重罪与轻罪都可以适用罚金刑，罚金的最高额为同一犯罪的自然人规定罚金额的5倍；还规定对企业类的法人处以解散、禁止职业活动与社会活动、司法监视、关闭事务所、从公契约中排除、禁止公开募集资金、禁止支票转账和使用信用卡、没收、公示与公告判决9种特别刑罚。对法人适用的违警罪刑罚，主刑除了罚金刑之外，还有处以一定时间内禁止支票转账和使用信用卡以及没收两种特别刑罚。此外，法国自1975年7月1日开始实行代替刑制度，新刑法典继续沿用了代替刑。代替刑有日数罚金、服务公益劳动、剥夺一定权利与限制权利、停止驾驶执照、禁止驾驶车辆、没收武器、取消狩猎执照、禁止支票转账与禁止、没收使用信用卡等。二是刑的执行制度。主要是规定被宣告的刑罚按照什么原则执行，涉及犯罪竞合、累犯、减刑等问题。法国国家社会研究院主任研究员图尔聂先生介绍，法国监外执行发展史经历了六个阶段，1885年出现假释，1891年出现简单减刑，1958年出现带考验期的缓刑，1983年出现公益劳动，1997年出现电子手铐的监外执行方法，2014年出现刑事限制的执行方式。刑事限制是顺应刑罚执行简单化改革方向提出的一种最新监外执行方式，属于附条件不入狱执行方式，需具备刑期5年以下、成年人犯罪、有人为其提供特殊服务三个适用条件，否则仍需入狱。法国对减刑无明确的法定条件规定，大体上有三种方式：第一种是假释，是最典型的减刑方式，一般适用于初犯，刑期执行一半就可假释出狱，这类减刑占出狱人员10%左右；第二种方式是提早出狱，即在刑期执行2/3后，容许罪犯白天外出找工作，晚上回监狱，或者是将罪犯委托一个机构管理，或者戴电子手铐执行；第三种方式是刑期信用减刑，面对所有罪犯，根据刑期信用情况，刑期3年的第一年可减刑3个月，第二年和第三年均可减刑2个月，共计可减刑7个月。刑期在3年以上不满7年的，按照每月可减刑7天累计计算，适用这类减刑的罪犯如果出狱7个月内又犯罪，则需回到监狱执行刑期 7 个月。三是刑罚个别化。法国新刑法典明示了刑罚个别化的方针，即法院适应犯罪情节与行为人的人格来宣告刑罚及其规定的执行制度，把"犯罪情节"与"行为人的人格"相对应的规定，以谋求刑罚的选择标准与犯罪引起的损害及危险这些客观标准的均衡，主要包括缓刑、刑的免除等内容。法国司法部监狱管理司国际部负责人布拉苏女士介绍，法国现有监狱和看守所机构 188 座，可关押 57810 人，但实际关押 65000 多人。按照尽量避免轻罪犯罪人入狱关押的理念，为尽可能减少羁押人员，贯彻刑罚个别化的方针显得尤为重要和必要。在这一方面，法国与其他许多欧洲国家相比，明显采取了不同的立法态度。

## 二、法国新刑法典的特色

概括起来，法国新刑法典具有三个方面的特色：

第一，体现了谨慎性。法国涉及刑法或刑事诉讼法领域的所有法律，无一例外地都要经过宪法委员会审议。一方面，新刑法典在事先从未提交给宪法委员会审议的情况下，在宪法委员会审议获得了广泛的一致赞同，付诸表决时以压倒多数通过，与之前的刑事法律的通过形成鲜明对比，充分体现了修改的谨慎性。另一方面，在审议通过和颁布实施方面，法国新刑法典的性质虽然是以新代旧，但它没有采用简单的一揽子通过方式，而采用了在一天内以四个法令分别通过总则和分则各卷的方式，且颁布法令均以关于"修改×××"开头，仍为原刑法典保留了名分，至少体现了一种尊重旧法的姿态。

第二，体现了继承性。法国新刑法典鲜明的继承性主要表现在三个方面：在犯罪的规定方面，许多新的规定在修订之前已经见于单项刑事法律，例如，新刑法典分则编的反人类之重罪这一概念，早在 1964 年的关于"不受时效限制"的法律中就已经作出了规定。所不同的是，新的法律条文比原有规定更加完整，列举了各种反人类之重罪，而这些反人类之重罪从时代角度来看，已与第二次世界大战完全没有联系。在刑法基本原则方面，保持了"罪刑法定"原则的一贯性，不仅在总则中明示保留了这一原则，而且用 8 项条款加以确认，进一步丰富和发展了原法典所规定的内容。这些内容，包括严格意义上的"罪刑法定"原则、"不溯及既往"与特定的"溯及既往处分"相配合原则、"刑法严格解释原则"以及刑事法院对行政法规之合法性的监督原则。在犯罪分类方面，不仅旧的"三分法"得到完全保留，将犯罪分重罪、轻罪与违警罪三类，而且在有关犯罪未遂或共犯的规定中所涉及的法律后果基本上没有变化。

第三，体现了时代性。立法理念方面，新刑法典有两个较大的突破，即突破了欧洲国家普遍认为法人不负任何刑事责任的传统认识、原刑法典没有法人犯罪的原则性规定和判例更是排斥对法人处以刑罚的司法惯例，对法人犯罪作了明确详尽的规定，犯罪主体增加了法人。刑罚适用方面，充分体现了轻刑化和多样化的发展方向，废除了苦役刑、死刑，扩大了轻刑的适用范围，增加了一系列可供选择的刑罚手段以尽量减少短期徒刑的适用，还鼓励以罚金刑代替自由刑；刑罚适用的多样化，尤其是轻罪与违警罪刑罚适用的多样化，是法国新刑法典的重要时代特点。法条编撰技术方面，新刑法典的法律条文编码采用了一种新的方式，每一个条文的编码不再对应某一个连续自然数，而由两部分或三部分组成，其第一部分的 3 位数分别代表所属的卷编章，连线后的第二部分则代表章内的条文序号，如有增补则在第三部分写出。这种条文编码方式，可以直观地确定每一条文所属的卷编章，反映了现代信息社会的要求，但其缺点是似乎不易听读，也不能清楚反映刑法典究竟有多少具体的法律条文。

## 三、法国新刑法典的评述

### （一）法国新刑法典的制定对社会秩序冲击较小

刑法是最实用的部门法，其新旧交替必然冲击社会秩序。在如何将刑法新旧交替的冲击力减小到最低程度，法国新刑法典的修订被世界法学界公认是一个成功的典范。1974 年，法国就成立了刑法典修改委员会，着手修订工作。1976 年，该委员会提出了尚未定稿的刑法典总则修改草案，交理论界和实践部门广泛征求意见。1978年，由司法部长提出确定稿。1978年后，修订工作因竞选一度中断。1981年，修订工作恢复，设立了扩大的刑法典修改委员会，由法官、检察官、律师、教授以及司法部官员共17人组成，并由司法部长罗伯特·马丹戴尔亲自主持，进行逐卷起草、逐卷提交议会审议、逐卷通过，直至1994年全部法典正式生效。从1974年到1994年，法国新刑法典的修订过程中，实行了长期的双轨制。一方面，原刑法典仍旧有效维持运转，有效地抑制了新刑法典作为异己物而引发的排异反应。另一方面，新刑法典起草修订工作公开进行，逐步向前推进，始终受到公众和媒体的关注，在其实施之前实际上已作了深入人心的"普法宣传"，大大增加了公民的熟悉度，从而在潜移默化中完成了新旧刑法典交替的各项准备，实现了平稳过渡。

（二）法国新刑法典符合特定时期国家的根本价值取向

任何刑法典，都会表达出特定时期国家公认的根本价值，并充分保护这些根本价值，对不遵守这些价值的予以惩罚。法国新刑法典所反映出的价值取向主要表现在以下三个方面：一是人身利益优先的理念。旧刑法典分则之首规定的是危害公共法益罪，而在新刑法典中则优先规定侵犯人身之犯罪，并且在侵犯人身之犯罪中又优先规定反人类罪（包括种族灭绝罪、大规模屠杀罪、奴役罪等）。这样规定，表明对"危害人身"的概念已有了新的界定，不仅仅是指一种孤立的个人行为，也包括以国家名义实施的行为，明示着法国立法者对人身利益高于一切的鼓吹以及同所有侵犯人身权利行为作斗争的决心。二是对法人犯罪的认同。对法人是否负刑事责任，欧洲国家传统上是持否定态度的，并且迄今不乏坚持者。法国新刑法典对法人犯罪作出了详细规定，明确将国家、企业、地方行政机关、联合团体纳入法人犯罪主体范围；法人也可以构成累犯；在对法人的处罚上采用通行的"两罚制"，即法人负刑事责任的同时，不排除自然人的刑事责任；法人可以适用缓刑等。法国新刑法典关于法人犯罪的立法突破，标志着法国在对法人犯罪认同上相对走在欧洲的前列。三是对刑罚个别化的重视。刑罚个别化概念的引入，是法国新刑法典的一项重要立法革新。刑罚个别化是指在制刑、量刑、行刑过程中，根据犯罪人人身危险性的大小，在报应观念所允许的对已然之罪适用的相当刑法区间内，设定、宣告和执行相应刑罚的一项原则，是出于刑法应预防未然之罪的功利目的而设置，是对刑罚一般化的有益补充。刑罚个别化，意味着定罪量刑的重心，从犯罪行为的社会危害性转移到了犯罪人的人身危险性，其主观方面的恶性程度和反社会倾向，都成为选择刑罚种类与幅度的重要依据。刑罚个别化概念的引入，反映了法国立法者适用刑罚理念的重大变化。法国刑罚个别化方式主要有：保证受刑人有必要的时间从事职业活动、教育、培训、实习、参与家庭生活或治疗的一种更加灵活的"半释放"行刑方式；刑罚的分期执行；普通缓刑以及附考验期的缓刑；附完成公益劳动义务的缓刑；刑罚的免除；刑罚的推迟宣告（普通推迟宣告、附考验期的推迟宣告和附命令的推迟宣告）。法国新刑法典专辟"刑罚个别化方式"一节，共有 46 个条文，篇幅占到总则的 1/5 多，足见对刑罚个别化的青睐和重视程度。

# 检察综合篇

 # 论检察文化软实力*

加强检察文化建设，是贯彻落实党的十七大精神，提高检察机关文化软实力，推动检察事业科学发展的重要举措。深刻理解和准确把握"检察文化软实力"的精神实质、培育途径和发展前景，是当前检察理论研究的紧迫任务。

## 一、检察文化软实力的精神实质

### （一）检察文化软实力的内涵

检察文化软实力属于文化软实力的范畴，是指检察文化所产生的影响力和感召力，其伴随着检察工作的开展而产生。高检院常务副检察长张耕指出："检察文化是中国特色社会主义文化建设的重要组成部分，是检察机关履行法律监督职能过程中衍生的法律文化，伴随着中国特色社会主义检察事业的发展而不断丰富完善。检察文化建设涵盖检察思想政治建设、执法理念建设、行为规范建设、职业道德建设、职业形象建设等，是一项宏大的系统工程。"据此，笔者认为，检察文化就是检察机关的工作人员从事检察实践活动及其思想理论成果的总和，它包括检察理念、检察行为规范、检察职业道德、检察设施、检察技术等多方面的内容。检察机关要实现全面协调可持续发展，必须坚持创新的思维，从文化的视角，认真研究检察工作面临的新情况新问题，正确处理业务建设、队伍建设、规范化建设同文化建设的关系，使各项建设相互促进、协调发展。

---

* 本文原刊于《人民检察·湖北版》2010 年第 2 期。

（二）检察文化软实力的本质

检察文化建设的根本目的，就是培养检察队伍的灵魂和气质，培养检察人员的良好精神风貌。检察机关要在党和人民面前展示旺盛的"精、气、神"，必须在全体检察人员中培养"勤学育能、忠诚维法、廉正铸信"的检察精神，不断提高检察文化软实力。"勤学育能"就是要勤于学习科学理论，不断提高政治素养；勤于学习检察业务，不断提高办案技能；勤于学习科技知识，加快科技强检步伐；勤于学习先进典型，不断相互取长补短。以开展"创建学习型检察院、争做学习型检察官"活动为载体，大力营造"开卷有益、崇尚学习"、"博览群书、提高素养"、"全院学习、终身学习"、"工作学习化、学习工作化"的文化氛围。"忠诚维法"就是要忠于党、忠于国家、忠于人民、忠于事实和法律、忠于检察事业，坚持党的事业至上、人民利益至上、宪法法律至上，牢固树立社会主义法治理念，全面落实依法治国基本方略，依法履行法律监督职能，做中国特色社会主义事业的建设者和捍卫者。"廉正铸信"就是要恪尽职守，遵纪守法，清廉严明，迎难而上，乐于奉献，团结协作，伸张正义，公正执法，热情服务，遵守检察职业道德规范，自觉接受社会监督，坚持立检为公、执法为民，切实把维护社会公平正义作为检察工作的价值追求，关注人民群众合法权益的保障，着力解决人民最关心、最直接、最现实的利益问题，树立严格、公正、文明、清廉的检察形象，提高检察机关执法公信力。

（三）检察文化软实力的定位

当检察工作发展到一定水平，检察文化软实力的强劲作用可以解决发展过程中出现的问题，保证高水平的发展态势，保持长远可持续发展的势头。检察文化应立足于"软实力"这一基础之上，检察文化建设要正确把握自身定位。实践证明，提高检察文化软实力是检察事业科学发展的助推器。检察文化建设重点在于培养检察队伍良好的政治思想和职业道德素质。当前，有的地方政治思想工作实效性较差，一定程度上影响了检察干警的接受程度，这是当前检察队伍建设存在的突出问题。文化育检，对检察干警的文化教育过程是一个熏陶培养、潜移默化的过程。文化育检不只局限于思想道德教育，而且渗透了哲学、传统文化、美学、文化艺术、文体娱乐等多方面的内容。文化育检是思想政治教育的"催化剂"，可以使单一、笼统、呆板的思想政治教育焕发出新的活力，从而产生事半功倍的效果和强劲的生命力。

## 二、检察文化软实力的培育途径

（一）科学提炼检察文化理念是前提

检察文化不是"创建"出来的，而是广大检察干警传承中华文明历史，在检察实践与创新中慢慢积累起来，并通过提炼、整理、优化逐渐形成的。提炼检察文化理念要将一切有用的中国传统文化都继承过来，去粗存精，去伪存真，全面利用。同时，我们更要注重从检察实践活动中提炼检察文化。高检院政治部宣传部部长郭兴旺指出："检察文化必须是依托检察职能、由此而派生的文化，而履行法律监督职责，在全社会保证和实现公平正义无疑应当是检察文化的核心价值理念。这种价值来源于检察机关行使检察权的职能活动，是检察机关天然具有的不可分离的要素。也就是说，离开检察机关行使检察权的神圣使命和职能，检察文化便无从谈起，便会失去重心而无法起到正确导向、群体融合、凝聚人心的文化功能，其文化的标志性功能就会荡然无存。"因此，在检察文化提炼中，我们要准确分析检察文化的成因和文化基因，结合检察机关的职能、单位工作实际、地域特色等方面，把准先进文化的前进方向，从检察机关的精神、行为、物质层面提炼具有检察机关自身特点的价值观念、思维模式、行为准则，从而形成科学的检察文化理念。

（二）渗透转化检察文化理念是关键

检察文化建设是一个潜移默化的过程。在这个过程中，检察文化理念形成后，经常性地组织学习、熟悉、领悟，从而得到认同、遵从、渗透、转化、升华，这是确保检察文化建设"开花结果"的关键。

要把检察文化建设渗透到队伍建设的全过程。培育检察文化软实力就是要以积极的、健康的、向上的先进文化占领检察队伍的思想阵地。检察文化意在创设一种理念，通过培育干警集体主义思想、团结协作精神、团队意识等主流精神和基本理念，使其内化为干警的共同愿望和价值取向，外化为全体人员的追求和自觉行动，从而使检察人员的理想、信念和价值取向融会贯通，达到全面提升人员素质和文化品味，增强检察机关凝聚力、向心力，推动检察工作创新发展的目的。充分发挥检察文化的教育引导作用、规范管理作用、提升素质作用、团结凝聚作用。

要把检察文化建设渗透于业务建设的全过程。检察业务是检察工作的重心，落实"强化法律监督，维护公平正义"检察工作主题，必须坚持检察业务工作的中心地位。我们抓检察文化建设最终目的是推动检察业务工作不断迈上新的台阶。要坚持"以检察文化建设为龙头，带动队伍建设，促进检察业务工作、协调发展"的基本思路，注重把检察文化转化执法规范，充分发挥先进文化对检察队伍建设和业务建设的引领作用，提高检察品位，为检察业务建设增加"内驱力"，用文化建设助推检察业务建设全面、协调发展。

（三）领导重视垂范检察文化理念是保障

在检察文化建设过程中，各级院领导班子尤其是"一把手"起着至关重要的作用。检索文化与"领导班子"的特性密切相关，领导班子是检察文化的倡导者、设计者和推动者，更是身体力行的垂范者、文化变革的领导者。塑造检察文化，领导班子本身就是这种文化的化身。

一方面要不断地"布道"。在检察文化建设的过程中，所提出的文化理念能够转化为检察人员的自觉行动是一个漫长的过程，必须要经过熟悉、遵从、领悟、认同、内化的不断反复，才能形成文化自觉，最终使文化理念真正成为检察干警的思想基础和自觉行动。另一方面要不断地"垂范"。培育检察文化软实力，必须把检察文化理念贯穿于加强领导班子的思想政治建设、纪律作风建设、勤政廉政建设等方面的全过程，充分发挥班子的"领头雁"作用，带领广大检察人员把检察文化理念根植在思想上，落实在行动上。

### 三、检察文化软实力的发展前景

（一）在机遇与挑战中求发展

当前，检察文化培育和发展具备了良好机遇，也面临着如观念不新、缺乏人才等方面的挑战。当前，社会政治稳定和依法治国进程不断推进，为检察文化的发展提供了强大的政治保障；各级检察机关对检察文化建设越来越重视，为检察文化的发展提供了良好的组织保障；检察机关不断发展壮大为检察文化的发展提供了良好的物质基础保障。检察机关恢复重建以来，经过几代检察人员励精图治、艰苦创业、顽强拼搏、不断进取，检察事业在与时俱进中发展，在改革创新中壮大，在攻坚克难中前进，取得了瞩目的成就。检察队伍伴随着检察业务和社会经济的发展，数量越来越多，素质越来越高，形象越来越好。检察队伍实现了由无到有、由小到大、由弱到强的跨越。随着经济社会和科技进步的不断发展，检察机关物质条件不断得到提升，科技强检步伐不断加快，队伍素质教育不断加强，这些都为检察文化的建设和发展提供了良好的外在条件和难得机遇。

（二）在继承与创新中求发展

检察文化创新是一个永无止镜的课题。任何一种优秀的文化传统，只有随着时代的前进，不断地继承、改造和创新，才能保持其旺盛的生命力。检察文化的发展也是如此。要本着"继承、创新、发展"的原则，不断拓展文化建设思路，积极提升文化建设理念，科学整合文化建设资源，本着"有利于陶冶干警情操、有利于提升干警文化底蕴、有利于检察工作开展"的原则，使检察文化建设真正达到"有趣、有益、有促"。其中，"有趣"是基础，"有益"是方向，"有促"是目的。使文化建设更加自觉、更加主动，更加与时俱进，从而推动检察文化建设走向创新和繁荣。

（三）在总结与反思中求发展

人的才干增长依赖于实践和学习，但并不是在实践和学习中自然而然地增长的，必须不断地认真总结，反思经验教训。在实际工作和生活中，我们要学会科学总结工作中的成败经验教训，不断提高总结反思能力。实践表明，一个不懂得总结历史的民族，是没有前途的民族；一个不善于吸取经验和教训的政党，不能说是一个成熟的政党。所以，在检察文化建设中，我们要及时而认真地总结各种经验与教训，发扬成绩，纠正错误，才能以利再战，获得发展。

当前，检察机关提高文化软实力应把握以下着力点：一是发展"细节"文化，努力增进队伍的责任心。检察干警的行为不仅是个人的行为，更是代表着一种国家行为。倡导外在形象的"得体规范"，通过举办礼仪讲座，让全体干警形成注重礼仪的观念；出台检察干警文明语言规范，让干警认识到，人人都是检察形象，语言细节体现品位，以规范促干警形象和品位的逐步提升，让检察语言文化渗透出亲民、为民情结。二是发展"团队"文化，努力增进队伍的凝聚力。倡导增强集体荣誉感和归属感，牢记历史使命，明确肩负职责，将一言一行、一举一动与检察机关荣誉联系起来，牢固树立"检兴我荣、检衰我耻"的意识，对检察事业无限忠诚，视检察形象为生命，群策群力，全身心投入工作，努力创造一个健康向上、团结共事、亲如兄弟、家一样的工作生活氛围。三是发展"执行力"文化，让工作远离"借口"。为了塑造执行力文化，必须把服从命令、听从指挥、保障政令畅通灌输入干警的头脑、内化为自觉行动，不找任何借口地去执行。四是发展"廉政"文化，倡导清廉从检、勤俭治检、艰苦奋斗的作风。以检察机关执法公信力建设活动为载体，打牢职业道德之基，在全院上下大力弘扬艰苦奋斗的作用。坚持廉洁从检，克服攀比的思想、奢侈的思想、失衡的思想，严格控制办案支出，提高办案效率，减少诉讼成本。五是发展"制度"文化，努力增进队伍的进取心。坚持以制度管人、管事、管物、管案件，加强规范管理，加大制度执行力度，不断调动广大干警的工作主动性和创造性。

# 2 关于检察机关在"重商文化"背景下服务发展问题的思考*

2011 年 11 月 3 日,湖北省委书记李鸿忠在全省民营企业家代表座谈会上强调,要与时俱进、解放思想、转变观念,进一步加强和改进对民营企业的服务,在全省上下营造"重商"文化氛围,为湖北省民营企业加快发展、成长壮大营造更好环境。2012 年 1 月 17 日,敬大力检察长在全省检察长会议上指出,全省检察机关要充分发挥检察职能作用,为湖北经济社会科学发展、跨越式发展营造良好环境。他还特别重点强调了在"重商文化"背景下服务发展的问题。怎样在"重商文化"背景下服务发展?这是检察机关在新的发展形势下必须面对的重要课题,也是必须要做好的大文章。笔者在此谨述管见,期与大家探讨。

## 一、深化检察机关在"重商文化"背景下服务发展的认知

检察机关要在"重商文化"背景下更好地服务发展,首先要认真研究什么是"重商文化",它给我们带来了哪些挑战。

(一) 准确把握"重商文化"蕴育的科学内涵

文化是人类在认识和改造世界的实践中创造的精神成果。按照马克思主义大生产力观,文化属于精神生产力范畴,它与物质生产力共同构成社会生产力,为物质生产力提供健康发展的思想保证,推动和促进物质生产力进一步发展。在物质生产力高度发达的今天,

---

* 本文原刊于《人民检察·湖北版》2012 年第 4 期。

文化已成为社会经济发展的重要引擎。

"重商文化"是一种以尊企重商为核心价值取向的文化，是尊企重商的价值观念、思维方式、行为模式及其物质表征的总和。其中"商"是指"投资者"、"创业者"、"企业家"。"重商"就是强调重视关爱"投资者"、"创业者"、"企业家"，尊重企业的市场主体地位，尊重产业的经济核心地位。培育"重商文化"，就是要强化开拓进取、锐意创新的观念；就是要形成尊企重商、崇尚创业的氛围。培育"重商文化"，关键在于营造各种所有制经济依法平等使用生产要素、公平参与市场竞争、同等受到法律保护的市场环境，营造亲商富商安商的最优发展环境，最终实现大招商大发展。"重商文化"的提出，是湖北结合地域文化特点在全球化和市场经济条件下，实现科学发展、跨越式发展的现实需要，蕴育着丰富的科学内涵。

首先，"重商文化"指明了解放思想的努力方向。思想是行动的先导，思想的深度决定行动的高度。湖北作为中部省份，受历史文化传统的影响，小富即安、小成即满的"小农"意识，画地为牢、自我封闭的禁锢思想，"重农轻商"、"重官轻商"的传统观念根深蒂固，与沿海经济发达地区相比，尤为欠缺"崇尚创业"、"尊企重商"的开放包容文化理念，钳制了经济向更高发展。只有在解放思想上开拓新境界、实现新突破，才能推动发展走向新阶段，实现新跨越。省委省政府适时提出在全社会努力营造"重商文化"，为我们进一步解放思想指明了方向。这就是要破除一切束缚发展的陈腐观念，使我们的思想观念从封闭、僵化的状态走出来，倡导"产业第一、企业家老大"的新观念，树立"兼容并蓄、合作共赢"的新理念，开拓"以创新促创业、以创业促发展"的新境界。

其次，"重商文化"贯彻了科学发展观的基本要求。培育"重商文化"的核心是创新，根本目标是发展，是对"创新是民族进步的灵魂，是国家兴旺发达的不竭动力"认识上的升华；贯彻落实了"发展是硬道理"、"发展是党执政兴国的第一要务"和"科学发展观"的基本要求；体现了党的十七届六中全会提出的关于社会主义文化大发展大繁荣的精神；契合了马克思主义关于物质生产力和精神生产力辩证统一、相互依存、相互促进的本质规律。

第三，"重商文化"反映了解放生产力的现实需要。湖北地处内陆腹地，虽有便利的交通，丰富的资源、雄厚的科教人才实力，但创业的热情不高、活力不够，积蓄的巨大能量还不能很好地转化为现实生产力。培育"重商文化"，抓住了"人"这个生产力诸要素中最关键最活跃的要素，就是要重视"人"的能动性，挖掘"人"的潜力，激发"人"的创造精神，通过充分发挥"人"的决定性作用，从而促使物质生产力得到更大的提高，促进更快的发展。

第四，"重商文化"契合了市场经济的发展理念。市场经济的基本发展理念就是：市场经济条件下，只有各类市场主体才是发展的主角。企业是财富之源、创新之源、发展之要，是推动产业发展的根基。培育"重商文化"，体现了这一发展理念，强调政府从"管理"角色转向"服务"角色，克服观念认识上还存在的"官本位"思想、存在的怕麻烦思想、存在的政府为企业服务是做好事、做分外之事的思想，努力实现政府职能的转变，更加积极有效地为各类市场主体服务。

第五，"重商文化"提供了经济社会发展的强大动力。在区域竞争日趋加剧的发展角逐中，成败胜负越来越取决于精神区位，越来越取决于文化软实力，越来越取决于发展软环境。站在新的历史起点上，省委省政府适时提出在全社会努力营造"重商文化"，能够最大限度地凝聚"尊企重商"的社会共识，营造平等健康的创业氛围，形成鼓励创新创业的深厚土壤和优质服务的发展环境，把湖北打造成发展软环境最优的地区之一，从而进一步激发社会活力，为经济社会持久发展提供强大动力，实现科学发展、跨越式发展。

（二）正确应对"重商文化"背景下的严峻挑战

检察机关在"重商文化"背景下服务发展面临的严峻挑战至少有三个方面：一是任务更重。"重商文化"背景下，思想观念的深刻变化渗透社会经济发展中，必然引起经济结构和利益格局深刻调整，新的社会矛盾和不稳定因素层出不穷，挑战检察职能的充分发挥和检察权的科学运用，维护稳定、促进发展的任务将更加艰巨繁重。二是难度更大。当前，危害国家经济安全和破坏市场经济秩序犯罪增多，经济犯罪的涉众化、职业化、网络化、复合化特征明显，使检察机关打击经济犯罪难度逐步加大；利用公权力干预市场运作、介入资源分配、重大投资项目运作的职务犯罪行为日趋复杂化、隐蔽化，使检察机关查办和预防职务犯罪难度逐步加大；因征地拆迁、劳资纠纷、国企改制、非法集资等引发的矛盾纠纷增多，群体性事件组织化程度越来越严、诉求越来越高，使检察机关依法参与调处矛盾纠纷和促进社会创新管理的难度逐步加大。三是要求更高。在开放、透明、信息化的社会大背景下，社会公众对执法关注度增强，对检察机关加大法律监督力度，提高执法公信力的期待越来越高。我们在服务发展过程中稍有不慎、举措失当，就可能对经济社会发展产生连锁性、全局性的负面影响。

面对挑战，我们要始终保持清醒的头脑，既要看到检察机关服务发展任务的艰巨繁重，又要看到加强法律监督的有利条件。这就是，检察机关立足职能服务发展的认识更高，基础更好，环境更优。我们要增强检察工作在服务发展中实现自身科学发展的信心。要深刻认识到服务发展是检察机关在任何时候必须坚持的重大政治任务，是人民群众对检察工作的殷切期望，是适应检察工作新形势新任务的必然要求，也是推动检察工作深入发展的客观需要。检察机关必须紧紧围绕科学发展的主题和加快转变经济发展方式的主线，紧紧围绕省委省政府一系列重大决策部署，深入思考和谋划服务发展的具体措施，不仅要依法履行职责，而且要更加主动、及时、有效地履行好职责；不仅要发挥传统的打击、监督职能，而且要体现法律监督的保护、教育、预防等作用；不仅要突出执法办案的数量和质量，而且要保持与效率、效果的协调统一，为经济社会又好又快发展营造和谐稳定的社会环境、诚信有序的市场环境、廉洁高效的政务环境、公平正义的法治环境。

## 二、找准检察机关"重商文化"背景下服务发展的路径

（一）以大力培育"重商"意识为着力点，树立科学执法理念

要以省委省政府提出的培育"重商文化"为契机，大力培育检察机关内部"重商"意识。破除部分干警因循守旧、安于现状、不思进取的惰性思维，树立"企业强，湖北强"、"崇企重商"、"发展第一、服务至上"的新理念，增强干警责任意识、担当意识、服务意识，调动、激发、凝聚干警服务发展的主动性、创造性。要转变执法思想，更新执法观念。切实增强政治意识、大局意识、责任意识和法治意识，牢固树立推动科学发展、促进社会和谐的大局观，理性、平和、规范、文明的执法观，办案数量、质量、效率、效果、安全统一的业绩观，坚决摒弃孤立办案、就案办案和脱离检察职能搞服务等错误做法，做到通过履职谋服务、通过服务谋发展。要转变作风，改善服务。慎用执法权力，慎稳处理纠纷，平等谦和对待各类市场主体，和谐处理各类法律关系，坚决防止和纠正简单甚至粗暴执法，坚决防止因执法司法不当给发展环境造成影响，把"重商文化"背景下服务发展的过程具体化为企业为企业家、为投资者服务的过程，营造有利于企业发展、使企业家受到尊重的社会氛围，打造宜业又宜人的发展环境。

（二）以全面发挥检察职能为切入点，提供有力法律保障

环境是发展的生命线。检察机关要针对"重商文化"背景下的市场环境新要求，认真研究调整产业结构、调整区域发展结构、调整组织结构和所有制结构以及加强自主创新中涉法涉诉问题，重新审视各项检察职能的侧重点，把执法办案和法律监督作为服务发展的根本途径和切入点，全面发挥打击、预防、监督、教育、保护职能，为经济发展营造优质高效的服务环境。一是依法打击破坏发展环境的刑事犯罪。平安是最大的投资环境。依法严厉打击欺行霸市、强买强卖、非法放贷及黑恶势力犯罪，重点加强对投资项目建设工地、在鄂投资企业生产经营场所社会治安综合治理，增强投资者创

业者安全感和环境信心；依法加大打击破坏市场经济秩序犯罪，深入开展规范市场经济秩序的专项整治行动，依法打击侵犯知识产权、破坏生态和资源的犯罪，促进创新型国家建设和服务资源节约型、环境友好型社会建设，维护稳定有序的发展环境。二是严肃查办预防损害发展环境的职务犯罪。严肃查办利用公权力干预市场运作、介入资源配置、设置投资障碍的贪贿案件，国家重点投资领域、资金密集行业的职务犯罪以及给黑恶势力充当"保护伞"的案件；严肃查办国家机关工作人员滥用职权、玩忽职守造成企业生产停顿、经营中断、财产损失的渎职犯罪案件。加强预防职务犯罪机制建设，积极推进职务犯罪预防与党风廉政建设相结合，协助完善各行业重要岗位廉政风险防范工作。健全完善行贿犯罪档案查询和廉政准入制度，规范市场竞争秩序。三是延伸职能修复被损坏的社会关系。积极参与创新社会管理，切实化解各类经济纠纷。对企业因经济困难引发的矛盾，不轻易启动司法调查，尽可能使用政策、经济、行政手段化解矛盾。对于已经进入执法司法渠道的经济纠纷案件，要尽可能采取调解等办法，实现良好的社会效果和法律效果。积极参与稳妥处置涉企突发性事件，融洽企业与周边社区、村集体的和谐发展。四是强化监督纠正影响发展的各类问题。全面强化对刑事诉讼、民事诉讼、行政诉讼、刑罚执行与监管等诉讼活动的法律监督。重点监督滥用刑事手段插手经济纠纷、利用虚假诉讼违法立案的案件以及民商事诉讼活动中严重违反程序影响案件公正处理的问题，促进解决执法不严、司法不公的突出问题。

（三）以积极服务企业发展为落脚点，支持企业健康运行

认真贯彻落实高检院依法妥善处理涉企案件"三个有利于"原则和省委政法委《服务企业营造公正安全发展环境的六项措施》，依法打击、监督纠正侵害企业合法权益的违法犯罪行为。通过建立"绿色通道"，对涉企职务犯罪、刑事犯罪案件及时受理、快速查办，对企业提出的申诉控告案件，优先受理、迅速办理、及时反馈。同时，要遵循办案规律，讲究策略，注意步骤，坚持文明办案，体现司法人文关怀，保护企业和经营者的生产积极性，支持企业健康

发展。要加强与党委、政府和有关单位的联系与沟通,执行报告和通报制度,维护企业正常的生产和生活秩序。要严格区分经济纠纷与经济诈骗、正常合法收入与贪污受贿职务侵占所得、资金合理流动与徇私舞弊造成国有资产流失、企业依法融资与非法吸收公众存款等罪与非罪的界限,防止把经济纠纷、一般违纪、改革探索中的失误和执行政策中的偏差当作刑事案件来处理。要注意维护企业形象和产品声誉,认真评估查封、冻结、扣押等强制措施可能对企业发展造成的风险,避免影响招商引资活动的正常进行,避免间断企业生产经营连续性,坚决防止影响市场活力,影响发展环境的事件发生。

(四)以平等保护市场主体为关键点,促进经济协调发展

视公有制经济为正统、非公有制经济为"异己"的观念目前在部分干警潜意识里仍然存在,导致对非公有制经济成分关心不够,支持不够。有的干警对涉及非公有制经济主体合法利益受侵害的案件办起来不积极、不主动,能拖则拖,能压则压,极不利于对非公有制经济的保护。这种观念和做法与社会主义法治观念、市场经济观念是背道而驰的。从宪法角度讲,凡是合法财产,不分公有、私有,法律面前一律平等;从经济角度讲,发展非公有制经济是对公有制经济的有益补充,对非公有制经济实行一体化保护是发展社会主义市场经济应有的内容;从政策角度讲,支持非公有制经济发展,是党在新时期对经济建设工作的要求之一。检察机关要把培育壮大保护市场主体作为服务发展的重要内容,注重市场主体多元化背景下的平等保护问题,始终站在公平公正的立场上,统一执法尺度,平等尊重、平等对待、平等保护本地、外地,国有、集体、个人,大型、小型等各类企业的合法权益,营造所有市场主体、各种所有制经济公平竞争、共同发展的市场环境。

## 三、理顺检察机关在"重商文化"背景下服务发展的关系

检察机关在"重商文化"背景下服务发展要正确处理好四个方面的关系。

（一）依法履职与服务发展的关系

检察机关必须立足检察职能，突出检察工作主题，落实检察工作总体要求，通过加强各项检察工作，维护、创造、优化发展环境，以办案，促和谐、促稳定；以监督，促管理、促发展。服务发展必须与依法履职紧密结合，在履行职能中开展服务，在服务中履行职能，既防止不顾大局孤立地抓办案，防止服务大局口号化，又防止脱离职能、超越职能搞服务。要积极探索和努力拓宽服务发展的途径和方法，充分发挥打击、监督、教育、预防、保护等职能作用，在依法履职中努力提升服务发展水平。一要继续坚持现有法律监督格局，以执法办案为中心，加强批捕、起诉、惩防职务犯罪，诉讼监督等职能，通过办案优化环境；二要健全化解矛盾纠纷、调节社会经济关系的工作机制，依法调节社会经济关系，不超越检察职权调解，不超越法律底线主持和解；三要把开展整顿和规范市场经济秩序的专项治理作为重要载体和主要抓手，深入推进社会管理创新，维护市场秩序。

（二）执行法律与执行政策的关系

坚持原则性与灵活性相结合是正确处理执行法律与执行政策关系的根本方法。原则性是指确保检察权和法律不受损害，有案必办，办案必坚决，坚决防止超出法律界限、牺牲法律原则创造所谓"发展环境"；灵活性是指在法律框架内灵活运用政策，支持改革者，保护创业者，挽救失足者，在打击经济犯罪的同时，更多地从维护企业生产经营秩序、培育壮大市场主体、促进市场健康发展的角度考虑问题，努力实现执法办案法律效果和政治效果、社会效果的有机统一。坚持原则性与灵活性相结合，就是要坚持"依法坚决查办、坚持惩防并举、把握政策界限、掌握分寸节奏、注意方式方法"五条办案原则。一方面，坚决依法打击破坏发展环境、破坏市场竞争规则、破坏宏观经济政策实施，损坏国家社会公共利益和人民群众合法权益的严重违法犯罪行为；另一方面，高度重视宽严相济刑事司法政策运用，坚持区别对待，当严则严、当宽则宽，对有轻微违法行为的市场主体，能挽救的尽力挽救，为企业发展创造鼓励探索创新、包容失败、宽容失误的环境，尽可能减少社会对抗，化消极因素为积极因素。

（三）立足当前与着眼长远的关系

服务发展是系统工程，长期艰巨的任务，绝不是权宜之计、朝夕之功。检察机关要统筹思考当前与长远，协调推进阶段目标和长远战略，力戒急功近利的思想和好高骛远的行为。一要结合实际抓好近期落实。要增强主动性、紧迫感，及时研究、慎重对待经济社会发展中出现的新情况新问题，科学谋划思路，细化服务举措，加强组织协调，抓好督促落实，确保服务发展取得有声有形、实实在在的物化效果。二要着眼长远建立长效机制。发展是永恒的主题，完善机制是长远发展的根本。要坚持和完善联系帮扶企业制度，通过检察服务工作站等形式帮助企业堵塞漏洞，建章立制，健康运行；要健全行政执法与刑事司法衔接机制，推动行政执法机关移送涉嫌犯罪案件专项监督活动深入开展；要探索建立重大建设项目风险评估与预警制度等机制，针对重大资金使用、重大项目建设中犯罪高发、易发、多发环节，实行检察介入机制，推动重大投资和项目建设依法规范运行。三要立足调研促进服务发展。要重视理性思考，增强服务发展的前瞻性和预见性。立足省域、市域和县域发展实际，深入开展调查研究，及时发现和纠正工作中出现的问题和偏差，及时总结和推广好的做法和成功经验，有重点、分步骤逐步解决制约检察机关服务发展的深层次问题，永葆服务发展的活力、激发服务发展的热情、增强服务发展的实效。

（四）"检察文化"与"重商文化"的关系

检察机关既要大力推进检察文化建设，又要积极适应培育重商文化的新要求，妥善处理好两者间的关系，确保两者兼顾、相互促进、协调发展。一是把握好"重商文化"和"检察文化"的结合点。重商文化和检察文化都以社会主义核心价值体系为精神之魂，以提升文化软实力、助推经济社会科学发展为根本任务，都是社会主义先进文化的重要组成部分。"重商文化"侧重于激发富民强省的无穷力量，以高度的文化自觉自信为经济社会发展提供精神动力；

"检察文化"侧重于凝聚检察共识、弘扬法治精神、营造公正透明的法治环境。要将两者统一于检察机关服务经济社会发展之中，统一于检察事业科学发展之中，以文化大发展促进经济大繁荣。二是强化"检察文化"对"重商文化"的法治支撑。"重商文化"归根结底是"商"文化，如果缺乏法治精神的支撑和引导易导致出现因重"商"而轻"法"、忘"法"、触"法"等不良现象，不利于营造法治、公正、诚信的市场环境，最终损害经济健康发展、危害社会和谐。检察机关要以检察文化为载体，从理念、制度和行为上深入宣传和践行法治精神，通过检察文化的影响力和辐射力，为"重商文化"注入公平竞争、守法经营、诚实守信等在市场经济活动中应遵循的重要法治原则，让法治精神成为重商文化的重要组成部分，贯穿于培育重商文化、营造重商环境的始终。三是"检察文化"要吸收"重商文化"特质丰富内涵。培育重"商"意识是"重商文化"对检察文化建设提出的新要求。检察机关要主动适应形势变化，把服务重商背景下的发展作为检察文化建设的生动实践和不竭动力，紧扣主题主线，牢固树立正确的发展理念和执法理念，大胆借鉴和吸收重商文化现代性、时代性、创造性等优秀特质，不断更新理念、丰富内涵、创新形式、拓宽途径，把培育检察机关重"商"意识融通于检察文化的建设、发展、繁荣过程之中，努力构建"思想持续创新、工作持续进步、文化持续发展"的良性互动机制。

# 3 论检务督察与检察管理<sup>*</sup>

近年来，检察机关把建立检务督察机制作为工作创新的切入点，精心组织，积极推动，为确保检令政令畅通、规范执法行为和队伍管理发挥了重要作用，在加强检察管理中发挥了不可替代的重要作用。充分运用好检务督察这一平台，进一步加强检察管理，推进检察工作科学发展十分必要。

## 一、检务督察与检察管理的关系

《最高人民检察院检务督察暂行规定》（以下简称《暂行规定》）第2条对检务督察的概念做了界定，即检务督察是指检务督察部门及其工作人员依照法律和规定对督察对象履行职责、行使职权、遵章守纪、检风检容等方面进行的监督检查和督促落实。这就明确了检务督察的对象和内容：最高人民检察院检务督察的对象是全国各级人民检察院及其工作人员。督察的主要事项：一是遵守和执行国家法律法规以及最高人民检察院重大工作部署、决议、决定、指示的情况；二是在执法办案活动中遵守办案程序和办案纪律、落实办案安全防范措施的情况；三是执行各项规章制度的情况；四是严明执法作风、遵守检容风纪的情况；五是检察长交办的其他事项。

（一）检务督察体现了检察管理的基本要求

一般意义上的管理，是指人们为了实现一定的目的而采用各种方式、方法和手段对相关联的人、事、物及它们之间的内在联系进

---

* 本文系湖北省人民检察院部署的课题结题论文。

行控制的一系列活动。检察管理是围绕检察工作开展，通过一系列职能活动，对检察机关人力、财力、物力，及其他资源进行协调或处理，以实现法律监督工作最优化目标的活动过程。检务督察体现了检察管理的基本要求，即体现了"以人为本"这一管理的基本原则和"质量"、"控制"、"反馈"这一管理的基础要素。

一方面，检务督察体现了"以人为本"这一管理的基本原则。管理的最简单的定义是"通过人做工作"，即是说，管理者通过被管理者做工作。由于管理者与被管理者都是"人"，因而形成"人—人—工作"的模式。现代管理学越来越认识到，人是生产力诸要素中最积极最活跃的因素，是最重要的资源，是宝贵的财富，是管理的核心。检务督察工作是确保检察机关和检察干警正确履行职责，严格依法办事的重要前提。面临检察工作新的形势任务，市场经济全面影响因素的增大，检察机关和检察干警经受新的考验会更加严峻。及早从源头上发现问题并进行督察解决，这是对干警的一种关心和爱护。司马光《资治通鉴》以孔子治理政务注重从小处着手为例议论说："夫事未有生于微而成于著，圣人之虑远，故能谨其微而治之，众人之识近，故必待其著而后救之；治其微则用力寡而功多，救其著则竭力而不能及也。"唯物辩证法认为，事物的质变是量变积累的结果。一个人犯错误，往往是从并不起眼的小事小节开始的，小事小节日积月累就会从量变发展到质变，使问题的性质转化，最后毁了人的一生。检务督察是一种警示预防教育措施，从小事小节着手，控制量的积累，从而遏制其发生质变。其着眼于树立一种从小事抓起，防止干警犯大错误，就是最大爱警的理念，体现了小事大操作的管理原则，即发现干警存在的苗头性、倾向性问题，认真对待，"拍肩膀"、"拉袖子"、警示教育在前，如此"大"的操作，是防止干警滑向更大问题，避免出现执法问题进行事后纠错的司法资源浪费甚至执法公信力代价。

另一方面，检务督察体现了"质量"、"控制"、"反馈"这一管理的基础要素。质量是一切生产（物质和精神、单位和社会）的法则。企业必须尊重质量规律，只有这样它的产品才能在市场上占有一席之地。检察机关必须尊重"检察质量"规律，是因为其工作的质量决定着涉案公民个人人身自由乃至生命的存亡，决定着社会的稳定和国家的安危。全面质量管理是现代管理学中一个重要理论，多用于企业经营战略及活动中，实质上是一种以质量为核心的管理理念，英文全称为 Total Quality Control（简称为 TQC）。TQC 具备三个要素：产品质量（产品的适用性）、交货质量（时间、数量、生产过程）、售后服务质量。借鉴 TQC 原理，检务督察制度也有着管理学上的三个要素，其与 TQC 要素对应为：产品质量—执法质量；交货质量—执法程序、执法行为是否遵守法律纪律规定；售后服务质量—错案、瑕疵案件的纠错和救济。检务督察工作，就是要在这三个方面实现内部管理上规范化，取得管理实效，使工作程序、工作质量、执法行为有机统一，达到最优化。检务督察机制蕴含的理论意义是控制。控制的管理学含义是对组织成员的行为是否符合组织的规定和要求进行监督，并在必要时采取矫正措施。创建检务督察机制的初衷就是要实现其控制意义，抓好组织决策、法纪规范和制度规范的落实，从而保证公正执法、廉洁文明办案。检务督察制度是对系统反馈理念的再次贯彻，其实质就是对检察人员执行法律、制度等情况进行总体而通透的检查，这就是对检察人员"行为模式"的一种检视，如果发现问题，会及时施加不利后果给行为人，检察人员无形中多了一个"紧箍咒"，充分体现了结果控制的理念。在《暂行规定》第 11 条中，对于违反《暂行规定》的行为都规定了较为明确的惩戒措施，就是把检察机关内部各部门行使的分散权力当成一个完整的系统，检务督察机构的出现相当于在检察系统内多了一个信息搜集与反馈的机关，在检察系统运行某环节出现问题时，检务督察会及时发现"错误行为信息"，并将这些信息反馈给系统自身，系统再根据反馈信息对相应行为进行处理并对系统自身的功能予以提升。

（二）检务督察是检察管理的重要方式

从检务督察的目的、内容、方式、权限等方面来看，检务督察是检察管理的重要方式。

1. 从检务督察的目的来看，检务督察制度是检察机关强化内部监督，加强队伍建设，确保严格、工作、文明执法，提高执法公信力的一项重要制度。检务督察的目的是保障检察机关和检察人员履行职责、严肃检察纪律、确保各项检察工作任务的落实。

2. 从检务督察的内容来看，检务督察是检务督察部门及其工作人员依照法律和规定对督察对象履行职责、行使职权、遵章守纪、检风检容等方面进行监督检查和监督落实。其内容包括：遵守执行国家法律、法规、上级院决定、决议情况；遵守办案程序、办案纪律情况、遵守各项制度情况；严格执法作风，遵守检容检纪情况以及上级院、检察长交办的各项事情的办理情况等。监督内容涵盖了检察工作的方方面面。

3. 从检务督察的方式来看，检务督察可以是明察也可以是暗访。主要方式有参加或列席有关会议；听取汇报；调阅案件材料及有关资料；对有关事项进行调查；组织专项检查；办案环节的跟踪监督；回访；听取党委、人大、政府、政协和人民群众的意见、建议等，这些手段和方式有利于从源头上预防和减少执法中存在的问题。

4. 从检务督察的权限来看，检务督察可以对违反法律、法规和上级院决议、决定的行为责令予以纠正；对违反或队伍管理上的问题提出督察建议并督促整改；对违纪人员提出处理意见、建议；对违反枪支、警械、车辆等警用装备使用规定的责令当场纠正或暂扣装备等，这些权限确保了检务督察的力度，也确保了督察工作的效果。

（三）检务督察有利于促进检察管理

检务督察在强化检察机关内部监督、落实检察工作一体化机制、提高自身执行力、提升工作效能，从而促进检察管理方面具有不可替代的重要作用。

1. 检务督察有利于强化检察机关内部监督。"强化内部监督制约，是检察机关加强队伍建设、推进党风廉政建设和自身反腐倡廉工作的基本要求。"检察机关内部监督制约机制主要有：一是各业务部门间的流程性制约，如控告申诉部门、职务犯罪侦查部门、侦查监督部门、公诉部门之间存在制约监督关系。二是地方党委派驻检察机关的纪检组织的纪律检查监督。业务部门的制约由于各部门职责不同，均主要关心自身的诉讼目标的实现，对其他部门的制约作用运用发挥较少。而纪检监察监督重点是执法人员的纪律作风、检察工作纪律的遵守情况。主要负责对检察干警的违法违纪问题的调查处理，对检察权运行的质量一般关注较少。三是人民监督员制度的监督。实践中涉及的个案较少。四是近年来推行的目标考评制度。从实行情况看，确实起到了规范执法行为、提高执法质量的良好作用。但目标考评的范围是检察机关本年度内已经终结的执法活动，不涉及尚未终结的执法行为，因此，从本质上来说仅仅是对执法行为和执法效果的一种事后评价，不具备提前发现、纠正问题的功能。可见，检察权的运行虽然有内外监督多种方式，但缺乏一种贯穿检察权运行全过程的监督手段。检务督察制度应运而生，它可以对执法质量、执法程序、执法纪律进行全程监督，能有效预防、发现和纠正错误的发生，对纪检监察、人民监督员工作、目标考评都是有力的补充，其作用不可替代。检务督察制度突出事前和事中的监督检查，是强化事前事中监督的补强手段，突出的特点是未雨绸缪，防微杜渐，努力使监督关口前移，监督重点突出，形成更有效的权力运行监督机制，具有动态性好和警示性，手段也更为刚性，强化了监督工作的力度，能够更有效地从源头上防止检察人员违法违纪问题的发生，促进检察队伍建设，保证依法履行法律监督职责。

2. 检务督察有利于落实检察工作一体化机制，确保检令政令畅通。检察机关上下级的关系是领导与被领导的关系，但从多年的检察工作实践看，上级院的重大决策在有些地方还得不到彻底的落实，地方保护主义对司法的影响不可低估。过去对这样的问题缺少有效的解决方法，检务督察的诞生使我们有了解决有令不行、有禁不止的方法。检察工作一体化机制建设，是基于检察实践、为解决实际问题而提出并推行的一项重要改革举措，是建设公正高效权威检察制度的有益探索，符合检察工作的基本规律。检察工作一体化的基本内容之一就是"上下统一"，要求强化上级检察院对下级检察院的领导关系，保证上级检察院的重大工作部署和各项决议、决定、指示得到坚决贯彻和有效落实。推行检务督察，就是为了保障检察机关和检察人员依法履行职责，严肃检察纪律，确保检令政令畅通，不断强化检察工作的整体性与统一性。通过检务督察，该纠正的就要坚决纠正，该执行纪律的就要坚决执行纪律，把现有知情权、现场处置权、检查纠正权用好、用活、用足，可以切实解决检令畅通的问题，充分发挥检察机关法律监督职能作用。同时，检务督察作为自我监督、自我约束的工作机制。由于是自己监督自己，在一个机关内部，难免会受到监督环境、监督者与被监督者自身素质及各种利益关系等因素的影响。情面、测评等因素往往成为检务督察的障碍。实行检务督察工作的一体化管理，由上级院统一领导和监督下级院的检务督察工作，引入异体监督机理，有利于破解上述问题，真正发挥检务督察的职能作用。

3. 检务督察有利于提高自身执行力，推动检察工作落实。"管理就是落实，管理就是执行。""执行力是完成岗位责任所赋予工作任务的能力。执行出生产力、执行出竞争力、执行出创造力。离开执行力，所有战略决策都将成为空中楼阁。"《中共中央关于进一步加强人民法院、人民检察院工作的决定》中指出，要加强纪律作风建设，强化对检察官的监督管理，特别是要加大对各级人民检察院领导班子和重点执法岗位的监督力度，加强纪律教育，进一步端正司法思想。更新司法观念，改进司法作风，强调要努力形成包括"不愿为"的自律机制，"不敢为"的惩戒机制，"不能为"的防范机制等一套保证司法廉洁的制度体系。检务督察正是这样一套集自律、惩戒、防范于一体的内部监督机制，是提升检察机关和检察人员执行力和公信力的重要举措。

4. 检务督察有利于提升检察工作效能，促进教育、监督职能有效发挥。"管理必须增效。"检务督察有利于提升工作效能。首先，腾出了领导精力。领导每天除了要应付日常的业务工作，还要处理发生在内部大大小小的事务，还要负责督促各项工作的落实，不但费精力，而且效果往往不一定理想，达不到预期目的。检务督察将领导从这种旧的工作模式中解脱出来，使领导有更多的精力来抓大事、议大事。其次，促进了队伍素质的提升。当前基层院队伍普遍存在素质不高、业务不精不愿意学、错误常犯不愿意改的现象，而单位又拿不出切实可行的办法和措施改变这种局面。有的甚至为了单位的面子帮其掩盖，应付上级。检务督察的实施，从根本上解决了这一现状，现在大家都意识到了不学、不改就有被淘汰出局的危险，从原来的"要我学、要我改"转变为"我要学、我要改"，领导的教育功能和监督功能自然形成。

总之，加强检务督察有利于检察机关落实党中央对司法机关队伍建设的要求；有利于从源头上防止检察人员的违法违纪；有利于确保上级院及党委对检察机关的领导，确保检令畅通，令行禁止；有利于发现及解决检察业务和队伍相关联的突出问题，确保检察机关有强劲的执行力，推动检察工作健康发展。

## 二、检务督察在加强检察管理中的定位

鉴于检务督察的基本属性，即提出纠正而不代行职责，可将检务督察权定位为启动纠错程序，原因在于：一是对本院业务部门而言，检务督察机构一般情况下是与之平行的监督部门。即使将督察机构设置高配，也不宜直接否定业务部门对案件的认定和处理，而应由检委会讨论决定。二是对下级院而言，其案件的认定处理均以检察院的名义作出，只有上级检察机关才能否定改变。作为检务督察部门，则不具有这一权利。三是对检察权行使过程中出现的违法违纪问题，其处分权由纪检监察部门行使，也不属检务督察部门的职权。当然，对检务督察过程中发现的明显违反法律程序的案件，可以提出纠正意见。如果意见不被接受，则可以启动程序由检委会讨论决定纠正或移送纪检监察部门调查处理。

（一）职责定位

1. 把检务督察抓落实寓于各项检察工作的重大决策和部署之中，促进中心工作落实，确保检令政令畅通。以科学发展观为指导，

以提高工作执行力为目标，紧紧围绕检察中心工作，突出督察重点，强化督察措施，规范督察活动。围绕检察中心工作和重大检务部署加强督察，确保检令政令畅通，不仅是检察机关性质特点决定的，也是检务督察的重大任务，这些重大任务要通过各个时期的检察重大决策来体现。针对检务督察工作涉及内容多，操作难度大的特点，为确保检务督察工作紧贴检察工作实际，服务检察工作中心，达到预期目标，可围绕执法办案、队伍建设和机关管理"三个主题"，突出办案质量、执法行为、检风检纪、执行检令政令、办案安全"五类重点"，把握检务督察的方向，充实检务督察内容，使检务督察更具针对性、可操作性，更贴近检察工作实际。

2. 把检务督察抓落实融入执法办案全过程，推动执法为民实践，促进公正廉洁执法。检察机关是执法机关，检察机关的基本活动是执法活动，检察人员是执法者，检察干警的基本行为是执法行为，检察队伍中的违法违纪和腐败问题主要发生在执法过程中。因此，检务督察工作必须紧紧围绕执法工作来开展，强化事前、事中督察，真正把检务督察贯穿于执法活动的全过程。

3. 把检务督察抓落实贯穿于检察队伍管理中，从检察干警基本行为准则抓起，不断推进检察队伍正规化建设。在全部检察工作中，队伍建设是根本，也是保证。检务督察从检察人员最基本的行为准则抓起，狠抓检规检纪的贯彻落实，严格队伍管理，强化养成教育，切实规范检察人员行为举止，推动检察队伍正规化建设。

（二）方法定位

1. 检务督察职能优势和领导优势要有机结合。领导工作实质就是"作决策、抓落实"，抓落实是领导的责任。只有主要领导亲自抓、负总责，分管领导及时督导，抓落实才会立竿见影。狠抓落实是领导干部政治品格和政治勇气的体现。检务督察工作对检察长负责，只有领导重视支持抓工作落实，督察队伍才能真正起到协助领导抓好工作落实的作用；只有督察工作职能优势与领导的权力结合起来，督察工作才能真正做排除阻力、行政权力、显现威力；只有把督察工作成果化作领导的明确检令时，督察工作才能真正推进决策力、执行力。

2. 培育督察意识和完善督察机制要相辅相成。有了督察意识，才会有积极参与督察、主动接受监督的自觉性。加强监督察制约机制建设，通过建立健全权责明确、相互配合、制约有效的督察工作机制，把督察观念渗透到具体的规章制度中，寓于各项重大决策部署中，从而转化为对检察人员执法行为的严格规范和约束的工作格局。

3. 专职督察与自我督导要良性互动。检务督察往往需要检察机关各部门的支持配合，发挥综合作用。检务督察部门的专职督察毕竟受时空限制，各部门积极配合督察工作，开展有针对性的自我督导是形成大检务督察格局的重要组成。检务督察部门要注重加强组织协调，统一思想认识，充分调动各方面的积极性，要加强与纪检、政工、信访及各业务部门之间保持经常性的联系和沟通，通过成立督察委员会、建立联席会议等多种途径，不断完善有效协调的工作机制，落实工作责任，提高检务督察工作落实的实效性。

（三）目标定位

1. 充分体现检务督察抓管理的规范性。检务督察必须依照法律、政策、规定、程序开展工作。检务督察抓落实必须制定完善内部督察运行规范程序、强化督察系统组织协调工作力度、建立完整的内部督察程序和完善的督察责任追究制度。重点做到"三个突出"：突出督察执行上级检察机关的重大部署和决议、法定、指示的情况以及落实各项规章制度的情况；突出督察执法办案中易出和常出问题的岗位和环节；突出督察遵守检容风纪情况。

2. 充分体现检务督察抓管理的协调性。把检务督察与党内纪检监督、行政监察监督有机结合起来；把检务督察与业务部门的业务督导有机结合起来；把日常的现场督察与执法质量考评有机结合起来；把检察机关内部督察与检察机关外部监督有机结合起来。

3. 充分体现检务督察抓管理的参与性。参与原则是现代法治的一项基本原则。应把"以人为本"的理念落实到对检察队伍管理上，培养全体检察干警对检务督察活动的参与意识，把每一个检察干警逐步纳入到检务督察活动中来。为确保检务督察活动的公正，应当允许当事人和利害关系人参与督察决定的作出过程，陈述自己的意见；检务督察在最终作出决定之前，应当充分考虑当事人和有关利害关系人的意见和辩解；在作出督察决定时，要充分听取当事人和利害关系人陈述的理由和观点以及提交的证据和辩解，进而作出决定。

4. 充分体现检务督察抓管理的双重性。在抓检务督察过程中，一方面要督促执法执纪等各项工作落实，提高工作标准；另一方面要维护干警正当执法权益，优化执法环境。对日常的检务督察工作，不仅要做好情报信息的收集、分析、整理、反馈，而且要把它构筑成检察干警与上级领导机关的最佳沟通桥梁，成为坚持依法办事的检察干警的保护通道，体现出对检察干警的服务保障。

5. 充分体现检务督察抓管理的和谐性。通过不断加大检务督察抓管理的力度，促进检察机关和检察人员逐步养成加强检察管理的观念和习惯，营造落实氛围，形成落实文化，使检察机关和广大检察人员自觉接受督察、欢迎督察，形成一种通过督察，提高责任意识的良性循环。

## 三、运用检务督察加强检察管理的基本路径

检务督察是加强检察管理的有效平台，检务督察内容应涵盖整个检察工作，但从实践来看，存在一多一少、一高一低、一大一小的情况。即对检风检纪方面的监督活动多，对规范执法和检务保障方面的监督活动少；开展作风纪律监督的活动频率高，开展执法监督的活动频率低；监督廉洁执法方面的工作力度大，监督规范执法方面的工作力度小。同时还存在检务督察工作考评方式不统一、检务督察工作成效评估体系不完善、检务督察结果的运用不到位、检务督察与其他监督手段衔接不够等问题，有碍运用检务督察抓管理的协调发展。如何充分发挥好检务督察抓检察管理这一平台的作用？根据检务督察体现出来的具有自身特点的机制和实践中存在的问题，可从以下几方面入手。

（一）充分运用检务督察的倒逼机制，加强理念导引，夯实加强检察管理的基础

检务督察是主动性、常态性的动态监督制约，主要制度价值在于通过同步预防、主动控制与自我防错机理，将执法问题与执法风险化解于事前和事中。它传递了两个方面的重要信号：必须严格规范，从而对检察人员切实提高执法素质与工作能力形成了倒逼机制，驱使检察人员强化规范化意识，将规范管理逐步根植头脑，进而牢固树立"管理至上"的管理思想，认识到检察管理不是可有可无的工作，它已经成为检察工作独立的组成部分，将会为检察业务工作和检察事务工作提供更加有力的保障，在一定意义上讲，检察管理工作比检察业务工作和检察事务工作更重要，逐步让"人人参与管理、人人接受管理"的意识深入人心。

（二）充分运用检务督察的警示预防机制，抓好跟踪监督，推动检察管理长效机制建设

检务督察事前监督、事中监督表现出来的未雨绸缪，防微杜渐的特点，充分体现了其预防警示机制，使对检察人员的监督关口前移，形成更有效的权力运行监督机制。

1. 及时"体检"，查找梳理管理上的疏漏。对每个部门、每个岗位特别是执法、服务部门、岗位的行为要求进行具体细化和规范，以制度形式细致地告知每个干警做什么、怎么做，不遵守制度将承担什么样的责任；以"一岗双责"将日常监督责任落实到每个单位中层以上领导，同时整合集中检察机关纪检、督察等监督力量，适时开展统一规模性的督察专项行动，指导督促检察机关及各部门落实队伍管理和执法、服务等有关工作的制度和要求。坚决纠正不教而诛和放任自流等错误管理倾向，以对具体人、具体行为的管理保证广大干警政治立场和基本职业行为的一致性，防止检察队伍出问题，以统一步调实现检察工作总体目标。

2. 打好"补丁"，完善专项制度建设。坚持统筹兼顾，综合施策，系统整体推进，一方面应制定近、中、远等不同时期的管理目

标，明确管理方向；另一方面应健全完善制度，充分调动、发挥各级领导和专门监督部门的积极性，落实实时监督，提高监督实效。统筹抓好队伍管理和业务管理，以抓队伍促工作，以优良的工作业绩回馈社会、回报群众，进一步塑造队伍良好形象，推动队伍建设。

3. 放长"眼量"，加强长效机制建设。对管理中的疏漏，打"补丁"重要，长效机制建设更为重要。我们在完善监督管理制度的过程中应力防陷入"钱穆制度陷阱"。钱穆制度陷阱是我国现代著名历史学家钱穆（1895～1990年）提出的一个观点。他在分析中国历史时指出，中国政治制度演绎的传统是，一个制度出了毛病，就再制定一个制度来防止它。结果制度越来越多，往往造成前后矛盾、执行困难，反而失去效率与效力。钱穆制度陷阱说明对权力的监督是一件困难的事。有效的监督制度不可能是一个单项的制度，而应是一个制度体系。但这个制度体系不是以制度的多少为标准的，不是越多越好，而是在于管不管用。因此，制定制度要切中问题要害，建立真正管用的制度框架。管理的核心是机制。不能把管理机制建设简单地等同于制度化、标准化建设，应把以什么样的组织形式、运行方式来制定制度、落实制度、衔接制度、监督制度、评价制度的机制建设放在首要位置。这个科学机制包括三个主要环节。第一，检察长是"管理圆"的"圆心"，主要工作就是不停地"扫描"整个"圆"，根据反馈的信息调整、推动局部或整体的措施、进程，在宏观上控制管理的正常节奏。第二，分管领导是"管理圆"的"圆面"，通过履行"捆绑负责"的职能，使管理工作形成一个有机整体，保证各项工作既不因脱节出现"空白"，也不因冲突造成"变形"。第三，职能部门是"管理圆"的"圆圈"，案件、纪律、文字、财务、事务等管理部门在有规律的"循环"中审视、监控、评议、考核着"圆"上的所有部门和干警。

（三）充分运用检务督察对检察机关组织领导和人力资源的整合机制，上下联动，形成加强检察管理的强大合力

检务督察工作由党组统一领导、检察长担任督察长，各分管领导组织协调、各部门和检察人员相配合、上下一体化的工作格局，

能够有效整合组织领导和人力资源，为形成检察管理合力提供了组织保障。

1. 强化领导班子在检察管理中的关键作用。中华优秀传统政治、管理理论强调管理要"择人任势"，也就是要选择人才，以人才效应形成有利于实现管理目标的态势。能不能持之以恒地坚持检务督察，推动检察管理，取决于检察机关领导班子的决心和信心，取决于领导班子成员的表率和统领作用。领导班子在检察管理的关键作用体现在三个方面。首先，"一把手"要重视管理，亲自抓管理，使领导行为贯穿于管理工作全过程。其次，领导群体要带头管理，领导成员要接受管理，做到在执行职务上没有"特权"，在享受利益上没有"黑洞"，在遵守制度上没有"例外"。再好的制度、标准和模式，如果没有领导干部的"圆点"和"圆面"的作用，势必会流于形式、大打折扣。最后，领导班子应注重总揽检务督察，加强检察管理，形成有立项、有督办、有报告、有通报、有责任人评价、有责任人追究、督察评价结果纳入考核的"六有一纳入"检务督察工作格局，注意掌控检务督察工作的态势和方向，把握检察管理工作的主动权。

2. 强化上下级检察机关在检察工作一体化机制中的协同作用。检务督察工作作为检察工作一个重要组成部分，实行一体化机制有利于发挥检务督察的职能作用。应当建立上级领导下级、下级服从上级的一体化管理机制。如果是自己监督自己，受人情、面子、晋升提拔等因素的影响，不同程度存在督察走过场，督察职能形同虚设等现象。而由上级院领导和监督下级院的工作，能有效避免这些问题的发生。应充分发挥检察机关内设机构的专业优势，整合全院人才资源，将各部门的业务骨干以兼职检务督察员的身份充实到检务督察队伍中来，同时优化、整合检务督察资源，形成上下统一、横向协作、内部整合、总体统筹的检务督察工作模式。如咸宁市检察机关自检务督察工作开展以来，经常采取上下联动、交叉检查的督察方式，多次组织了全市范围的检务督察活动，各基层院除了做好对本单位的检务督察工作外，在市院的统一部署和领导下，参与全市范围的总体检务督察行动和基层院相互间的异地交叉督察行动，取得了较好的效果。工作中，应建立以检察长、检委会为领导，检务督察专门监督为中心，各业务部门共同参与的检务督察工作体系。可按照"以统为主，统分结合"的思路，对全局性的督察事项，可统一研究、统一组织、统一安排，统一协调，由上级院牵头督察；对阶段性重点工作，可适时制定任务分解表，明确细化督察方式和牵头配合单位，确保督察活动分阶段重点推进；为避免多头督察、重复督察，可集中联合督察；对日常的、一般性的、专项的督察事项，可由相关职能部门独立开展，使督察工作既统又分、统分结合、相互补充、全面推进。

3. 强化检察干警在检察管理中的主体作用。检察干警是检察管理的唯一主体，是检察管理的核心和动力。加强检察机关管理，要坚持把管理权交给直接管理者。在检察基层管理实践中，中层骨干是最直接的管理者，他们对基层干警的形象、工作好坏最有发言权。但在以往的管理体制中，他们却没有直接的管理权：进人是上级安排的，他们没有选择权，干警不合格，他们也没有退回权；干警犯错误，处理要报监察部门执行。还有一些单位考评机制不合理、不科学，本来是基层领导主动发现、报告干警错误，而干警被处理后，考评却规定领导要负连带责任。在这种体制下，一些素质不高的干警不服从基层领导的管理，而少数基层领导也认为对干警管不了或不愿管。在干和不干一个样、干好干坏一个样的状态下，一个单位不仅没有朝气，而且缺失正气，这样的队伍出问题甚至出大问题是迟早的事情。鉴于类似的教训，可把部分管理权下放到基层领导，同时配套完善相关制度，并规定对主动管理，发现、报告、处理干警错误的基层领导不负连带责任，鼓励支持基层干部大胆管理，解决基层检察机关管理责任与管理权分离的问题，确保管理者有责有权开展管理工作。

（四）充分运用检务督察的促进落实机制，加强和完善检务督察制度，提升检察管理实效

检务督察通过对执法行为、执法纪律、执法效率、执法质量和

安全办案的督察，能够促进检察业务工作顺利开展，推动工作落实。

1. 优化检务督察工作方法。近年来，成宁市检察机关摸索出了"六个结合"的工作方法，即坚持事中督察与事后督察相结合，书面审查与临场监督相结合，明察与暗访相结合，专项督察与个案督察相结合，内部监督与外部监督相结合，市县两级联动督察与基层院间交叉督察相结合，增强监督的针对性，实践证明是行之有效的，有的工作方法已被高检院和省院转化为领导决策，作为检务督察工作的硬性要求予以推广应用，须继续保持。但是，科学的工作方法没有固化的模式，随着形势的发展与任务的变化，督察方法也需要不断更新和优化。一方面，要用足用活现有工作方法，理顺主次关系，把握好方法手段的应用时机、运用力度，提升督察效果；另一方面，要更新观念，联系实际，不断丰富和完善督察工作方法，以适应形势和任务发展的需要。通过灵活务实多样的督察手段与方式，产生检务督察无处不在、无时不在的强大压力，促使检察人员增强自律意识，时时处处严格要求自己，避免因规律性的督察而产生应对性的反督察，导致了解的情况失真、开展的督察失效。一是敢于"碰硬"，真督实察。检务督察工作说到底，是一项面对现实、面对问题、面对矛盾的工作，做好督察工作，必须要有敢于"碰硬"的精神，要敢督敢察，敢于坚持原则，敢于触及矛盾，勇于面对困难与问题，坚持讲真话，不怕得罪人；要真督实察，做到令出督随、掷地有声，提升督察效能，强化督察权威，提高督察实效，促进工作落实。二是勤督细察，揭短纠偏，发挥督促查纠作用。针对工作中存在的工作不到位、措施不落实、检令不畅通等问题，采取先行介入的形式，以动态同步的方式进行检查督促。工作中，可建立"两书、一卡、两报"工作制度，即对立项督察的事项下发《督察通知书》，对办理时限即将到期的事项下发《督察提示卡》，对超过办理时限的事项下发《督察通报》，对受到通报的事项向领导上报《督察情况报告书》，作为年终考核的依据，对督察工作的典型经验和做法及时梳理汇总形成《督察专报》。通过组织现场督察，对督察出的薄弱环节及时梳理归类，建立工作整改台账，限期整改落实。

同时，实行抓明察与抓暗访同步，以察问题为主；抓重点与抓落实同步，以抓落实为主；抓督察与提建议同步，以提建议为主的"三同步、三为主"的工作方法，对重大节日安全保卫、车辆交通安全、检察人员在岗在位以及遵守纪律、履行职责等，及时客观发现问题，进行整改。对落实办案安全措施、控申接访工作、出庭支持公诉、警用装备使用、警务车辆管理和执行《禁酒令》情况进行专项督察，对发现的问题，进行分析，力求从源头上堵塞漏洞，解决问题。三是早抓苗头，严管小事，发挥防范制约作用。在督察工作中，始终坚持"早抓苗头、严管小事、防范在先"的原则，坚持抓小、抓早、抓防范，积极进行事前、事中的防范。将督察关口前移，对一些可能发生或将要发生的违法违纪问题，解决在萌芽状态，防止或避免酿成大的事端。力求把督察工作延伸到处（科）室，延伸到八小时以外，延伸到办案岗位，延伸到重要检务活动，让全体检察干警时时感到督察就在身边，以提高预警防范能力。四是堵塞漏洞，建章立制，发挥保障服务作用。重点查纠个别单位检察人员存在的特权思想、霸道作风以及对待群众"冷、硬、横、推"等行为；查纠内部管理混乱，纪律作风松弛等问题。在督察中发现的针对检察人员的一些不实投诉，坚持既当"啄木鸟"，又当"护林人"；既严肃查纠干警违纪问题，又维护那些敢于"碰硬"、秉公执法的检察人员的合法权益不受侵害。通过督察发现问题，堵塞漏洞，整改问题，建章立制，预防问题，以促进各项检察业务工作的健康发展，为造就一支忠诚、公正、清廉、文明的检察队伍提供有力的制度和纪律保障。

2. 完善检务督察工作成效评估体系。全面了解和公正评价检务督察工作，是实现检务督察科学管理的重要依据，考评工作承上启下，事关检务督察工作的良性发展。评价一项工作制度的优与劣，既要看它外在的作用，也要看它内在的价值，只有内外结合，才能得出相对客观而准确的评价。从目前检务督察工作的考评情况看，人们往往更多关注检务督察制度对整个检察工作的推动效应，对检务督察机制运行的自我评价还缺乏深入系统的思考。比如，如何界定检务督察考评内容，如何确定检务督察考评标准，如何将检务督察考评与其他检察工作考评有机衔接等，依据不清，要求不明，容易造成检务督察工作的随意性和被动性。2008年初，全省检察机关纪检监察工作暨检务督察工作会议上，省院已明确提出要建立检务督察年度评估报告制度，每年分地区形成评估报告，从保证检令畅通、履行职责、行使职权、遵章守纪、检风检容、作风纪律等方面，进行全面、系统评价，从而为建立检务督察考评机制指明了方向。为此，要把检务督察工作纳入检察工作的考评体系，通过出台统一的检务督察工作考评标准，明确考评程序、方式和考评结果的运用方法，将检务督察考评指标标准化、评价方式合理化，实行一年一评，百分制考核，规范化运作。通过加强检务督察考评，变静态控制为动态管理，变"软指标"为硬任务，变被动应对为主动推动，为检务督察工作平衡有序开展提供制度保障。可在现行绩效考评的基础上，坚持定性分析和定量分析相结合，健全科学合理、简便易行、公开公正的绩效考评机制，明确考评目的、考评对象、考评目标、考评内容、考评程序和考评要求，定期对督察部门和督察人员工作进行绩效考评，将绩效考核结果与单位、干警的政治、经济利益挂钩，严格兑现奖惩，赏罚分明。同时，通过对督察部门和督察干警绩效的实时监控，及时发现和掌握督察工作中存在的问题和不足，实施精确指导、激发督察工作潜能，充分调动督察干警的积极性、主动性和创造性，变"要我干"为"我要干"。

3. 强化检务督察结果的运用。检务督察的根本目的在于及时发现并有效解决问题，提高工作执行力，保证各项检察工作健康有序推进。检务督察的过程，是一个从发现问题到督促并有效解决问题的过程，也是一个工作成果的转化运用过程。如果通过督察查找到了工作的薄弱环节，而且提出了整改意见，但由于种种原因难以落实到位，则相关问题仍然得不到解决，检务督察就成了形式主义，不仅推动不了工作，相反还增加了工作负荷，阻碍工作发展。所以，应高度重视检务督察成果的转化，强化检务督察的及时性和严肃性。要通过及时上报督察信息和调研材料、编发督察通报、下发督察法律文书、提出督察建议、建立督察档案等形式，即时如实地记录检务督察情况，使督察结果成为检察机关和广大干警发现问题和不足的"显微镜"，成为领导了解检察机关情况的"显示屏"，成为广大干警强化自身约束的"警示钟"，作为领导决策部署、制定工作对策、建立健全长效管理机制的重要依据，推进工作措施落实，促进问题整改。同时，将检务督察结果作为对检察干警和各部门工作绩效的考评依据之一，采用"扣分"的形式冲减其工作绩效考评成绩，其考评成绩与检察干警和各部门的经济利益，以及评先创优活动挂钩。检务督察部门可针对发现问题的性质和引起后果，及时向纪检监察和绩效考评部门提出处分意见，并监督处罚结果的执行和落实。处分内容包括：扣减当月的绩效考评分数、取消当年的评先资格、推迟晋升职级的时间、建议给予党纪政纪处分等，确保督察工作取得实效。

4. 完善检务督察与检察信息化的结合。把检务督察与检察信息化结合起来，以信息化手段提升督察效果和影响力。可建立干警执法廉政业绩档案考评系统，及时记录干警工作得失、评介干警绩效能力，并运用信息化手段进行考核评估，把干警执法过错、工作过错、投诉举报调查情况以及突出贡献、评先评优等奖惩情况实时录入，进行资料积累。这种电子化档案考评系统，与检察综合信息系统平台相链接，对干警在如实立案、规范办案、信息采集录入、涉案财物管理、强制措施执行等方面是否存在问题，进行实时监督，实时纠正；同时运用检务监督视频系统，实时记录干警在岗在位、履行职责、检容风纪等情况，并录入干警个人执法廉政业绩电子档案。通过监督信息化平台，督促干警遵纪守法，积累干警的各项表现，为干警提拔任用、评先评优提供信息依据，形成对干警工作实绩、执法实绩、廉政实绩、日常表现实时有效监督记载的档案考核体系，降低监督成本，提高监督效率，让干警在平等的监督环境下提升素质、展示作为、修正不足。

5. 加强检务督察工作保障。一是进一步加大检务督察组织机构建设，配备一支高素质、有权威的精干的专职督察队伍，要挑选业务骨干到检务督察部门工作，从下而上培养、选拔政治、业务素质强的检察人员组成检务督察队伍，使检务督察工作有组织保证。二是高度重视检务督察队伍建设，大力加强检务督察业务培训，提高检务督察人员发现问题、解决问题的能力。定期不定期组织督察人员进行集中学习培训；院党组要积极支持检务督察工作，对政治素质好、工作成绩突出的检务督察人员要大胆提拔录用。同时，检务督察人员要严格自律，敢于坚持原则、严格监督，杜绝形式主义、好人主义；要讲究工作方法，把握好工作尺度，严禁超越权限干扰办案，防止因方法不当影响办案；要通过规范化、人性化的检务督察手段，营造人人愿意接受监督、主动接受监督的良好氛围。三是加大对检务督察工作的物质保障，为检务督察部门配备必要的督察设施，如车辆、照相机、摄像机、酒精测试仪等，并在经费上给予一定倾斜，将检务督察活动经费单独列入年度经费预算。

（五）把检务督察与检察机关其他监督措施结合起来，搞好对接，增强检察管理的整体效应

检务督察仅是检察机关内部监督的一种形式，不能取代其他形式的监督措施。因此，必须把检务督察与其他监督措施结合起来，进一步增强检察管理的整体效应。

1. 加强检务督察与人民监督员制度的对接。探索建立人民监督员制度与检务督察工作的综合协调机制。第一，加强人民监督员办公室与检务督察办公室的日常联络，制定完善人民监督员参与检务督察的实施方案。在《最高人民检察院检务督察工作暂行规定》和《最高人民检察院关于实行人民监督员制度的规定（试行）》中增设邀请人民监督员参与检务督察工作的条款，明确人民监督员督察"七种情形"的工作流程。第二，建立案件情况互相通报制度，对人民监督员实施监督的案件，有关业务部门应及时将有关情况向检务督察部门进行通报，并请检务督察部门届时派员共同参加。同时，检务督察部门要坚持定期向人民监督员通报办案情况，进一步拓展人民监督员的知情渠道，这样不但有利于外部监督与内部监督的有机结合，而且有利于检务督察部门及时发现问题、解决问题、澄清

问题。第三，定期召开联系座谈会。主要目的：一是了解人民监督员在案件监督过程中是否发现检察干警有违法搜查、扣押、冻结，应当给予刑事赔偿而不依法予以确认或者不执行刑事赔偿决定等违法违纪行为。二是虚心诚意听取人民监督员对检察队伍建设的意见和建议。三是接受人民群众通过人民监督员对检察人员的投诉、检举、控告。从座谈中了解、发现的苗头性、倾向性或与案件相关联、涉及检察干警的具体问题，应由检务督察部门受理并及时予以核实，同时采取相应的预防措施。如对个别干警进行廉政谈话、制定有关文件、加强预防性廉政教育，对违法违纪线索进行初查等。

2. 加强检务督察与案件管理工作的对接。案件管理是检察机关管理的重中之重。检务督察工作一般不涉及案件实体方面的督察，不越权干预各部门的正常业务工作。为此，可借鉴山东等地普遍设立专门的案件管理机构——案件管理中心，按照检察长和检察委员会的授权，负责检察机关的案件管理和案件质量考评，补上检务督察工作的空当。笔者曾到山东省潍坊市检察机关考察案件管理中心，最突出的特点是对案件管理实行"五个统一"：统一受理和移送案件，控制"进出口"，对所有案件的各个诉讼环节统一办案流程管理。统一管理法律文书，控制办案环节。所有包含强制性内容的法律文书和涉及诉讼环节流转的法律文书，统一由案件管理中心保管、登记和开具。统一进行案件督察和质量评查，确保案件质量。重点对不立案、不批捕、不起诉、撤案案件和法院判决无罪的案件进行复查，发现案件存在问题的，案管中心在复查报告中指出并反馈给检务督察等有关部门。统一监管赃款、赃物，防止违纪现象发生。统一统计案卡填报工作，开展办案情况综合分析。案件管理中心相关数据、评查通报、情况分析在网上与检务督察部门共享，打通了检务督察与案件管理工作的通道。案件管理部门着眼于对执法活动的事中监督和结案审查，从执法过程的每个具体环节入手，抓流程、抓细节、抓小节，实行节点监控，将监督工作始终贯穿于执法活动的全过程，突出督察工作的主动性和时效性，将事后监督变为事中监督，将事后处理变为事前预警，把执法中可能发生的问题和违法现象消灭在萌芽状态或初始状态，有效地防止和杜绝违法违纪和冤假错案发生。案件质量管理中心可将有关情况及时通报检务督察部门，检务督察部门将情况汇总后予以通报。

3. 加强检务督察与纪检监察工作的对接。检察机关内部分别设置了纪检监察和检务督察机构，只有纪检监察和检务督察的有机结合才能实现有效管理。二者都具备强化内部监督制约，确保检察机关和检察人员依法履行职责、正确行使职权，严明检察纪律，确保检令畅通，抓纪律作风建设，维护监察机关良好形象，提高执法公信力的共同点。从职能互补上，检务督察主要赋予检务督察部门知情权、责令纠正权、现场处置权和督察建议权等，这些权力针对性较强，但只能用于强制纠错，不能对督察对象的问题直接进行处理。而纪律检查的兼容性较为宽泛，但对于非党员不具检察职能，对办案的具体环节也不便实施监督检查，只能通过事前教育和事后检查处理。只有把纪检监察与检务督察结合起来，才能实现对人、对事的同步监督，达到最佳监督效果。检务督察部门不仅要注重纠正程序或实体处理不当的案件，而且要注意从中发现违法违纪问题，及时向纪检监察部门通报信息、移送线索，拓宽纪检监察的信息来源渠道。同时要配合纪检监察部门进行有针对性的案件监督审查，提高纪检监督的准确性和工作效率。此外，要把检务督察工作人员履职情况列入纪检监察的范畴，强化监督者的责任。通过以上措施，延伸纪检监察部门的触角，切实增强监督的有效性与全面性，形成以纪检监察部门为组织协调中心、检务督察为平台、管案与管人并重、同步实施的监督格局。

# 4 顺应形势 过好"三关"
积极应对刑事诉讼法修改对
检察工作的挑战*

这次刑事诉讼法大修是我国刑事诉讼制度的重大发展进步，在前所未有的深度和广度上对检察权的运行产生了重大影响。一是进一步强化了尊重和保障人权，在执法理念上提出了新要求。修改后刑事诉讼法在坚持惩治犯罪与保障人权并重的指导思想下，着力加强了人权保障，将"尊重和保障人权"写入刑事诉讼法总则，贯穿于刑事诉讼的具体制度设计中。如参照联合国刑事司法准则规定了"不得强迫任何人证实自己有罪"；进一步完善非法证据排除制度，以期有效遏制刑讯逼供等非法取证行为；进一步完善辩护制度，保障律师辩护权的依法充分行使；严格限制采取强制措施后不通知家属的情形，保证被采取强制措施人及其家属的合法权益；改革死刑复核程序，提高死刑案件的办案质量，更好地贯彻"严格控制和慎重适用死刑"政策，有力地保障被判处死刑被告人的权利等。这些新的规定，将保障人权的力度提升到了一个全新的高度，对检察机关的执法理念提出了新的更高要求。二是进一步强化了法律监督职能，在执法任务上提出了新要求。一方面修改后刑事诉讼法进一步细化、明确了检察机关在刑事立案、侦查、审判、刑罚执行等各个环节的法律监督职能，检察机关法律监督的工作任务更重。另一方面，特别是新增未成年人刑事诉讼程序，当事人和解程序，犯罪嫌疑人、被告人逃匿、死亡案件违法所得没收程序，依法不追究刑事

* 本文原刊于《楚天法治》2012 年第 12 期。

责任的精神病人强制医疗程序四项特别程序，新增了一系列新的监督职权，检察机关法律监督工作的难度也相应加大。三是进一步健全了刑事司法制度，在执法能力上提出了新要求。修改后刑事诉讼法对证据制度、辩护制度、强制措施制度等作了重要补充，对侦查、起诉、审判、执行以及特别程序作了重要完善，解决了当前司法实践中迫切需要解决的问题，使刑事诉讼制度进一步科学化，同时也对检察干警侦查突破案件能力、依法收集证据能力、出庭支持公诉能力和监督纠正违法能力等提出了新的更高要求。修改后刑事诉讼法将于 2013 年 3 月 1 日正式施行，我们必须自觉顺应形势，深化认识，强化措施，过好"三关"，从转变理念、提升能力和强化保障上积极应对修改后刑事诉讼法的要求，抓紧做好实施修改后刑事诉讼法相关准备工作。

## 一、更新执法理念，过好"理念"关，着力解决思想跟不上的问题

执法理念直接影响执法质量和效果，关系到法律监督工作的成效，是确保修改后刑事诉讼法有效贯彻实施的基本前提。

一要正确理解和准确把握刑事诉讼法修改的立法精神。这次刑事诉讼法修改，秉持中国特色社会主义法治理念，坚持实事求是，从国情出发，总结司法实践经验，循序渐进地推进我国刑事诉讼制度的完善；坚持分工负责、互相配合、互相制约的原则，完善刑事诉讼中各司法机关的权力配置；坚持贯彻宽严相济的刑事政策，惩罚犯罪与保障人权并重。把握这些原则，是我们全面理解修改后刑事诉讼法立法精神的基本点。因此，检察机关不仅要认真学习修改后刑事诉讼法的法律条文和具体规定，还要正确理解和准确把握这些法律条文规定背后的修改原则和立法精神，深入领会立法宗旨，确保在具体工作中准确执行不走样、依法适用无偏差，使立法目的得以充分实现。

二要牢固树立正确的发展理念和执法理念。坚持以科学发展观为统领，在社会主义法治理念指引下，深化和完善社会主义法治理

念教育长效机制，引导干警准确把握和牢固树立"六观"，准确把握和自觉坚持"六个有机统一"，准确把握和切实做到"四个必须"，着力纠正少数检察机关和检察人员执法为民、服务大局意识不强等问题，切实摒弃不符合科学发展观要求、不符合社会主义法治理念要求的陈旧观念和执法陋习，解决"实现怎么样的发展"、"怎么样发展"、"为谁执法"、"怎样执法"的问题，筑牢检察工作健康发展、科学发展的思想基础。要认真学习和准确把握曹建明检察长"六个并重"对检察机关转变和更新执法理念提出的基本原则、具体要求，注重培养干警转变和更新执法理念的高度自觉，将适应修改后刑事诉讼法的正确执法理念体现在检察干警的精神认同和自觉行动中。

三要积极培育与修改后刑事诉讼法相适应的执法理念。要主动适应刑事诉讼法修改新形势新要求，认真学习和深刻领会强化人权意识、程序意识、证据意识、时效意识、监督意识的科学内涵和根本要求，深刻领会和准确把握"六个并重"对检察机关转变和更新执法理念提出的基本原则、具体要求，教育引导干警进一步转变和更新执法理念，务求"六观"、"六个有机统一"、"四个必须"、"五个意识"、"六个并重"等根植于每一位检察干警的头脑、融化于每一位检察干警的血脉，成为统领检察干警思想和行动的指南，促进社会主义法治精神、修改后刑事诉讼法保障人权等要求在检察工作中得到更好体现和落实。

## 二、提升执法能力，过好"能力"关，着力解决素能跟不上的问题

在新形势新任务面前，检察机关应当立足现实，着力提高干警综合素能，提升干警履职能力。

一是要加强教育培训。切实抓好修改后刑事诉讼法学习培训。加强组织领导，实行教育培训分级实施、分类指导，采取法学专家讲座、检察业务骨干辅导、组织学术交流等多种方式，引导广大干警深刻领会修改的重大意义、指导思想、基本原则，全面掌握法律

条文修改内容，准确理解立法原意，熟练掌握和消化各项规定，明确法律适用的具体要求。

二是要加强岗位练兵。检察机关各部门应根据修改后刑事诉讼法涉及业务部门岗位的实际需要，突出薄弱环节，精心设计极具检察特色和实践特点的岗位练兵内容；要根据各岗位特点，灵活采取岗位学练赛、庭审观摩、案例评析、优秀案件评比等多种岗位练兵形式活动，增强干警的感性认识和培训实效，提高业务水平和执法办案能力；要积极创新岗位练兵新途径、新方法，增强岗位练兵活动的针对性和实用性。

三要加强调查研究。针对修改后刑事诉讼法实施难点、热点问题，积极组织干警结合工作实际开展课题式研究，认真分析研判修改后刑事诉讼法对各自业务工作的影响和司法实践中应注意的问题，深化对普遍性、规律性现象的认知，提高发现、研究、解决问题的能力。

## 三、加强执法保障，过好"保障"关，着力解决保障跟不上的问题

执法保障是执法办案的物质基础。要全面加强和完善执法保障，积极应对刑事诉讼法大修带来的新挑战，为修改后刑事诉讼法实施创造必要物质条件。

一是加强人力资源保障。一方面修改后刑事诉讼法强化了检察职能，加大了检察机关工作量，迫切需要从人员上补充办案力量。我们要在科学、充分用好现有政法专项编制的同时，积极寻求增加编制以适应工作新需要。另一方面要向机制创新要战斗力。要积极运用检察工作一体化机制，合理分配法律监督资源，加强侦捕诉协作配合与相互制约，加强对职务犯罪侦查的统一指挥，加强检务协作，提升法律监督整体合力；要探索完善机构设置，提高组织效能，湖北省推行的"案件办理职能和案件管理职能、诉讼职能与诉讼监督职能适当分离"改革，实现刑事诉讼监督职能的相对独立，诉讼监督职能行使从人员、机构、方式上得到全面强化，较好适应了修

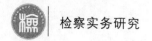

改后刑事诉讼法的要求。

二是加强检察经费保障。修改后刑事诉讼法对检察机关经费保障提出了三个方面的新需求：在基础设施建设上，检察机关在新建和完善办案区、看守所讯问室、监视居住场所、信息化装备、增设机构办公室、新增车辆等方面需要增加经费投入；在业务工作经费上，因强化检察机关法律监督职能带来工作量的增加需增加经常性保障经费；在人头经费上，按照工作量增加情况和人员增加情况也需要增加经费投入。面对新需求，我们一方面要加强调研，认真分析经费增加的种类、数额、依据，积极抓好向党委、人大汇报、加强与政府相关部门沟通协调，积极争取党委政府在经费政策方面的支持。另一方面，要向内部挖掘潜力，坚持勤俭办事，把有限的经费更多地向检察业务工作倾斜，提高资金使用效率。

三是加强科技装备保障。要深入落实最高人民检察院《科技强检规划纲要》，不断提升检务装备保障水平。要紧紧围绕贯彻落实修改后刑事诉讼法要求，以同步录音录像、视频监控、侦查指挥、电子证据检验鉴定、多媒体示证等为重点，加大执法硬件建设力度，通过改善物质装备提升执法办案能力；要积极推进公、检、法部门之间办案业务设备的资源共享，尽量避免基础设施重复建设和大宗设备的重复购置，最大限度实现资源合理利用，提高科技装备利用率；要大力推进检察信息化建设，提高检察工作科技含量，提升办案效率和水平。

# 5 畅通纳言渠道　强化外部监督 促进检察工作全面发展<sup>*</sup>

2012 年以来，黄冈市检察机关按照省院提出的"五个检察"发展目标和"四个发展"的根本要求，落实湖北省人民检察院敬大力检察长提出的各项工作要求，确立政治建检、业务立检、队伍强检、科技兴检、文化育检的总体思路。在 2012 年，提出"五个奋力争先"的工作目标。2013 年作出"六个紧紧围绕、六个狠抓落实"的工作部署，以抓政治，保方向；抓学习，提能力；抓业务，升质效；抓管理，促规范；抓自身建设，塑过硬队伍为举措，积极主动接受人大代表、政协委员及人民监督员等外部监督，确保检察权在法治中行使，在监督下运行，各项检察工作成效明显。黄冈市人民检察院先后荣获"全省社会管理综合治理先进单位"、"全省保密工作先进单位"、"全省检察机关群众工作先进单位"及全市"最佳文明系统"、"优秀党组中心学习组"、"政法工作先进单位"、"社会管理综合治理先进单位"、"法治建设先进单位"、"信访工作先进单位"、"党建工作先进单位"等 15 项表彰。

## 一、健全工作机制，保持监督工作的常态性

一是建立对口联络人大代表工作机制。黄冈市院下发了《加强联络服务全国、省、市人大代表及市人大常委会委员工作方案》，各基层院也明确了联系本级人大代表工作方案，确立由检察长负总责，党组成员全员参与，对口联络人大代表的机制，做到联络工作对口

---

\* 本文原刊于《人民监督》2013 年第 7 期。

化、经常化，接受监督制度化、常态化。

二是形成向人大代表、政协委员及人民监督员通报工作情况机制。坚持每年定期两次向人大代表、政协委员以及人民监督员通报工作，对于重要工作部署、重大案件查处和重大事项办理情况做到随时通报情况。2012 年以来，我市检察机关以《工作情况通报》的形式共向人大代表、政协委员及人民监督员通报工作 150 人（次）。

三是健全人民监督员参与案件质量监督机制。黄冈市院在每年对全市案件质量评查工作方案中，都明确人民监督员是案件质量评查领导小组成员，共同参与对全市检察机关所办案件质量的评查工作。今年 4 月，黄冈市院邀请 30 名人民监督员全程参与对基层院的案件质量评查，共检查基层院 2012 年度案件 3568 件，人民监督员对案件中存在的问题提出了 15 条改进建议，都得到了认真整改落实。

## 二、畅通监督渠道，保证监督工作广泛参与性

一是大力推进检务公开，阳光执法，畅通各项检察工作接受外部的渠道。通过邀请人大代表、政协委员、人民监督员视察工作、列席会议、旁听审讯、参与接访、案件回访、观摩公诉庭、参与重要活动等形式，自觉将各项检察工作置于人大代表、政协委员、人民监督员监督之下，让外部监督深入检察工作各个方面、各个环节。今年，黄冈市院主动邀请人大代表、政协委员和人民监督员参与全市检察机关"两转两抓"专项活动，发出"两转两抓"专项活动征求意见函 150 余份，并邀请人民监督员参与检务督察，重点督察干警遵守禁酒令、公车使用规定、上下班纪律等情况，收效良好。

二是充分利用媒体形式，强化与人大代表、政协委员和人民监督员的联系互动，做到随时听取意见，时刻接受监督。黄冈市院在检察门户网站、机关刊物《黄冈检察》上为人民监督员开辟专栏，提供监督阵地。今年以来，黄冈市院组织开展的"我当人民监督员"主题征文活动，得到人民监督员的积极响应，收到征文 30 余篇，被省市级以上媒体采用近 10 篇。今年 5 月，黄冈市院开通了人

民监督员微信，实现监督者与被监督者互动的及时性，增强了接受监督的时效性。

三是围绕开放性执法的要求，加强对新职能、新工作监督力度。随着修改后民事诉讼法、刑事诉讼法的实施，检察机关的法律监督职能不断丰富。立足新职能，我市检察机关不断探索在羁押必要性审查、刑事和解、附条件不起诉公开审查等工作中接受外部监督的新方式、新方法。今年5月，武穴市院对犯罪嫌疑人张某涉嫌玩忽职守一案进行羁押必要性审查时，邀请三名人民监督员参与公开审查，检察机关的意见得到了人民监督员的认同，取得了良好的效果。

## 三、注重意见建议落实，保证监督工作实效性

一是不断规范意见建议的办理。对所收集的意见建议，严格登记、签批、转办、回复程序，做到件件有记录、件件有落实，事事有回复，让意见建议转化为加强和改进工作的依据，转化为推动工作发展的动力。

二是切实加强意见建议的落实。每年两会期间，我市两级院都派出中层以上干部到审议会场现场认真听取代表对检察工作的意见和建议。对代表提出的各类意见和建议，高度重视，进行整理分类，由主要院领导审核后，按照分工分由相关基层院或内设机构办理，并要求限期提出整改措施，及时将整改措施和落实情况反馈有关代表及人大常委会有关部门。

三是认真完成各类交办事项。两级院把办理人大交办的案件作为接受监督的有效途径，严格遵照人大对交办事项的期限要求，及时办理案件，2012年共办理人大交办案件6件，交办事项10余件，做到回复率100%，满意率100%。

四是全面落实人民监督员制度。2012年以来，省院在我市选任人民监督员15名，市检察院在全市选任人民监督员125名，其中有人大代表44人，政协委员30人。全市启动人民监督员监督案件20件21人，严格依照人民监督员监督评议案件流程操作，充分尊重人民监督员意见，监督效果良好。

## 四、通过接受监督进一步促进工作发展的思路

一是进一步加强对监督工作的调查研究。针对监督工作中反映出的重点问题进行深入调研，进一步探索适应检察工作规律的监督途径和方式，及时总结工作成效，使监督工作更好的成为促进检察事业发展的动力。

二是进一步创新监督工作的形式。修改后的刑事诉讼法、民事诉讼法实施后，检察工作面临的形势不断发生变化，有必要在监督工作上探索新形式，为监督工作注入创新元素，切实提高接受监督的质效。

三是进一步加强监督保障建设。在新的形势下，检察机关接受监督日益呈现专业性强、涉及面广的特点，需要有较强的保障基础，完善的协调配合机制。只有加强监督保障，才能进一步推进监督工作深入开展，不断提高应对新局面、解决新问题的能力和水平。

# 6 顺应新媒体时代要求
## 创新检察机关群众工作 *

　　随着现代信息技术快速发展，以网络为主要代表的新兴媒体的社会影响力不断增长，信息传播方式和交流沟通方式发生深刻变化，同时民众参与公共事务的意识也极大增强，如何提高社会沟通能力，充分发挥新媒体在联系服务群众中的积极作用，成为摆在检察机关面前的一项重大而紧迫的现实课题。

## 一、深化对新媒体的认知，增强群众路线自觉

　　要做好新媒体时代社会沟通工作，首要任务是深化对新媒体的认识，确保沉着应对、心中有数、有的放矢。

### （一）新媒体对群众工作提出新要求

　　进入新媒体时代，群众大规模"触电"上网，借助新媒体的联系、沟通日趋频繁，虚拟网络社会日渐成型，群众分布发生巨大变化，呈现出线上线下交叉互动、有机融合的态势。随着以微博、微信为代表的新媒体快速发展，网络用户数量仍在不断增加。据网络统计数据，截至 2013 年 6 月底，我国网民规模达到 5.91 亿，手机网民规模达 4.64 亿，网络普及率为 44.1% 。"群众在哪里，群众工作就覆盖到哪里"是党的群众路线的基本要求。面对数量不断增加、影响不断增强的线上群众，需要把群众工作延伸上网，筑牢网络虚拟世界中的群众工作阵地。

---

　　* 本文于 2013 年 9 月在最高人民检察院举办的群众路线与新媒体时代社会沟通能力研讨会（内蒙古·包头）上发表交流。

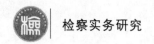

（二）新媒体对执法公信提出新挑战

新媒体时代，"人人都是通讯社，个个都有麦克风"，群众可以根据自己的价值观和喜好，将自己认为的检察机关"真实形象"向公众进行"大喇叭广播"，实现对检察机关、检察官的动态监督。然而由于信息传播的不确定和不可控性，加之部分群众对政法机关的偏见及不理解，稍有不慎，一个小小的事件都有可能掀起舆论风暴，影响检察机关形象、执法公信。因此，坚持与时俱进，更新现有观念，改进工作思路，熟悉新媒体，用好新媒体，与媒体良性沟通，既是时代大势、客观要求，更应是增进检民联系、提升执法公信的主动选择、主动作为。

（三）新媒体对检察发展提出新机遇

新媒体是把"双刃剑"，在带来诸多挑战的同时，也以其特有的开放性、多元性、平等性和互动性，给检察工作提供了有利发展条件，如开辟了检察宣传新领域，有利于及时准确地宣传工作情况，直观、立体、全方位展现工作业绩；拓展了舆论引导新途径，有利于更好汇集、判断分析和引导社情民意；搭建了检务公开新平台，有利于更好接受人民群众监督，加强与群众互动，提高沟通效能。因此，深入研究舆论环境和媒体格局深刻变动情况下舆论引导规律，提高新媒体沟通能力，已成为争取群众理解支持，凝聚发展"正能量"的必然要求。

## 二、提高新媒体沟通能力，积极回应群众关切

新媒体出现和运用，极大增强了群众参与公共事务的意识，成为公众参政议政、对公共权力进行监督的重要途径。我们应该主动适应形势变化，积极回应社会关切，提高社会沟通能力，改进和加强群众工作，实现检群关系良性互动。

（一）强化媒体意识，培育干警媒体素养

新媒体时代传播主体多元化、大众化和传播渠道多样化，要求我们必须强化媒体意识，提高新媒体的运用能力和舆论影响能力。一要客观对待舆论监督。要深化媒体意识就是监督意识的观念，自

觉把新媒体当作获取信息、了解民意的重要平台，当作推进民主法治建设的重要力量，以开放包容的态度接受和对待网络舆论，时刻做好接受监督准备，并把接受监督作为加强和改进检察工作的不竭动力。二要掌握新媒体传播规律。要深化媒体意识就是执政意识的观念，加强对新媒体运作规律、使用技能的认识，主动进行议题设置，把检察工作的亮点、新闻媒体的关注点和人民群众的兴趣点结合起来，积极争取公众的认同和支持，始终保持检察机关正面宣传的影响力、控制力。三要提高舆论引导能力。一方面，通过开展信息化科学技术培训和新媒体基础知识培训，着力培育检察机关和干警新媒体素养，提升干警面对新媒体的应变能力和舆论引导能力；另一方面，要有规划、有组织地打造新媒体引导平台，如检察机关网站群、微博群、微信群（如湖北的"鄂检网阵"），鼓励干警抢占新媒体阵地，全方位、多层次加强与公众交流互动，增强运用新媒体的主动性、有效性。

（二）健全长效机制，提高舆情应对能力

面对新媒体网络的"爆炸式"发展，妥善应对涉检网络舆情，成为新形势下检察机关群众工作的有效延伸和重要内容。一要健全完善办案风险评估制度。始终保持高度的舆论敏感性，把执法办案风险评估预警工作贯穿始终，重视办案安全，建立重点案件舆情档案，密切关注案件办理过程中的社会反响。二要建立舆情研判机制。整合资源，建立专兼职队伍，加强对涉检舆情的收集、整理和分析，特别是对于重大敏感案件，及时开展舆论风险评估，跟踪反应舆情变化，为科学制定舆情引导预案提供全面参考。三要建立应急处置机制。建立涉检网络舆情处置领导小组和具体工作机构，加强对重大敏感案件舆情应对的统一指挥，加强与党委宣传部门的沟通协调，形成应对合力；建全涉检网络舆情应急预案，明确涉检舆情应对引导各阶段的相关责任；加强检察机关网络评论员队伍建设，及时掌握涉检舆情的发展及媒体关注焦点，采取跟帖等方式，有针对性地发表评论，引领舆论导向。四要建立责任追究机制。全面推行责任追究和倒查制度，对在重大舆情中因工作失职、决策失误等问题酿成群体性事件，或者判断失误、处置失当造成矛盾激化、事态扩大的，或者迟报瞒报压报信息贻误最佳处置时机，造成工作被动的，要在迅速查清事实真相的基础上，严肃追究相关人员的法律责任。

（三）构建互动平台，建立新型检群关系

新媒体为密切检群联系提供了便利条件，我们要顺势而进，搭建互动沟通平台，回应群众期盼，提高检察工作亲和力和群众满意度。一是打造信息传播平台。加强门户网站、官方微博、微信等平台建设，加快电子检务公开步伐，全面介绍检察机关工作职能和工作流程，及时发布重大案件、重要活动信息，展示检察工作成绩、展现干警良好形象。要注重网络外交，加强与重要网站沟通，争取在发布、监控和引导上取得帮助支持，构建和谐的检察公共关系。二是打造民意收集平台。拓展检察外网功能，通过开设网上群众工作专题板块、开放评论功能等方式，努力将门户网站、官方微博、微信等打造成群众发表言论、表达诉求、释放情绪的便利通道，积极主动吸纳网络民意，征集群众意见和建议，了解民情民意，汇集民心民智民力。三是打造沟通服务平台。创新网络服务模式，通过新媒体与群众进行零距离的平等交流对话，把网上交心网下服务、网上问题网下解决，作为检察机关执法为民的新方式，对网民提出的合理化建议和需求，层层跟踪督办，回访落实情况，以实际行动树立检察机关亲民为民的良好形象。

### 三、把握新媒体运用策略，提升群众工作水平

新媒体作为新时期群众路线的有效抓手，较好解决了"与群众在一起"、"从群众中来、到群众中去"等问题，但也存在负面效应，需要我们注意和准确把握好运用策略。

（一）准确把握好手段与目的的关系

新媒体丰富了群众路线的实践形式，也提高了群众路线的实践效果。但它仅仅是加强沟通的手段和工具，其最终目的是要解决群众难题，加深群众感情，增进群众认同，引导群众投身中国特色社会主义建设。因此，我们要始终保持高度的政治性、针对性，注重

把党的主张转化为网言网语，警惕网络匿名性造成的表达恣意和网络公开性导致的外部介入，及时辟谣降噪，以正视听，实现潜移默化影响与旗帜鲜明引导的有机统一。

（二）准确把握好线上与线下的关系

新媒体拉近了检察机关与群众的距离，有效实现了"面对面"、"键对键"的沟通。但是其终究只是一种沟通媒介，具有间接性、虚拟性。网络虚拟世界是现实世界的映射和镜像，线上问题归根结底是线下问题。因此，践行群众路线不仅从网上来，到网上去，更要到现实中去，要坚持"网上听声，网下解忧"，仍以面对面的线下直接沟通联系为主，以新媒体线上联系为辅，以实际行动解决现实问题，实现线上线下有机结合、相互促进。

（三）准确把握好被动与主动的关系

要准确把握好舆论引导的时机、节奏、力度，力戒形式主义（如光办网站不更新、只开账户不回复或者很少回复的现象）、"鸵鸟心态"（如遇事封、堵、捂、盖、删等简单粗暴做法，或反应迟钝、表态不及时，信息不透明，甚至失语、乱语现象），做到不回避矛盾、不掩盖问题，回应群众关注关切，主动设置议题、积极加以引导，在报道新闻事实中体现正确导向，在同群众交流互动中扩大社会认同，在加强法律服务中开展思想教育，实现长期、频繁、高效地交流互动，提升群众工作效果。

# 7 以法治文化建设促进社会管理法治化*

党的十八大报告提出，要更加注重发挥法治在国家治理和社会管理中的重要作用；全面推进依法治国，提高领导干部运用法治思维和法治方式深化改革、推动发展、化解矛盾、维护稳定能力；围绕构建中国特色社会管理体系，加快形成"党委领导、政府负责、社会协同、公众参与、法治保障"的社会管理体制；实现国家各项工作法治化。这些新提法表明，十八大已将"社会管理法治化"作为当前和今后一个时期社会管理创新的指导思想、基本路径和主要方法。如何提升社会管理法治化水平，促进社会管理法治化进程，已经是社会发展的重要课题。本文试图从法治文化建设切入，探讨如何以法治文化建设促进社会管理法治化的问题。

## 一、推进社会管理法治化必须高度重视法治文化建设

（一）当前社会管理中法治文化的缺失

当前，我国社会管理总体形势较好，但也存在一些问题和不足，其中较为明显的就是法治文化缺失。比如"有事找熟人"取代了"有事依法办"、法院判决执行难问题、宁愿受处罚也不愿遵守交通规则、无理上访等问题，其实就是法治文化缺失之弊。法治文化的缺失主要表现在：一是法治观念较为淡薄。人民群众在社会活动中秩序意识、法律意识薄弱，在处理矛盾和问题时较少

---

　　* 本文于2013年11月在建设法治湖北研讨会（湖北武汉）上发表交流，刊于《检察风云》（社会治理理论版）2014年第2期。

用法治思维来思考问题，用法律手段来解决问题，思想观念、心理习惯、行为方式还带有许多旧的传统烙印。二是管理者通过法治思维破解社会管理难题意识不强、方法不多，作为管理方的行政机关在社会建设、管理、服务过程中，重行政手段轻法治手段、重个人权威轻法治权威、重政策应用轻法治规则，为社会管理服务的法律法规建设滞后。这种缺失和不足，既制约了社会管理创新的深入推进，又同实施依法治国方略、加快社会主义法治国家进程步伐不协调、不匹配。

（二）法治文化建设对于社会管理法治化的重要意义

法治文化是以法治为核心的社会文化体系，是相对于人治文化而存在的一种进步文化形态。它是法律制度、法治精神在一个国家或地区实施的程度和人们对法律信仰水平的总和，其核心内容应包括人们的法治意识、法治观念、法治思想、法律价值取向等。美国法学家贝尔曼说："没有信仰的法律将退化成僵死的教条，而没有法律的信仰将蜕变成为狂信。"法治文化是政治社会对治理方式的历史性选择，是社会文明特别是精神文明发展到一定阶段的产物。法治文化在社会管理中处于极其重要的"定心稳底"地位，为社会管理法治化提供不可或缺的滋养，是推动社会管理法治化进程的精神支柱和内在动力。在完成社会管理的基本任务中承担着不可替代的支撑作用。没有全社会对法治的高度信仰，把法治看作一种基本的、普遍的"生活样式"，社会管理法治化就无法实现。苏州大学法学院教授、博士生导师、中国法学会理事杨海坤认为，现代和谐社会所铺垫着的是一种浓郁的充满民主和科学精神的法治文化。也可以这样说，社会管理法治化的最高形态就是法治文化在社会管理中普遍存在并发挥积极作用。譬如在交通管理中制定和适用交通法律和规则，最终目的是要达到让自觉遵守交通秩序成为人们的文化认同和自觉。

（三）法治文化建设促进社会管理法治化的基本特征

法治文化在社会管理法治化进程中的基本特征主要表现在四个方面：一是法治文化的引领性。法治文化来源于法治实践，但高于法治实践，为法治实践提供指导帮助、参考建议，积极引导法治实践。社会管理法治化作为法治实践的一部分，同样也受到法治文化的引领。二是法治文化的自觉性。通过法治文化潜移默化的影响，使法律成为社会整体的共同认知，使法治意识成为社会整体的共同意识。公民在对法律信仰、认同的基础上，积极主动、自觉地遵守和服从法律规则。社会管理法治化就有了社会思想基础。三是法治文化的规范性。法治文化的本质就是在全社会切实地体现一种不得违背的党的意志、国家意志、人民意志，通俗地说就是不得违背这种"法秩序状态"的社会意志和众人愿望。因此，法治文化具有规范力，它在社会管理走向法治化的过程中，可以形成一种"场效应"，并且内化为公民的个体思想，从而规范人们的行为方式，使他们明白自己应该做什么，不应该做什么，使社会成为一种有法律且被严格遵守的状态。四是法治文化的补充性。法治文化是法律制度供给的重要补充。在社会管理中，当出现立法空白、立法冲突时，法治文化所蕴含的文化判断力就会在一定程度上弥补制度供给的不足，其所负载的核心价值、内在精神、基本理念，就可以为个体行为和社会管理提供指导，解决社会矛盾冲突，保障经济社会平稳发展有序推进。

## 二、以法治文化建设促进社会管理法治化的实践路径

### （一）大力推进全社会法治文化的普及提高

一要弘扬法治精神。作为一个文化体系，法治文化有一个一以贯之的精神实质，即"法治精神"或"法治理念"。法治文化建设的意义在于，使全民全社会树立法治观念。具体落实到社会管理法治化实践活动中，一方面，要把法治思维模式作为创新社会管理的基本思维模式，以法治理念指导社会管理工作，以法律手段破解社会管理难题，完善社会管理工作机制，强化政府机关和领导的法治意识，全面推进社会建设、管理和服务的法治化。另一方面，要将法治文化和"孝"、"和"、"信"等优秀传统文化结合起来，开展全方位、大纵深的法治文化建设，用法治文化塑造民众的公平、正义

观念。将宣传教育融入现代公民意识教育之中，全面推进民众的法治教育，规则教育，强化公民的法治观念，让法治精神渗透到公民的骨子里去，使广大公民自觉运用法律武器维护自己的合法权益、履行法定的责任和义务。用法治文化浸润民众的生活方式，让法治这种社会调整方式得到社会民众的内心认同，成为每个人的生活习惯与生活方式。

二要普及法律知识。要想真正推进社会管理法治化，必须加强法律宣传教育，普及法律知识，提高公民的法律素养。人们只有掌握法律知识，才会形成法律意识，这是提升社会管理法治水平的基础性要件。当前，要充分发挥"六五"普法的先导作用，尤其是扩大法制教育人群，要以领导干部、公务员、青少年、企业经营管理人员和农民等为法制教育重点，有针对性地开展法治教育，全面提高全社会的法治意识和法律素养。从而提高领导干部和广大公务员依法办事、依法行使公共权力的能力，着力提高社会各方面人员依法维权、依法处置矛盾纠纷的能力，形成"办事依法、遇事找法、处事用法、维权靠法"的社会风尚。

（二）在社会管理的重点领域构建特色法治文化

一是加强机关法治文化建设。坚持法治文化建设与机关思想建设、队伍建设、作风建设、廉政建设相结合，认真落实干部学法用法、中心组学法、领导干部法制讲座、干部任前考法等制度，开展法制宣传日（宣传周、宣传月）和违法犯罪警示教育等活动，实现干部学法用法工作常态化。

二是加强村（社区）法治文化建设。将法治文化建设纳入农村、社区建设总体规划，有效整合利用各种文化活动场所、文化设施，搭建城乡公共场所法治文化建设发展平台。紧密结合送文化下乡等活动和农村党员干部现代远程教育、文化信息资源共享等文化惠民工程，拓宽村（社区）法治文化传播渠道。扎实推进普法下乡"十百千万"工程，促进提高基层群众依法维权、依法办事的意识和能力。

三是加强校园法治文化建设。把开展青少年法制教育作为实施素质教育的重要内容，建设集知识性、趣味性于一体的校园法治文化阵地，组织开展法制主题班（队）会、模拟法庭、法制故事演讲、法制影视观摩、法制漫画创作比赛、学法竞赛等丰富多彩的校园法治文化活动。

四是加强企业法治文化建设。在企业依法自治、诚信建设、创建和谐劳动关系中融入法治文化内容。通过健全落实企业法律顾问制度、"一月一学、半年一结"等学法制度，配备企业法律顾问、法制宣传干事，设置车间班组法制宣传员等举措，将法治理念内化为企业经营发展的精神动力。同时，积极探索法治文化与传统文化、行业文化、廉政文化、旅游文化、环保文化等相互融合的有效途径，培育更具特色的优秀法治文化。

（三）充分运用和创新法治文化载体

一要创新法治文化的表现形式。弘扬法治文化必须以群众喜闻乐见、容易接受的方式进行，要适应人们生活方式的改变。既要注重电影、小说、戏剧等传统文化方式的传承，又要推动现代文化方式的发展。当前网络、手机等新型媒体状态的出现，为法治文化建设提供了更广阔的平台，展现出微博、网络小说、短信、帖子等不同文化形态。在社会管理活动中，必须以更大程度关注这些平台的建设，管理、引导、规范新形态文化形式的发展。同时，还要倡导群众文化形式的发扬。繁荣广大人民群众的法治文化创作，发掘、发现、推广、弘扬一切民间的文化形式进行的创作，如快板、秧歌、民间歌舞、相声、故事、笑话等。

二要强化法治文化的传播推广。选择百姓关注、影响力大、富有时代特征和地方特色的内容，设计和推出各种形式的传播、教育活动。如开展法治讲座、讲坛、法律咨询服务等法制宣传教育活动；开展法治书画、摄影展、影视展播、文艺演出等群众喜闻乐见的法制文艺活动。充分利用报刊、电视、广播、网络等媒体开展法治理念、法治文化宣传；有计划地筹建公共法治文化服务设施，在文化馆、图书馆等公共文化设施建设中，逐步增加法治文化的内容；积极推进法治文化广场、法治公园、街区建设以及大中小学校的法治文化基础设施建设，形成一批传播法治文化的主阵地；加强对公共信息资源的整合，充分运用公益广告屏、电子显示屏以及橱窗和手机短信等载体传播法治信息，使广大群众在潜移默化中接受法治文化教育。

### 三、以法治文化建设促进社会管理法治化应着重把握的问题

（一）要坚定正确方向

这个正确方向是指，弘扬法治文化，促进社会管理法治化必须坚持社会主义性。社会主义是我国一切政治制度和文化形态的内在规定。毛泽东同志在《新民主主义论》中指出："我们在政治上经济上有社会主义的因素，反映到我们的国民文化也有社会主义的因素。"首先，坚持社会主义就是要坚持中国共产党的领导，党的领导是社会主义法治的根本保证。只有坚持党的领导，才能保证社会管理法治文化建设的正确政治方向。其次，要坚持以社会主义核心价值体系为统领。社会主义核心价值体系是社会主义意识形态的本质体现，在整个文化建设中居于统领和支配地位。弘扬法治文化，促进社会管理法治化，必须坚持以社会主义核心价值体系为统领，自觉服从服务于社会主义核心价值体系建设，把社会主义核心价值体系建设融入加强和创新社会管理法治文化建设的全过程。所以，我们弘扬的法治文化是中国特色社会主义法治文化，而不是资本主义法治文化或地方法治文化。我们弘扬社会主义法治文化，促进社会管理法治化是在党的领导下，以社会主义核心价值体系为统领，以中国特色社会主义法律体系为依据的依法治国的实践活动。

（二）要坚持人文关怀

法无情，但是法治必须具有人性。没有人性的法治，不符合广大人民群众的根本利益。在法的世界里，法最大，法胜过生命。一旦法被固定下来，必须以生命去守护。法没有高于生命的威严，法也就失去了生命力和存在的意义。法治文化，一方面，要大力弘扬

法的崇高，法的尊严，法的铁血；另一方面，要大力展现法所蕴含的温情、柔情、人性、人情。通过法治文化，让广大社会群众看到的不是法的"死板"、"无情"，而是"死板"、"无情"之下的温暖、爱心。弘扬法治文化，促进社会管理法治化，关系到国计民生，关系到社会稳定大局。因此，更应坚持人文关怀，以让人民生活得更好为出发点，以构建民主法治、公平正义、诚信友爱、充满活力、安定有序、人与自然和谐相处的社会为目标。在实践中，充分发挥政治文化浸润、感召和引领的作用，充分调动人们的自觉性，以理智、温和、民主、友善的方式化解矛盾。

（三）要坚持与时俱进

社会管理是一项实践性较强的活动，它随着时代发展、社会变革不断地变化发展。而法治文化作为一种文化形态，属于意识范畴，与社会发展相较，具有相对滞后的特点。因此弘扬法治文化要坚持与时俱进，开拓创新。主要表现在：在法治文化思想和法治文化理念方面，适应中国特色社会主义建设要求，提出牢固树立社会主义法治理念，弘扬法治精神，尊重和保障人权等新诉求。在完善法律制度方面，坚持科学立法、民主立法，完善社会主义法律体系；深化司法体制改革，优化司法职权配置，规范司法行为，建设公正、高效、权威的社会主义司法制度。在法制宣传教育方面，推进法律素质教育，抓好领导干部、公务员、企业管理人员、青少年、农民等重点对象的学法、守法和用法，全面提高人们的法律素养，形成浓厚的法治文化氛围。

（四）要坚持循序渐进

法治文化的影响是"春风化雨"、"润物细无声"，是一个长期而渐进的过程。在社会管理实践活动中，一些地方政府和领导由于看不到立竿见影的效果，对法治文化的作用失去耐心和信心，不愿花钱花精力去弘扬法治文化；有的则做表面文章，搞形式主义，追求短期效果。这样做的结果只能是社会管理难以实现法治化、民主化和科学化。法治文化发展本身需要一个历史过程，通过弘扬法治文化来促进社会管理法治化不可能一蹴而就，一劳永逸，必须坚持日积月累。不积跬步，无以至千里；不积小流，无以成江海。只有一步一个脚印的做好社会管理中的法治文化建设工作，从无到有，聚少成多，以致发生质变，才能真正实现民主法治、公平正义、诚信友爱、充满活力、安定有序、人与自然和谐相处的社会。

# 8 充分发挥检察职能
促进社会治理体制创新<sup>*</sup>

党的十八届三中全会作出的《中央关于全面深化改革若干重大问题的决定》中明确提出了"创新社会治理体制"的任务。在新的形势和任务面前，检察机关作为政法机关重要组成部分，如何深入贯彻落实党的十八届三中全会精神和孟建柱书记"三个走在前列"要求，进一步发挥检察职能促进社会治理体制创新，是需要深入研究的重大课题。现结合检察工作实际提出一些初步思考。

## 一、准确把握社会治理体制创新中的新要求

社会治理体制创新的新要求概括起来有两大方面：一是"社会管理"向"社会治理"的重大转变。从"社会管理"走向"社会治理"，是中国特色社会主义的理论创新，是中国特色社会主义的实践总结，是中国特色社会主义的必然选择。这标志着我党在全面深化改革时期的执政理念，要求从传统的以自上而下管控为特点的"管理"理念，转变为一种强调国家与社会合作共治的"治理"理念；从单一政府执政主体扩展到包括政府、社会组织和个人在内的多方共治主体；从单向、强制、刚性的运作模式转变为复合、合作、包容的运作模式。二是创新社会治理体制本身的新要求。对如何建构科学有效的社会治理体制，党的十八届三中全会在强调继续坚持党委领导、政府主导的同时，特别强调政府治理与社会自我调节、居

---

　　* 本文于 2013 年 11 月在建设法治湖北研讨会（湖北·武汉）上发表交流，刊于《人民检察·湖北版》2014 年第 2 期。

民自治有机结合，良性互动，要求坚持人民主体原则，以维护最广大人民群众的根本利益，最大限度地增加和谐因素，增强社会发展活力，提高社会治理水平，维护国家安全，确保人民安居乐业、社会安定有序为目标，深入推进社会治理方式、激发社会组织活力、创新有效预防和化解社会矛盾体制、健全公共安全体系四个方面的改革创新。

## 二、准确把握检察机关在社会治理体制创新中的职能定位

社会治理体制创新，必须以依法治国为前提，通过观念创新和机制创新，促进社会的文明、进步、民主，从而为法治国家、法治政府和法治社会建设打下坚实基础。检察机关作为国家法律监督机关，在社会治理体制创新中的职能定位主要有三个方面：

（一）检察机关是社会治理体制创新的重要参与者

执法办案是检察机关参与社会治理创新的基本路径和载体。检察机关通过履行职务犯罪侦查、审查逮捕、审查起诉、诉讼监督等检察职能，公正地适用法律，解决刑事、民事、行政诉讼中的纷争矛盾，惩罚犯罪，引导其他国家机关、社会组织和个体群众比照法定标准预测自身行为，本身就是恢复和维护社会秩序、实现社会公正的过程，也是直接参与社会治理的过程。

（二）检察机关是社会治理体制创新的有效监督者

检察机关有权通过履行民事行政诉讼监督职能对行政机关这一社会治理的责任主体进行监督，对不履行职责、不正确履行职责涉嫌渎职犯罪的行政责任主体开展立案侦查工作。如 2013 年 1 ~ 10 月，黄冈市检察机关立案查办渎职案件 43 件 57 人，同比上升 29.55%。检察机关有权通过办案发现相关行政部门和人员的一些不当管理行为，及时发出检察建议、纠正违法通知书，督促其依法行使职责。按照省院部署，黄冈市检察机关积极审慎探索督促履行职责工作，督促有关机关和部门履行社会治理职能，2013 年 1 ~ 10 月共办理此类案件 100 件，行政机关采纳 96 件，效果良好。检察机关有权对参与社会治理的其他司法机关进行监督，依法督促其正确履

行立案、侦查、审判、执行等司法职责,维护社会公平正义。2013年1～10月,黄冈市检察机关书面纠正侦查、审判、刑罚执行和监管活动违法情形684件次,同比大幅上升。

(三)检察机关是社会治理体制创新的积极推动者

第一,检察机关可以通过案件办理发现所涉及社会治理领域存在的问题与不足,及时建议有关部门和单位正确实施法律,加强内部监督制约,完善社会治理服务。如黄冈市红安县院、麻城市院分别通过分析研究盗窃农村小型泵站犯罪情况、车辆维修行业涉嫌犯罪情况,提出针对性检察建议,引起当地党委政府高度重视,组织开展了专项整治行动。第二,检察机关可以通过整合"三项预防"职能工作,构建预防违法犯罪大格局,充分发挥预防职能作用,防范刑事犯罪、维护司法公正、促进反腐倡廉。如黄冈市检察机关认真落实省院整合"三项预防"职能工作部署,积极探索实践,初步实现"三项预防"工作同步协调发展。2013年1～10月提出检察建议、开展预防咨询、警示教育、案例分析、行贿档案查询、预防调查,同比分别上升127.27%、218.75%、143.04%、478.57%、19.05%、677.78%。第三,高检院具有司法解释权,可以通过解释法律为社会治理提供普遍遵行的规则,推动社会治理法治化进程。

## 三、准确把握检察机关参与社会治理体制创新的路径

检察机关参与社会治理体制创新要选准路径,注意把握工作原则、工作要求、工作重点和工作方法。

(一)检察机关参与社会治理体制创新的工作原则

检察机关参与社会治理体制创新应当遵循"党的领导、立足职能、执法为民"工作原则。坚持党的领导是重大政治原则和纪律,检察机关参与社会治理体制创新工作必须在党的领导下开展,确保正确的政治方向。检察机关要把立足职能作为参与社会治理体制创新的行动标尺,在参与社会治理体制创新具体工作中坚持以执法办案为中心,不缺位、不越权、不乱为。维护最广大人民根本利益,是创新社会治理体制的根本目的,检察机关要把坚持执法为民作为

参与社会治理体制创新的根本目的。

(二) 检察机关参与社会治理体制创新的工作要求

一要统一部署。建议高检院、湖北省院对检察机关参与社会治理体制创新工作进行统一部署，提出指导性工作意见，避免各地出现自行摸索、各自为战、做法迥异的不利局面。二要制度规范。检察机关参与社会治理体制创新是一项系统工程，既需要转变理念，又需要转变工作方式，还需要转变工作作风。这些转变本身都不能一蹴而就，为避免出现"短、平、快"，年年更新机制，无法维持长久的局面，需要用制度予以规范。三要统筹协调。检察机关参与社会治理体制创新是检察机关贯彻落实党的十八届三中全会精神的一个方面，既要与检察机关内部的其他各项改革措施协调配套，又要与司法体制改革和其他政法机关的改革协调推进。

(三) 检察机关参与社会治理体制创新的工作重点

检察机关适应社会治理体制创新的要求，要抓好三个工作重点：一是要善于发力，着力推进内部改革。要根据中央、高检院统一部署，扎实落实好"四项改革"和即将出台的司法改革新措施，继续抓好诉讼监督"四化"、推进执法办案工作转变模式、转型发展、加强和规范检察机关组织体系和基本办案组织等重点改革，加大检察机关人、财、物省以下统一管理的体制机制探索力度，进一步强基础、壮实力、激活力，通过切实履行检察职能，为社会治理体制创新提供更加坚强有力的法治保障。二是要善于借力，着力完善外部衔接。加强与行政执法机关的沟通联系，立足检察职能，积极审慎、有效督促其履行社会治理职责，提升社会治理水平；加强与公安、法院等政法单位的沟通联系，统一适用政策标准，共同解决影响社会稳定的矛盾和问题；探索参与制定社会治理政策工作机制，采取适当形式为制定社会治理政策提供意见和建议，积极协调配合各部门综合运用法律、经济、行政等手段妥善解决社会难点问题。三是要善于用力，着力维护群众利益。健全民意收集转化机制，通过完善与人大代表、政协委员经常性联系机制，完善检察机关重大决策专家咨询和征求意见制度，使检察工作更加符合人民群众的期待，更好维护群众利益。健全群众权益保障机制，以推进平安建设为抓手，依法严厉打击侵犯人民群众利益的各类违法犯罪，同时加强对残疾人、流浪乞讨人员、进城务工人员、未成年人等弱势群体的平等司法保护，努力营造安全和谐稳定的社会环境，提高人民群众安全感和满意度。建立健全涉法涉诉信访依法终结机制，重点探索诉求表达、诉访分离、终结退出审查、保障依法处理、完善司法救助、联动对接等工作机制，在法治轨道上解决涉法涉诉信访，引导群众依法合理维权，化解社会纠纷矛盾。

（四）检察机关参与社会治理体制创新的工作方法

一是充分运用"打击"职能维护安全稳定。反贪、反渎要加大查办职务犯罪工作力度，坚决查处大案要案，突出查处发生在社会治理领域的职务犯罪案件；侦监、公诉部门要切实发挥好职能，坚决打击境内外敌对势力的渗透破坏活动，积极参与打黑除恶、治爆缉枪、打击严重暴力犯罪等专项整治行动，确保国家稳定和公共安全。二是充分运用"预防"职能防范和减少犯罪。职务犯罪预防部门要充分发挥职能作用，在深化职务犯罪预防同时，按照整合"三项预防"的职责分工发挥好统筹协调作用，综合运用审查审批、提示预警、警示教育、预防调查、预防咨询、预防宣传、检察建议等各种手段和措施，整体推进职务犯罪预防、刑事犯罪预防、诉讼违法预防，最大限度防范和减少犯罪，降低社会治理成本。三是充分运用"监督"职能维护公平正义。积极探索诉讼监督"四化"，规范诉讼法律监督，全面加强刑事、民事、行政诉讼法律监督，促进程序公正和实体公正，努力营造公平正义的法治环境。当前，侦查监督部门要特别注意深入推进"两法衔接"工作，加大对行政执法机关移送涉嫌刑事犯罪的监督力度；民事、行政检察部门要特别注意在行政诉讼监督中积极审慎探索督促行政机关履行社会治理职责；监所部门要特别注意对刑罚执行过程中"减、假、保"的监督。四是充分运用"教育"职能提升法治意识。在社会治理中，增强法治意识、法治思维、法治方式是重点任务之一。一方面，要寓教育于执法办案之中，侦监、公诉、民行、控申、监所等部门要结合办案加强释法说理，预防部门要采取"法律五进"等形式组织开展好法制宣传教育，促进在全社会营造学法遵法守法的良好氛围。另一方面，要结合执法办案，注重研究社会治理领域存在的问题，依法提出检察建议，推动社会治理法治化。五是充分运用"保护"职能营造良好市场环境。在全面深化改革的时代背景下，检察机关在全面发挥保护职能维护好国家安全和公共安全的同时，要特别注意对各类市场主体的平等保护，在执法办案中严格区分法律政策界限，正确处理经济纠纷与经济诈骗、正常合法收入与贪污受贿职务侵占所得、资金合理流动与徇私舞弊造成国有资产流失、企业依法融资与非法吸收公众存款行为中罪与非罪的界限，做到"保护"与"打击"并重，并切实加强商业贿赂治理和预防工作，促进形成公平竞争、诚实守信、依法经营的市场环境。

# 9 信息化条件下检务公开工作的
## 深化与完善[*]

现代信息技术的迅猛发展和广泛应用，给检务公开带来了新的机遇和挑战。检察机关要积极顺应信息化的挑战，认真贯彻落实党的十八届三中全会精神，不断丰富完善检务公开的实践路径，更加扎实有效地深化检务公开工作。

## 一、深刻把握信息化条件下检务公开的时代特征

在信息化条件下，随着信息传播方式和交流沟通方式的深刻变化，检务公开工作体现出鲜明的时代特征。

### （一）检务公开内容扩大化

1998年，最高人民检察院下发《关于在全国检察机关实行"检务公开"的决定》，明确检务公开的内容为检察机关行使职权及法律依据的公开、检察机关司法活动相关信息的公开等五类事项十个方面，开启检务公开时代。2006年，最高人民检察院下发《关于进一步深化人民检察院"检务公开"的意见》，对"检务十公开"的内容进行了充实与完善，推动检务公开的探索与实践进入更广更深的领域。随着信息技术的发展，社会公众获取和了解检察信息、监督检察工作的能力更强、途径增多，对检务公开信息的内容要求更加广泛。实践中，因"怠于公开、选择公开"等陈旧理念的影响，检务公开信息不够及时、透明等现象越来越受到挑战和质疑，检务公开在社会聚焦和

---

＊ 本文于2014年9月在全国信息化条件下检务公开研讨会（湖南·株洲）上发表交流。

公众期盼下必须与时俱进地拓展新领域、增添新内容。

（二）检务公开手段现代化

信息技术提高了信息传播和资源配置的效率，推动检务公开突破了公开栏、现场参观（视察）、报纸宣传、公众开放日等传统形式，门户网站、微博、微信、手机客户端、电子显示屏等新媒体已成为检务公开的重要载体和阵地。尤其是随着智能设备、微博、微信等自媒体工具的普及，每个人兼为信息的传播者和接受者，尽管公众没有直接参与检察工作，也可以通过科技媒介对整个检察过程进行监督。在这种开放式、点面结合、即时互动的信息传播环境下，检察机关面临着信息传播主体多元、路径无序等挑战，随时都有可能成为舆论焦点，造成不良影响和后果，更加积极主动运用现代化手段传播检察好故事、凝聚检察正能量显得更加迫切。

（三）检务公开对象社会化

现代信息技术缩短了一切时空距离。检察工作信息以文本、图形、图像、声音、动画、视频等形式综合处理后，无论公众身处何地都可以随时通过信息技术手段加以查询、接收和再次传播。这使检务公开的对象不再局限于案件诉讼当事人、人大代表、政协委员及人民监督员等传统面对面地公开对象，面向不特定的社会大众进行公开、接受公众监督成为新的常态，检务公开广泛性、多样性的特点不断增强。如何根据不同对象，确定不同价值目标、公开内容和方式，使检务公开的信息传递更为便捷，形式更加生动，内容更加精准，便于不同群体的接收和理解，从而实现在更宽领域、更广范围接受人民群众监督、提升检察执法公信成为新的任务。

## 二、着力完善信息化条件下检务公开的实践路径

信息化条件下推进检务公开，要在理念上、机制上、方式上与时俱进，找准符合时代要求、满足群众需要、符合检察规律的正确路径。

（一）坚持基本准则

坚持依法公开，以法律法规为底线，把法律规定作为是否公开、

向谁公开、如何公开的"分水岭",把好分寸尺度;坚持全面公开,始终"以公开为原则,不公开是例外",向社会公开检察机关的执法依据、执法程序、办案过程、办案结果等内容,保证公开信息的完整性、连续性;坚持及时公开,充分利用好信息化的条件逐步做到从被动公开到主动公开、从迟延公开到同步公开,破除检察工作神秘主义,掌握舆情主动权;坚持规范公开,进一步从制度上规范信息公开的内容、范围、方式和途径等,逐步实现从无序公开到有序公开,防止各自为战、任意而为;坚持遵循规律,既遵循检察工作规律,统筹安排,循序渐进,通过检务公开促进严格公正执法,提升检察公信力,又遵循现代信息传播规律,善于运用新型媒体,使检察机关的信息公开方式与现代化传播手段充分有效的结合起来,最大限度地提升检务公开的实效。

(二)健全公开机制

信息化条件下推进检务公开,面临的各种"舆论"风暴风险更大,必须高度重视机制建设,以健全的机制有效防范各种风险。要健全领导机制,设立相对统一、各种侧重的检务公开工作领导机构,加强对检务公开工作统一的领导、规划、管理和应对,强化上下一体、横向协作、整体联动。要健全运行机制,一方面,要明确检务公开工作牵头部门、各业务部门、干警的不同职责,努力形成全员参与、业务部门为主、专兼职结合的运行保障机制,推动每名干警成为检务公开的主体,每项适于公开的检察工作都成为公开的载体;另一方面,要根据公开信息的特点,进一步规范信息公开的实施流程,推动检务公开程序化、标准化、规范化。要健全考核激励机制,将检务公开工作纳入各级院和干警的考核指标体系,突出实践落实、方法创新、社会评价等内容,让落实检务公开任务不再基于执行者的觉悟和自觉,而成为一种制度的刚性要求,激发检务公开的活力。要健全监督、反馈机制,建立当事人异议和救济程序,及时纠正公开不当等情况,保护公众合法权益;加强对外公共关系建设,强化与宣传部门、网络管理部门等沟通协作,畅通与社会各界沟通交流途径,及时收集、听取和处理社会各界意见建议,及时调整和完善检务公开的思路、策略和方法，不断适应形势发展变化。

（三）创新公开方式

要拓展检务公开深度，及时公开检察机关面向社会公众制定的重大决策和相关规定，及时公开检察机关服务大局、服务民生的重大举措，及时公开执法办案、队伍建设等重要事项，尤其是与当事人合法权益密切相关的诉讼程序进展情况，促进检务公开从单纯的"职责公开"向"工作公开"转变，将其打造成检察形象的综合展示平台。要拓展检务公开广度，运用各种新媒体手段，进一步完善检察机关自有网络平台的新闻发布、互动交流、信息传递、民意征询和形象展示等功能，积极开拓社会网络资源为我作用，构建集群化、矩阵化的网络检务公开平台，让检务公开更加亲民便民。近年来，湖北省检察机关整合全省检察机关的检察门户网站、检察微博、检察微信、检察服务（新闻）、手机客户端等，着力打造"鄂检网阵"，形成了立体整合、协同增效的检务公开方式，不仅扩大了覆盖面、影响力，而且极大提高了检务公开效率和效果，得到了社会各界的一致赞誉。要加强检务公开策划，针对公众关注的热点问题，主动设置议程，利用网络新闻发布、领导专访、案例研讨、沙龙活动等载体，增进检察机关与公众的互信；加强资源整合，探索运用微信、手机客户端等途径进行点对点公开，通过微电影、宣传短片等形式进行展播，通过电视、报刊、网络、博客、论坛等多种方式向公众公开相关信息，形成环绕传播立体声，既满足人民群众知情权，又正面引导社会舆论。

## 三、正确处理信息化条件下检务公开的若干关系

信息化条件下推进检务公开，要特别注意平衡各方面的权益，正确处理好以下五个方面的关系。

（一）正确处理公开与保密的关系

检务公开并不是绝对公开。要从辩证统一的角度看待公开与保密的关系，公开与保密都是为了维护国家利益、法律权威、人民权益，国家秘密需要保护，人民群众的合法知情权也应保障，既不能

以保密为由拒绝公开应该依法公开的信息，也不能以公开为由无视国家秘密、公共利益、个人隐私。正确处理保守国家秘密与信息公开的关系，关键是做到保密与公开都要合理、合法。所谓"合理"，就是要根据实际情况，对是否保密与公开利弊权衡。什么样的信息应当公开、什么时候公开、什么形式公开，哪些信息应当保密、在什么情况下保密，都要从维护国家利益、法律权威、人民权益的高度，权衡利弊得失作出选择。所谓"合法"，就是要做到依法保密，依法公开，法律规定需要保密事项必须保密，不得以公开为由擅自公开；法律法规要求公开的必须公开，不得以保密为由不予公开或者拒绝公开；保密事项要符合国家保密范围和保密的规定，公开的程序和方式也必须符合法律规定。

（二）正确处理信息需求与信息供给的关系

目前，检察机关信息公开仍然是一种选择性、供给式公开，不可能也不允许超越对象、范围公开检察信息。同时，人民群众对信息公开的需求越来越大，认为公开的信息越多越好、公开的渠道越广越好。新的形势下，必须在公开的形式、内容上处理好人民群众对检察信息的需求与检察机关能够依法、依规、合理提供信息之间的关系。在公开的内容上，只要是不涉及国家秘密、不干扰在办案件、不侵害公共利益和个人隐私的信息，能够公开的尽可能公开，最大限度的依法满足人民群众的知情权；在公开的形式上，要区别不同的对象使用不同的方式，有些信息只需要向涉案当事人公开，有的信息则需要向社会公众公开，要针对这些不同的对象采取合理的途径公开信息。只有这样，才能提高检务公开的针对性和有效性，找准人民群众知情权和检务公开所能达到的"度"之间的平衡点。

（三）正确处理现代方式与传统方式的关系

检务公开就是要更好地尊重和保障当事人和社会公众对检察工作的参与权、知情权和监督权，使检察工作更加透明、开放、亲民。我国多元化的社会特征决定了人民群众接受信息的形式、渠道也是多样化的。一方面，城市居民或者文化层次相对较高、年龄相对较轻的群体更愿意从网络等新型媒体上获取信息；另一方面，一些偏远地区、乡镇农村或文化层次相对较低、年龄偏大的群体获取信息的方式仍然较多局限于宣传栏、展示板、报纸等传统媒体。因此，检务公开的方式上，要打好现代方式和传统方式的"组合拳"，既要充分利用好网站、博客、微博、微信、手机客户端等现代新型信息传播方式，提升检务公开的时效和广度；又要重视公示栏、展示板、宣传册、报纸等传统方式在信息传播中的积极作用，确保检务公开深入基层、不留边角。

（四）正确处理检务公开与政务公开的关系

检务公开与政务公开都是十八大提出的推行权力运行公开化、规范化的形式之一。一方面，检务公开和政务公开都是向社会公众、特定人群公开权力运行方式、办事办案信息，本质上具有一致性；另一方面，检务公开、政务公开各有侧重点，检务公开涉及的主要是检察活动、案件信息等，内容相对专业和单一，政务公开则涉及社会方方面面，与经济社会生活密切相关，受众面相对更广。因此，在推进检务公开的进程中，既要使检务公开与政务公开有效衔接，共同推进阳光检务、阳光政务，促进司法公正、依法行政，更要注重从检察工作角度出发，在公开内容、公开形式、公开范围等方面体现出检察工作的特殊性，特别是在涉密案件信息上，不搞无原则的协作配合、信息共享，维护好自身信息安全。

（五）正确处理舆情预防与舆情处置的关系

随着检务公开的深入推进，信息受众面的扩大化、信息内容的多样化使舆情形势更加复杂多变。因此，推进检务公开进程中，要始终高度关注涉检舆情的预防和处置。一方面，既要做到合法、合理公开信息，防止因不当公开信息引起的负面舆情；又要通过满足群众对检察工作、相关案件的知情权，最大限度避免出现负面舆情。另一方面，一旦出现负面舆情，要坚持客观分析、理性对待、谨慎处理，充分发挥好各类检务公开信息平台、载体的优势，抢占舆论主动权，及时、客观还原舆情关注事项的真相，引导舆情导向，平息舆情。

# 10 鄂湘赣检察机关生态环境司法保护协作探讨[*]

　　生态环境是关系社会和经济持续发展的复合生态系统，其承载力直接关系国计民生和经济社会能否全面、协调和可持续发展。我们党和政府历来高度重视生态环境问题，党的十八大从新的历史起点出发，指出生态文明建设是中国特色社会主义事业的重要内容，关系人民福祉，关系民族未来，事关"两个一百年"奋斗目标和中华民族伟大复兴中国梦的实现，作出"大力推进生态文明建设"的战略决策，从10个方面绘就生态文明建设的宏伟蓝图。党的十八届三中、四中全会相继就生态文明建设作出顶层设计。鄂湘赣三省对推进生态文明建设都高度重视，湖北经济发展"三维纲要"之一就是强调"绿色决定生死"，湖南在推进"四化两型"、"四个湖南"建设中放在首位强调的就是"绿色湖南"，江西将"绿色崛起"纳入引领江西经济社会发展实现"江西梦"的"十六字方针"。经过多年不懈努力，湖北的十堰区域、宜昌区域和湖南的湘江源头区域、武陵山区域以及江西全省都进入了国家生态文明先行示范区行列，不仅表明鄂湘赣三省推进生态文明建设都取得了明显成效，而且为加强三省推进生态文明建设领域的深度合作提供了坚实基础。在这种大力推进生态文明建设的时代背景下，鄂湘赣三省检察机关如何加强协作配合充分发挥职能作用，保护生态环境是必须共同研究探索的重大课题。本文试从三省检察机关如何形成合力保护生态环境

---

　　* 本文系鄂湘赣检察机关贯彻《长江中游城市群发展规划》服务长江中游城市群发展座谈会交流论文，原刊于《人民检察·湖北版》2015年第6期。

作些探讨。

## 一、强化生态文明理念，筑牢鄂湘赣三省检察机关生态环境司法保护协作的思想根基

把强化生态文明理念作为鄂湘赣三省检察机关生态环境司法保护协作的思想根基，主要基于三个方面的认识。

1. 从生态历史哲学发展来看，坚持以生态文明理念为指导是建设生态文明的必然选择。马克思主义生态思想为我们提供了认识和解决生态问题的根本方法，强调生态问题与人以及人类社会生活密不可分，现实生活中遇到的环境问题实际上都是人类生活和生产所造成的，必须从人类自身的经济、政治、制度、观念层面进行全方位认识和研究，才能真正解决生态环境问题。我们党和国家对建设生态文明的认识是在长期探索过程中不断升华的。从近二十多年实践历程看，1994 年，《中国 21 世纪议程——中国 21 世纪人口、环境与发展白皮书》将资源的合理利用与环境保护等列为政府 21 世纪重大议程。2007 年，《中国应对气候变化国家方案》白皮书首次提出建设"生态文明"的概念；党的十七大对生态文明建设进行全面部署。2009 年，党的十七届四中全会将建设生态文明提升到中国特色社会主义事业"五位一体"的战略布局之中；中国政府公布了碳排放到 2020 年单位 GDP 二氧化碳排放比 2005 年下降 40% ~45% 的控制目标。2012 年，党的十八大明确提出，要树立尊重自然、顺应自然、保护自然的生态文明理念，把生态文明建设放在突出地位，融入经济建设、政治建设、文化建设、社会建设各方面和全过程，努力建设美丽中国，实现中华民族永续发展。2015 年 5 月，中共中央、国务院印发《关于加快推进生态文明建设的意见》，提出了生态文明建设 5 大远景目标和 35 条具体措施。因此，提出建设生态文明，是对马克思主义生态思想的运用和发展，是促进人与自然和谐共生和永续发展的必然选择。

2. 从生态现状理性认识来看，坚持以生态文明理念为指导是建设生态文明的现实需要。虽然我们党和国家高度重视保护环境，并

取得了巨大成就，但不能不承认的客观事实是，受我国现实发展水平的制约，在过去相当一段时间里，实践中权衡发展经济与保护环境的关系时往往倾向了发展经济，以牺牲生态环境为代价换取发展经济的巨大成就。生态文明建设作为经济建设、政治建设、文化建设和社会建设的基础和前提，其建设成效却与其他建设的成效不协调，破坏生态和污染环境的现象时有发生。从人类赖以生存的水、大气、土地等最基本环境资源情况看，有学者指出，我国主要环境介质污染严重，水污染成为"重中之重"，七大水系都不同程度存在污染；大气污染"方兴未艾"，碳排放减排任务艰巨；生态破坏"危如累卵"，造成巨大经济损失；① 土壤污染成为"燃眉之急"，全国土壤总超标率 16.1%，其中耕地超标点位 19.4%，重污染企业及周边土壤超标点位 36.3%，固体废物处置场所场地土壤超标点位 21.3%，重金属镉超标点位 7.0%。② 面对严峻的生态现状，我们党和国家创造性地提出建设生态文明，科学回答了经济发展与环境资源的关系问题，强调要充分考虑资源环境承载力，统筹当前发展与未来发展的需要，既关注经济指标，又关注环境资源指标，既积极实现当前发展目标，又为未来发展创造有利条件。因此，提出建设生态文明，凸显了保护生态环境的极端重要性，为检察机关做好保护生态环境工作指明了努力方向。

3. 从司法实践来看，坚持以生态文明理念为指导是生态环境资源司法保护的有力牵引。我国生态环境资源保护司法实践与生态文明理念的形成发展过程始终相伴相随，大体分为三个阶段。第一个阶段，1972 年以前，对保护环境资源的重要性缺乏必要认识，司法保护环境资源基本处于空白状态。第二个阶段，1972～2011 年，在世界环境问题提出的大背景下，开始进行保护资源环境的司法探索，以 1979 年刑法颁布为标志，环境资源保护问题开始纳入刑法保护范

① 毛如柏：《我国的环境问题和环境立法》，载《法学评论》2008 年第 2 期。
② 参见国土部、环保部 2014 年《全国土地污染状况调查公报》。

畴，1979 年刑法及以后颁布的相关行政法律法规、单行法律、附属法律中均规定了环境资源保护的刑事条款，这些刑事条款散见于刑法分则各章之中。1997 年刑法颁布时，充分总结吸收了近二十年保护资源环境司法实践成果，在刑法分则第六章第六节专节规定破坏环境资源保护罪，此外在渎职犯罪一章中规定了涉及环境资源的渎职犯罪，形成了比较完善的环境资源保护刑事法律体系。① 第三个阶段，以 2012 年召开党的十八大为标志，我们党和国家对建设生态文明的战略布局定型，在生态文明理念的引领下，生态环境司法保护工作进入了全新的实践历程。② 最高人民检察院工作报告 2014 年、2015 年均用专段报告环境资源保护工作，从披露情况看，共起诉污染环境、非法采矿、盗伐滥伐林木等刑事犯罪 46832 人，其中 2014年起诉人数比 2013 年上升 23.3%；共查办环境监管、污染治理、生态修复工程等领域职务犯罪 2519 人；同时，支持起诉、提起环境资源保护公益诉讼、督促行政执法机关履行环境资源保护监管职责等新型检察业务探索力度不断加大并取得良好效果。实践充分表明，生态文明理念是做好环境资源司法保护工作的有力牵引③，是检察机关做好环境资源保护工作的重要指导思想。

## 二、突出服务重点，把握鄂湘赣三省检察机关生态环境司法保护工作的基本路径

鄂湘赣三省检察机关在生态环境司法保护工作的服务重点，就是要充分发挥各项检察职能为促进生态文明建设提供有力司法保障，其服务基本路径概括起来包括五个方面。

---

① 刘金玲等：《我国现代化进程中环境资源的刑法保护》，载《广州公安干部管理学院学报》2005 年第 1 期。

② 刘辉：《生态环境司法保护的困境与出路——我国大陆地区生态环境司法保护若干问题研究》，载《法制与社会》2012 年第 28 期。

③ 孟玉静：《探索加快生态文明建设新路》，载《经济日报》2013 年 11月 29 日第 14 版。

1. 打击破坏生态环境的刑事犯罪。面对生态环境保护的新形势新任务新要求，检察机关要准确把握、严格执行刑法关于"破坏环境资源保护罪"规定的 15 个罪名，同时高度关注与生态环境密切相关的其他刑事犯罪，正确适用"两高"《关于办理环境污染刑事案件适用法律若干问题的解释》等司法解释，履行好刑事案件审查批捕、公诉的职能，不断加大打击破坏生态环境刑事犯罪的力度。近两年来，黄冈市检察机关始终保持对破坏生态环境刑事犯罪打击的高压态势，共批准逮捕涉及破坏生态环境资源刑事犯罪案件 104 件 166 人，提起公诉 111 件 172 人，形成对破坏生态环境资源犯罪的震慑力。

2. 查办破坏生态环境犯罪背后的职务犯罪。司法实践表明，土地、矿产、林业、水源等生态环境和自然资源领域的犯罪案件频频发生，与一些国家机关工作人员玩忽职守、滥用职权甚至钱权交易、谋取私利有一定的关系。检察机关要紧紧围绕党委政府高度重视、人民群众反映强烈的国家机关工作人员在履行保护生态环境和自然资源职能职责中失职渎职、收受贿赂等问题，切实加大查办不依法履行环境监管职责导致生态环境被严重破坏，以及利用职权毁坏生态环境、破坏自然资源给国家和人民利益造成重大损失的职务犯罪案件的力度，真正做到从过去惯有的配合有关部门处理重大安全事故和环境污染事件转变到主动出击、善于发现、积极查办国家机关工作人员不作为、滥作为导致破坏生态环境的职务犯罪案件。2012年以来，黄冈市检察机关每年在全市确定若干涉及生态环境和自然资源保护的领域，先后针对大别山红色旅游公路沿线"乱建、乱采、乱伐"问题、石材行业严重破坏自然环境问题、饮用水源污染问题、森林植被破坏等问题，组织开展查办破坏生态环境背后职务犯罪专项行动，共查办渎职、贪污贿赂案件 56 人，取得了良好的办案效果。

3. 强化涉及生态环境保护的诉讼法律监督。生态环境保护问题涉及刑事、民事、行政等方方面面，检察机关要切实履行"三大诉讼"监督职能，加强对涉及毁坏生态环境、破坏自然资源执法、司法活动的法律监督。从刑事诉讼监督讲，要加强对涉及生态环境犯罪案件的立案监督、侦查监督和刑事审判监督，特别是要督促行政执法机关及时移送涉嫌毁坏生态环境和破坏自然资源犯罪案件，使这类案件顺利进入刑事诉讼程序，依法监督纠正有案不立、有罪不究、以罚代刑等现象，坚决防止和纠正对破坏生态环境犯罪打击不力问题；从民事诉讼监督讲，要充分用好修改后民事诉讼法的有关规定，加强对环境污染相关民事诉讼的法律监督，依法履行督促起诉、支持起诉等新型检察业务职能，切实保护好国家利益、社会公共利益和人民群众利益；从行政诉讼监督讲，要积极督促行政机关履行职责，用好检察建议等手段，促进行政机关提升保护生态环境履职能力和水平。2012 年以来，黄冈市检察机关认真落实省院推进诉讼监督制度化、规范化、程序化、体系化部署要求，不断加强和规范诉讼监督工作，在涉及生态环境保护方面，充分利用"两法衔接"信息平台，监督行政机关移送涉嫌毁坏生态环境和破坏自然资源犯罪案件 37 件 39 人，针对非法采砂、土地闲置、水利管理等先后向国土资源、水利、港航等有关行政机关发出检察建议 41 件，采纳率 100%，督促履行职责 213 件，得到社会各界的充分肯定。

4. 预防破坏生态环境的违法犯罪。生态环境一旦遭到破坏，其危害结果相当长的时间都难以恢复和扭转。因此，对于生态环境的保护不仅要重视事后的惩治，更要注重事前的预防。检察机关要结合查办破坏生态环境的案件，有针对性地分析研究这类案件的发案原因、规律和特点，从中查找管理制度方面存在的漏洞，积极向党委政府和相关行政管理部门提出强化管理、消除隐患、预防犯罪和建章立制的检察建议，不断增强全社会的环境保护意识；要加大法制宣传力度，深入宣传普及环境保护法律知识，同时要畅通社会公众举报、检举破坏生态环境违法犯罪行为的渠道，引导全社会共同参与，促进从源头上保护生态环境。近年来，黄冈市检察机关全面落实湖北省人民检察院提出的预防职务犯罪、刑事犯罪、诉讼违法"三项职能"整合工作，从职务犯罪、刑事犯罪、诉讼违法三个层面全方位开展预防破坏生态环境违法犯罪工作，共开展保护生态环境警示教育 139 次，发放宣传资料 4.2 万余份，发出检察建议 59 份，促进地方政府开展专项治理整顿 7 项，有效遏制了破坏生态环境违法犯罪的多发势头。

5. 探索环境保护提起公益诉讼。党的十八届四中全会作出的《中共中央关于全面推进依法治国若干重大问题的决定》提出"探索建立检察机关提起公益诉讼制度"，赋予检察机关新的职能。检察机关要充分履行这项职能，通过实践不断总结检察机关提起环境保护公益诉讼应把握的原则、具体范围、配套制度，逐步明确职责范围、诉讼程序、审理方式等内容，使公益诉讼制度在保护环境中真正发挥出积极有效的作用。

## 三、健全协作配合机制，提升鄂湘赣三省检察机关生态环境司法保护工作的整体合力

保护生态环境是全社会的共同责任，需要社会各方协同努力。鄂湘赣三省检察机关除积极参与生态环境司法保护外，可以在机制层面进行积极探索，促进提升生态环境司法保护合力。

1. 建立健全跨区域协作配合机制。鄂湘赣三省人民政府在长江中游城市群发展规划框架下，相互签署战略合作协议，其中就水资源保护和水污染防治、大气污染控制、森林火灾和虫害联防联控联治体系、生物多样性保护廊道建设、湿地保护协作、构建网络化生态廊道等生态环保事项的合作进行了专节论述。鄂湘赣三省人民检察院也形成了三省检察机关关于发挥检察职能服务长江中游城市群建设的合作框架意见，就目标任务、原则要求、服务重点、平等保护、检务协作、工作机制等方面形成一致意见。这为三省检察机关加强生态环境司法保护协作配合提供了宏观指引和基本遵循。各基层检察机关在司法实践中，要贯彻落实好三省检察机关合作框架意见，在日常联络方面，积极加强沟通联系，及时通报工作情况，联合开展专题调研，共同分析研究工作的新情况新问题，协商解决司法过程中遇到的具体困难，强化日常工作的整体联动；在检务协作方面，加强打击刑事犯罪、查办和预防职务犯罪、诉讼监督工作等

方面协作，联合打击跨区域流窜犯罪、破坏环境资源等刑事犯罪，注重深化情报沟通、线索移送、委托调查取证、侦查技术运用以及追逃追赃等方面协作配合，加大打击和预防破坏生态环境背后职务犯罪力度，注重在侦查监督、刑事审判监督、刑事执行监督、民事行政诉讼监督等方面的协作，促进跨区域民事行政诉讼、刑事犯罪得到依法公平公正办理；在队伍建设方面，落实好鄂湘赣三省检察院的规划和部署安排，积极参加教育培训、挂职锻炼、课题研究、文化建设等方面的交流合作，共同提高队伍建设水平。

2. 建立健全检察机关内部协作机制。充分发挥"检察工作一体化"机制优势，加强内部协作配合，形成工作合力。建立健全案件线索同步移送机制，侦查监督、公诉部门在审查破坏生态环境的刑事案件过程中，注意发现案件背后贪贿渎职犯罪线索，民事行政检察部门在对涉及生态环境执法司法活动开展监督过程中，注意发现诉讼违法线索背后是否隐藏着职务犯罪，对于发现的线索及时向侦查指挥中心办公室移送，初核分流反贪、反渎部门办理。建立健全重大案件提前介入机制，对于涉及生态环境的重大职务犯罪案件，侦查监督、公诉部门应适时介入侦查，对侦查取证方向、收集固定证据及有关程序问题向侦查部门提出意见建议，反贪、反渎部门要协助做好审查批捕和审查起诉工作，共同把好事实关、证据关、程序关、法律适用关，提升办案效率、保证案件质量。建立健全预防宣传协作机制，预防部门与反贪、反渎部门加强配合，开展对涉及生态环境职务犯罪案件犯罪原因的讯问和分析，共同通过个案研究类案，开展警示教育，提出意见建议；预防部门与控告申诉部门、民事行政检察部门密切协作，用好举报宣传周、法制宣传日等时间节点，突出重点，加强对保护生态环境的法制宣传，引导全社会提高保护环境资源意识。

3. 建立健全保护环境司法执法协作机制。健全完善行政执法与刑事司法衔接机制，加强"两法衔接"信息平台建设，全面实现网上衔接和信息共享，既督促行政执法机关及时移送破坏生态环境犯罪案件，又加强对破坏生态环境犯罪案件的立案监督，使破坏生态环境犯罪案件顺利进入刑事诉讼程序，防止保护生态环境领域以罚代刑、有罪不究，增强打击合力。建立健全检察机关与有关司法机关、行政执法机关联席会议机制，加强与人民法院的联系，及时了解涉及生态环境诉讼案件审理情况，适时开展诉讼法律监督；加强与公安、环保、国土、林业、农业、交通、工商行政执法部门的协作，通过定期或不定期召开联席会议，及时了解和掌握有关行政机关调查处理的破坏生态环境的案件情况，发现涉嫌失职、渎职或贪贿等职务犯罪案件线索，第一时间介入调查；同时对严重破坏生态环境的案件，要深入分析研究产生的原因和防范对策，及时向行政机关发出检察建议，督促其履行好生态环境监管职责。

# 11 以法治精神为引领
# 担当法治建设新使命*

　　党的十八以来，建设中国被提高到前所未有的高度。党的十八届四中全会作出了《中共中央关于全面推进依法治国若干重大问题的决定》，对依法治国进行全面战略部署。在新的形势下，检察机关作为国家法律监督机关，在建设法治中国中承担着重大责任，必须坚持全面提高检察工作法治化水平和全面提高检察公信力"两个主基调"，依法充分履行职责，努力担当法治建设的检察使命。

　　当好宪法实施的捍卫者、推动者。维护宪法权威，是全面推进依法治国的首要之义。在司法实践中，检察机关要以宪法为根本活动准则，坚决贯彻宪法原则、保证宪法实施、捍卫宪法权威。一是坚持党对检察工作的绝对领导。深刻认识坚持党的领导是宪法确定的基本原则，是社会主义法治的根本要求；毫不动摇坚持党的集中统一领导，正确处理党的领导与依法独立行使检察权、执行党的政策与执行法律的关系，坚决贯彻党的理论和路线方针政策，坚决贯彻党委决策部署，严格落实重大事项向党委请示报告制度，把党的领导贯彻检察工作全过程，确保检察工作正确政治方向。二是坚定不移走中国特色社会主义法治道路。坚持用中国特色社会主义法治理论武装头脑，坚决排除和澄清各种模糊认识，坚定"三个自信"和"三个认同"；始终恪守宪法确立的根本制度、根本任务、根本原则，自觉把检察工作融入社会主义法治建设总体布局，在推进法

　　* 本文于 2015 年 10 月在法治黄冈建设研讨会上发表交流，刊于《黄冈日报》（理论版）2015 年 10 月 27 日。

治建设中担当好检察使命。三是准确把握检察机关宪法定位。牢记检察机关是宪法规定的国家法律监督机关，带头模范遵守宪法，严格依照宪法办事；忠实履行法律监督职能，坚决纠正有法不依、执法不严、违法不究行为，保障国家法律统一正确实施，坚决捍卫宪法权威。

当好公正司法的践行者、维护者。检察机关作为国家法律监督机关，在推进法治建设中使命神圣、责任重大，既要带头践行规范司法、公正司法，又要强化法律监督，促进严格规范公正文明司法。一是进一步优化司法理念。树牢法治理念，把法治精神当作主心骨，坚持法治思维和法治方式，把依法办案作为第一遵循，不断推动法治检察建设；树牢公信理念，把公信理念放在事关检察事业兴衰成败的战略位置来强化和落实，不断完善"五位一体"（以司法办案为中心，以制度规范为基础，以司法管理为前提，以监督制约为关键，以司法保障为条件）工作格局；树牢人权理念，坚持惩治犯罪和保障人权并重，坚守客观公正立场，忠于法律和事实真相，把保障和尊重人权贯穿于司法办案各方面和全过程。二是进一步规范司法行为。严格司法管理，紧扣司法办案流程节点、岗位风险点，不断加强内部各环节的管理，确保司法程序规范、标准规范、言行规范和责任规范落到实处。强化监督制约，坚持在广度、深度、力度上狠下功夫，全面加强内部监督，确保司法办案的各项铁规禁令得到严格落实；积极主动接受人大法律监督、政协民主监督及社会各界的监督，自觉以监督促规范。严明司法责任，认真落实办案质量终身负责制、错案责任倒查问责制等制度，通过严格问责倒逼规范司法。提升司法能力，积极探索过硬反贪局反渎局建设，努力打造高素质检察队伍，不断增强依法履职本领，为规范司法提供强有力保障。三是进一步强化诉讼监督。深入推进诉讼监督制度化、规范化、程序化、体系化，不断规范监督行为、增强监督刚性、提升监督实效；坚持促进社会公平正义的核心价值追求，把防止冤假错案作为底线，不断加强刑事、民事、行政诉讼监督，严肃查处司法不公背后的贪赃枉法、滥用职权、玩忽职守等职务犯罪，促进司法公平公正。

当好严格执法的保障者、促进者。推进依法行政、建设法治政府，是全面推进依法治国的重点。检察机关要积极主动融入高效的法治实施体系建设，在推进严格执法上发挥保障和促进作用。一是保障和促进社会和谐稳定。充分发挥审查批捕和审查起诉职能，始终保持打击严重刑事犯罪的高压态势；积极参与社会治理，紧密结合司法办案，认真研究社会治理中普遍性、规律性问题，及时提出检察建议，促进健全立体化社会治安防控体系；深入推进涉法涉诉信访改革，着力加强矛盾排查和化解工作，不断减少社会不稳定因素。二是保障和促进建立良好政务环境。坚持惩防并举，加大查办贪污贿赂、渎职侵权犯罪力度，促进国家机关工作人员廉洁从政、勤勉从政；坚决打击"围猎"国家干部、行贿人数多数额大、造成严重后果的行贿犯罪，努力清除权力廉洁运行的腐蚀因素；深入推进职务犯罪预防，协助有关国家机关强化法治意识、建章立制、堵塞漏洞，健全权力运行的监督制约机制。三是保障和促进依法行政。认真开展法制宣传，促进增强公务人员法律底线意识和程序意识，自觉严格依法履职；深入推进行政执法与刑事司法无缝衔接，坚决防止和纠正有案不移、以罚代刑问题，促进国家机关依法行政；主动适应修改后行政诉讼法的正式实施和十八届四中全会部署的重大改革要求，根据行政检察工作监督范围拓展、监督方式增加的新变化，探索构建检察机关对行政权监督的新格局，促进行政权依法规范运行。

当好全民守法的引领者、传播者。全民守法是法治建设的基石。检察机关要发挥好法治示范引领作用，促进增强全社会厉行法治的积极性和主动性。一是引领法治风尚。深入推进以案释法，加强释法说理，引导和支持群众理性表达诉求，依法维护群众合法权益，增强群众法治信心，促进全社会形成崇尚法治、自觉守法、办事依法、解决问题靠法的良好风尚。二是传播法治文化。认真落实普法责任，深入开展法律进机关、进乡村、进社区、进学校、进企业、进单位，积极参与群众性法治文化活动，讲好法治故事、宣传法律

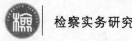

知识、传播法治能量，促使法治精神、法治意识、法治观念深入人心，成为全民信仰。三是增强法治认同。完善"互联网＋检务"新模式，不断深化检务公开，构建开放、动态、透明、便民的司法新机制，拓展人民群众有序参与和评价司法办案途径，让人民群众"零距离"感受法治，促进理解法治、认同法治。

# 12 检察机关案件管理机制 改革的实践与启示*

2011 年 7 月，最高人民检察院在第十三次全国检察工作会议上部署推进案件管理机制改革，将案件管理工作的地位提升到全新高度。2014 年 12 月，最高人民检察院召开全国检察机关第一次案件管理工作会议，进一步明确了案件管理工作"管理、监督、服务、参谋"的职能定位，提出了案件管理工作"一个全局、两个全面"（牢固树立全局观念、全面发挥案件管理职能作用、全面提升案件管理科学化水平）的总体思路和任务要求，指明了案件管理工作的发展方向。在这个大背景下，黄冈市检察机关紧紧围绕上级部署，结合黄冈检察工作实际，积极推进案件管理工作的探索实践，在案管机构建设、基础设施建设、案管队伍建设上都取得良好成效，案件管理工作逐步迈上正规化、科学化的发展轨道，强化了监督制约，促进了规范司法，保障了公正司法，助推了检察工作的规范良性发展。

## 一、实践基础：深刻认识案件管理机制改革的重要意义

探索案件管理机制改革过程中，我们十分注重统一思想、凝聚共识，特别是近年以来，着眼于全面提升案件管理水平，通过高强度、大力度强化教育培训，引导全体干警充分认识推进案件管理机制改革的重要性、必要性和紧迫性，不断强化案件管理工作的"主动脉"意识，夯实了推进案件管理机制改革的思想根基。

（一）深刻认识案件管理是强化内部监督制约之举

强化对检察权运行的管理和监督制约是一个永恒的重大课题，

---

\* 本文原刊于《人民检察》2017 年第 6 期。

也是中国特色社会主义检察制度的应有之义。高检院强调要把强化自身监督放在与强化法律监督同等重要的位置来抓，用比监督别人更严的要求来监督自己。案件管理机制的顶层设计，通过统一受案和对办案节点的嵌入式监控，增强对司法办案行为的有效约束，使案件流转到哪里，监督制约就延伸到哪里，实现整个办案过程在检察机关内部都能受到统一、全程、动态监督管理，有效破除了传统案件管理模式的分散性和随意性，破解了检察机关内部监督"纵强横弱"的瓶颈，有利于把内部监督制约落实到司法办案的每一个环节和岗位，有利于及时发现和解决司法办案过程中存在的问题，有利于最大限度防范检察权的滥用。

（二）深刻认识案件管理是严格规范司法行为之需

严格规范司法行为是保证公正司法、提高司法公信力最基本的要求。案件管理工作是一项系统工程，涉及检察机关很多业务部门和办案环节，在各自为阵、分散管理、各管一段的情况下，因统筹协调性不强，一定程度上制约和影响了提升规范司法整体水平。在强力推进规范司法背景下，需要有一个明确的机构、一套有效的机制来协调运转、统筹管理，确保各项办案制度规范严格统一执行。按照新的案件管理机制顶层设计，不仅设定了专门的案件管理部门，而且设计了一整套符合检察规律的管理制度，实行统一案件受理、统一流程监控、统一管理法律文书、统一管理涉案财物，有效增强了规范司法的刚性约束，有力保证了每项司法办案活动都严格依法在规范轨道中进行。

（三）深刻认识案件管理是促进司法公开公正之为

随着民主法治建设的深入推进，人民群众对了解和监督检察机关司法办案活动的要求越来越强烈，对司法公开的要求不再仅仅满足于检察机关的职能职责公开，也不再限于新闻宣传、举报宣传周、公众开放日等活动，更多的是想了解案件信息、办案过程，更多地参与司法。案件管理是拓展人民群众参与司法的有效途径，特别是依托统一业务应用系统建成运行的全国检察机关案件信息公开网，是保障人民群众知情权、参与权和监督权的重要措施，为人民群众更加快捷方便地了解重大案件信息、办案程序性信息提供了平台，为构建开放、动态、透明、便民的阳光检察机制奠定了良好基础。

（四）深刻认识案件管理是适应法律修改之措

随着刑事诉讼法、刑事诉讼规则的修改，一些新的法律规定对司法办案工作提出了新的要求。例如，在案件级别管辖方面，按照修改后《刑事诉讼法》第20条规定，中级人民法院管辖的第一审刑事案件中，删除了反革命案件、外国人犯罪刑事案件，新增了恐怖活动案件。这一级别管辖的调整，意味着检察机关对应的案件管辖范围需作出相应调整，要进一步规范案件入口管理。在对不起诉的规定方面，修改后《刑事诉讼法》第171条规定，对于二次补充侦查的案件，人民检察院仍认为证据不足，不符合起诉条件的，应当作出不起诉决定。这一法律规定的修改，要求检察机关要进一步规范案件出口管理。在办案时限方面，修改后刑事诉讼法对传唤、拘传、审判期限等都作了调整。这些诉讼时效的变化，要求检察机关要进一步加强办案流程监控，对诉讼时效的节点进行监控管理，并及时进行预警。在辩护制度方面，修改后刑事诉讼法第四章完善了辩护制度，扩大了辩护律师的阅卷范围，强化了律师权益保障。这就要求检察机关要积极构建新型检律关系，设置专门的窗口规范律师接待工作，为律师参与检察诉讼环节提供便利。案件管理机制改革，设计了集案件受理分流、流程监控、质量评查、窗口接待等功能于一体的案件管理模式，能有效融合法律修改对检察机关司法办案工作提出的新要求，促进司法办案工作与法律的新规定顺利对接、规范运作。

## 二、实践探索：积极推进案件管理机制的运行

按照高检院、省院部署要求，黄冈市院坚持把案件管理工作作为"一把手"工程来抓，紧扣"管理、监督、服务、参谋"职能定位，不断推进案件管理机制的实践落实。

（一）高度重视，着力夯实案件管理工作基础

牢牢把握案件管理工作的枢纽地位，努力在机构、队伍、硬件

检察实务研究

建设上下功夫、打基础。一是抓好案管机构建设。黄冈市院党组于2012年初筹划设立案件管理机构，先后3次向市委汇报，7次与市编委沟通协调，争取重视支持，在当时清理整顿机构和人员编制的特殊背景下，市编委于同年9月11日批复同意我院设置案件管理办公室，作为负责案件管理工作的内设机构。各基层院也积极争取地方支持，相继设立案件管理部门。其中，蕲春县院、武穴市院案件管理办公室被当地编委明确为副科级内设机构，黄州区院、英山县院、罗田县院案件管理办公室主任按副科级高配，团风县院在本轮司法改革之前按省院"小院整合"的要求成立了案件管理部，其他各基层院都设立了独立的案件管理办公室。今年6月完成内设机构整合改革后，各基层院都设置了案件管理部。二是强化案管队伍建设。全市两级院按照"精业务、懂管理、会电脑"的要求选配专职案件管理人员，共选配干警32名，其中法学类专业29人，管理学类、计算机类、会计类专业各1人，大部分具有丰富的反贪、反渎、公诉、侦监、控申等检察业务工作经验，有4个基层院由检委会委员任案管部门负责人。同时，大力加强业务培训，在积极派员参加上级院业务培训的同时，黄冈院先后组织案管工作专题培训3期，全体案件管理干警普遍轮训了2次；注重在日常工作中开展"面对面"、"一对一"指导，有效提升案件管理队伍业务素能。在今年湖北省检察机关首届案件管理业务竞赛中，我市参赛的三名案管干警全部荣获"案件管理业务标兵"或"案件管理业务能手"称号。三是加强案管硬件建设。高标准建设案件管理中心。市院和黄州、武穴、蕲春、浠水、黄梅、罗田、红安、团风等基层院已建成案件管理中心，麻城、英山因受办公楼格局限制，通过调整办公室或压缩其他办公用房的方式，全力保障案件管理工作用房。今年以来，按照"五室一厅"的标配，全市两级院投入资金650余万元，对案件管理中心进行升级改造。市院已建成律师会见室、律师阅卷室、电子卷宗制作室、检察业务数据分析室、涉案款物保管室等工作用房。市院还指定红安县院、蕲春县院为标准化建设示范院，为全市案件管理硬件建设提供可复制的样板。高标准配备案件管理装备。全市两级院投入资金 1200 余万元，为案管部门配置高性能电脑、高速扫描仪、高速打印一体机、彩色激光打印机、文书消毒柜、干燥机等设备，有效提高案件管理工作自动化、信息化水平。

（二）把握定位，认真履行案件管理职能

牢牢把握案件管理的职能定位，切实发挥好案件管理的办案监管、管理统筹、参谋服务作用。一是强化管理严把关。严把案件入口管理关，按照《人民检察院案件管理部门案件受理范围和标准（试行）》的规定，对受理案件的材料进行认真审核，筑起案件质量的防护墙。自 2014 年 1 月统一业务应用系统上线运行以来，共受理案件 14397 件，对不符合受案标准的要求补正 310 件、不予接收 43 件，做到了案件受理规范、案件分流准确、案件移送及时，确保符合标准的案件及时进入检察诉讼环节。如武穴市院按照审判监督程序报请市院抗诉的朱月红涉嫌拐卖儿童案，受理过程中经核实发现缺少检委会讨论环节，违反了刑事诉讼法、刑事诉讼规则关于启动审判监督程序抗诉案件报请市院前须经本院检委会讨论决定的规定，依法对该案不予受理。严把案件出口关，加强案件诉讼程序性审查，严查办案时限是否超期、权益保障是否到位、法律文书是否规范、案卡填录是否完整、案件信息是否公开，符合标准才准许送案。2014 年 1 月以来，共进行送案审核 10419 件，要求办案部门补送更正 196 件，确保了送案符合规定标准。二是全程监控促规范。把预警提示、流程监控、质量考评有机结合起来，强化办案全流程监控。依托统一业务应用系统，对案件的办案程序、办案期限、强制措施等进行监控，对可能改变管辖的案件进行单独记录，在案件分流时予以提示，对办案期限即将到期的案件提前 2 天预警，确保案件不超诉讼时限。2014 年 1 月以来，共进行案件流程监控 413 件，发送流程监控通知书 43 份，口头提示 156 件，办案部门都及时予以纠正。认真开展案件质量评查，每年采取基层院自查与市院专班检查相结合、个人评查与专班评议相结合、检查纸质卷宗与查询电子卷宗相结合的方式，组织开展案件质量评查。近三年，共评查各类案件 11522 件，其中职务犯罪及不捕、不诉案件评查率 100%，其他案件评查率 67.35%；对发现的案件质量瑕疵，按照"实体、程序、诉讼监督、卷宗质量、统一业务应用系统使用"五个类别归类整理，全市通报并限期整改，促进提升案件质量。如市院在 2015 年全市检察机关案件质量评查中，发现黄梅县院办理的汪某某交通肇事案法院认定其为累犯错误、英山县院办理的童某某贩卖毒品案明显量刑畸轻，两件案件应当抗诉而未抗诉，及时向办案基层院通报情况，并督促按照审判监督程序提出抗诉，均获得改判。三是突出办案优服务。积极开展风险评估，落实司法办案风险评估程序标准，将风险评估贯穿于办案环节，如对审查逮捕、审查起诉的案件，坚持"每案必评、一案一评"，帮助案件承办人及时掌握潜在的舆情风险、信访风险、身份风险，有针对性地拟定工作预案，保障案件正常办理。充分发挥窗口作用，通过案件信息公开网、预约查询电话等途径，对辩护人、诉讼代理人提出会见、阅卷申请或递交有关案件材料等事项及时接待，并联络相关办案部门安排会见或接收调取材料，为辩护人、诉讼代理人和当事人行使诉讼权利提供极大的便利。2014 年 1 月以来，共接待当事人、辩护人及诉讼代理人 3701 人（次），使当事人、辩护人及诉讼代理人更加理解支持检察机关司法办案工作。不断推进案件信息公开，构建以案件程序性信息查询、法律文书公开、辩护与代理预约、重要案件信息公开为一体的公开模式，2014 年 10 月案件信息公开系统上线运行以来，共上传案件程序性信息 5844 件，发布法律文书 1058 份，发布重要案件信息 309 篇，有效助推公开透明办案。四是深度研判当参谋。强化基础统计分析，深入分析研究主要办案数据、案件类型、审结处理、办案质效等情况，真实反映业务工作量和工作成效，使统计分析工作由单纯的量化指标转变为具有参考价值的决策依据。推进专题分析研判，结合上级部署分析研究特定业务的运行态势，特别是注重利用核心数据分析研究司法办案背后社会管理领域存在的深层次问题，为决策提供翔实依据。如市院 2015 年荣获"全国十佳"的预防年度报告，就是在专题分析研究查办职务犯罪的数据基础上形成的，该报告得到市委、市政府高度重视，采纳报告建议分别出台了《关于贯

彻落实〈湖北省预防职务犯罪条例〉的实施意见》、《政府投资重大项目邀请检察机关同步介入预防职务犯罪的暂行办法》，强化职务犯罪预防工作。

（三）强化探索，不断提升案件管理水平

牢牢把握案件管理工作的发展方向，加强实践探索，促使案件管理工作更加科学、严谨、高效。一是健全管理机制。建立完善《黄冈市人民检察院案件质量评查办法》、《黄冈市人民检察院案件评查人才库管理办法》等十项符合实际、行之有效的案件管理制度，较好规范了案件管理的工作流程、环节和标准。如在受理案件方面，对移送起诉案件，进一步细化了有前科的是否有法院判决书、投案的是否有投案自首证明、伤情鉴定意见是否告知双方当事人等8项审查事项；在流程监控方面，建立和实行全院一体化的办案流程监控机制，把预警、催办及超期办案责任追究有机衔接起来；在数据统计分析上，建立案件监管情况综合分析机制，每季度对主要业务部门办案效率、案件流转情况进行梳理与分析，为党组决策和业务部门改进工作提供有益参考。二是创新工作方法。积极探索案件管理工作的新方式方法，提升案件管理质效。如麻城市院针对业务部门流程长、操作繁、文书多等状况，总结出的统一业务应用系统流程操作"十要"（受案要告知、拆并要审批、介入要登记、阅卷要同意、程序要分清、追漏要仔细、风险要评估、量刑要建议、退查要送案、结束要谨记）口诀被省院推广；红安县院结合实际推行的案件管理"五个报告"（业务情况月报、业务情况季报、案件评查报告、专项业务报告、全年业务报告）工作经验被高检院案件管理工作简报转发。三是注重理论研究。注重总结提炼案件管理工作经验，加强案件管理工作理论研究，强化案件管理工作理论指引。如2015年在最高人民检察院举办的"全国检察机关统一业务应用系统理论与实务研究"征文活动中，湖北省检察机关获奖的6篇征文中，我市占4篇（二等奖1篇、优秀奖3篇）；今年先后有《创造性发挥统一业务应用系统"五大作用"》、《强化案管"四步法"助推非公有制经济发展》2篇理论研究文章分别被《人民检察》刊载、省院转发。

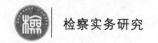 

## 三、实践研判：推行案件管理机制实效分析

回顾黄冈市检察机关案件管理工作的探索实践历程，我们深感推进案件管理机制改革符合法治要求、符合检察规律、符合管理规律，在促进规范司法、强化监督制约、服务科学决策、提升检察形象等各方面呈现出很强的实效性。

（一）有利于规范司法

构建以案件管理为中心的"全面管理、统分结合、分工负责、统筹协调"的司法管理模式，一是通过加强受案、送案的审查，严把案件进出口关，使受案和送案都符合法定标准。如 2014 年 1 月以来，对不符合受案标准的案件全部在补正到位之后才予受理，从源头上保证了不发生案件带病进入检察诉讼环节的情况。二是在案件办理过程中，通过对办案活动进行全方位、全环节、全过程流程监控和管理，及时发现可能出现的不规范问题并进行预警，促进了严格落实规范司法要求。如查办职务犯罪方面，在办案规模年均增长 25% 的情况下，办案质量明显提升，实现了"五个没有"，即没有刑讯逼供、没有办案超时限、没有安全事故、没有无罪判决、没有因司法办案方式不当引发影响发展稳定的问题，提起公诉案件数占立案总数的比例由 2011 年的 77.31% 提升到 2015 年的 98.11%，在近三年全省检察机关反贪污贿赂案件评比中都有案件入选"十大精品案件"。在诉讼法律监督方面，实现了"三个更加"，即诉讼监督更加规范，做到了监督依据规范、监督标准规范、监督程序规范、监督手段规范、监督文书规范；诉讼监督更加理性，诉讼监督的事项、步骤、手段更加有理有据；诉讼监督更加刚性，与 2011 年相比，刑事、民事、行政、执行监督意见采纳率平均上升 15%，监督结果的权威性不断增强，赢得了公安、法院、司法行政机关的普遍认同和支持。三是通过开展质量评查等工作，对存在的司法不规范问题进行归类分析，促进针对性的整改提高。如市院对 2014 年办案质量进行评查后，针对落实《检察机关执法工作基本规范（2013 版）》细节不到位的共性问题，部署开展规范司法专题集训和集中整治取得较好效果，在对 2015 年案件质量评查中，基本上未再发现同类共性问题。

（二）有利于内部监督制约

在制度层面，案件管理机制改革的顶层设计，设置了统一案件受理、统一流程监控、统一管理法律文书、统一管理涉案财物，有效解决了过去检察机关内部长期存在的上下级纵向监督有力，部门间横向监督乏力的问题。在机构层面，顺应检察机关侦查、批捕、起诉、刑事执行监督等业务内容相互关联、诉讼环节前后承继的"串联式"特点，设置专门的案件管理部门，通过横向联系将不同阶段办案活动连成有机整体，有效统筹了各层级、各业务部门的分散管理，提升了监督制约的整体合力。在实践层面，案件管理部门成为司法办案的监督制约中枢，横向统筹了各业务部门的案件管理和监督制约。如案件进口由案管系统根据分案系数自动轮案，直接将案件分派到办案干警，有效防止了人情案、关系案的发生；案管部门依托统一业务应用系统进行网上流程监督后，业务部门未将监督意见落实到位，案件网上流程就不能进入下一诉讼环节，倒逼了业务部门自觉强化接受监督意识，主动接受监督；案件办理过程中，对办案规范性、流程完整性、期限时效性和系统权限的确定性进行全程动态监管，有效防止了办案时限、羁押期限超期等现象；在案件整卷归档前，案件管理部门要进行全面评查，确保整卷归档规范。

（三）有利于科学决策

通过检察业务考评、检察统计、办案态势研判等工作，对一定时期检察工作情况进行定性和定量分析研判，为检察决策提供翔实可靠的依据，促进有针对性地加强和改进检察工作。如在查办危害民生民利犯罪专项工作过程中，案件管理部门通过对办案数据、案件类型、分布特点进行深入分析，提出专项研究报告，及时为党组决策提供依据，指导全市检察机关深入有序开展专项办案行动，并取得明显办案成效。黄冈市院荣获全国检察机关查办危害民生民利犯罪专项工作先进集体。案件管理办公室在每月通报主要业务数据的基础上，每季度进行业务数据综合分析评价，为院党组和各业务条线适时动态调整推进工作重点提供有力支持。近几年，黄冈市检察工作能够持续健康发展，在全省检察工作考核中保持名列前茅，其中一个重要原因就是适时根据案管部门提供的业务综合分析研判情况，及时调整思路、采取措施拾遗补缺、创造特色、打造亮点。如 2015 年，黄冈市院检察技术工作在上半年全省排名靠后，案件管理办公室对检察技术工作情况进行专题分析后，发现技术检案是主要短板，拖了后腿，及时提出了改进建议，检察技术部门采纳建议，果断采取措施进行改进，在年终考核时跃居全省第一名。

（四）有利于提升检察形象

案件管理部门是检察机关联系人民群众的重要窗口，其工作成效直接关乎检察形象。实践中，通过做好网上预约、律师阅卷等工作，及时办理并答复申请事项，成功解决了过去常见的律师会见难、阅卷难等现实难题，有效保障了律师执业权利，促进了构建新型检律关系，赢得了律师界的信任和理解；通过规范窗口接待、规范送案等工作，坚持文明接待、依法办事，赢得了公安、法院等机关的尊重和支持；通过深化案件信息公开等工作，对重要案件信息、案件程序信息依法及时公开，有效保障人民群众的知情权、参与权、监督权，赢得了人民群众对检察工作的理解和认同，从而促进了树立良好检察形象。如近三年来在全市两级人代会上，检察工作报告都得到人大代表、政协委员的广泛好评，市院检察工作报告近三年都是全票通过。

## 四、实践启示：深化案件管理机制改革的思考

从黄冈市检察机关这个视角来透视，案件管理机制改革之所以能取得良好成效，我们认为存在三个有利条件：一是有科学的制度设计作指引。高检院基于对检察工作发展形势的准确判断，作出了案件管理机制改革的重大部署，并从制度层面提供了实施保障，如在《刑事诉讼规则》、《民事诉讼监督规则》和《检察机关执法工作基本规范（2013 版）》中设置专章对"案件管理"作出规定；制定《案件管理暂行办法》，明确了案件管理的基本内容和职责任务；制

定《统一业务应用系统使用管理办法》、《案件信息公开工作规定》等，为探索案件管理机制改革提供了重要依据和基本遵循。二是有对案管工作的准确定位为前提。高检院提出了明确的案件管理工作职能定位，使我们对案件管理工作有清醒的认识，自觉将其放在全面依法治国的大背景中来考量，深刻认识案件管理是强化检察权运行管理和监督的重要内容，是协调和推动各项检察权高效、有序运行的重要举措，是检察业务工作实现管理现代化的关键步骤，从而将案件管理置于枢纽地位，成功构建与条线管理、综合管理分工协作、有效衔接的案件管理立体格局，保证了案件管理的系统性、协同性和实效性。三是有健全的案管机构和过硬的案管队伍作支撑。从高检院部署这项改革伊始，我们就不遗余力、想方设法，抓好案管机构建设，通过多方协调、争取支持，在全市检察机关建立了独立运行的案件管理工作机构。与此同时，还克服编制不足、办案部门案多人少等实际困难，下决心选调精兵强将组建案管队伍，将一大批事业心强、作风扎实、业务精通、综合素质高的优秀干警充实到案管工作一线。这些都为案件管理工作全面开展奠定了坚实的基础。

同时，我们对深入贯彻落实"一个全局、两个全面"的总体思路和任务要求也有了更深刻的体悟，形成了一些深化案件管理机制改革的思考。目前，深化案件管理机制改革具有顶层设计较为完备、案管机构较为健全、实践经验较为丰富等有利条件，也面临着思想认识不够统一、队伍素能不够适应、信息技术应用有待提升、制度建设有待完善等不利因素。在深入推进司法改革特别是全面落实司法责任制的新形势下，案件管理机制改革还需继续深化，要以检察权运行规范化、管理科学化、监督制度化为目标，建设权责明确、协作紧密、制约有力、运行高效的检察业务管理体系。为此，我们提出以下几点建议：一是进一步提升对案管工作的认识。全体检察干警特别是检察长和业务部门负责人，要解放思想、与时俱进，深刻认识案件管理工作在检察工作中的全局性、基础性地位和作用，事关检察事业长远发展，主动适应案件管理机制改革对检察业务工作带来的新变化新要求，真正把案件管理作为推进检察业务建设、提高法律监督能力的龙头来抓，才能为深入推进案件管理工作创新发展提供强大的内在动力。二是进一步加强案件管理机构和队伍建设。要切实从案件管理工作规律、办案现实需要出发，结合司法改革实际，健全案件管理机构，确保案件管理机构全部按改革要求设置到位；注重挑选政治可靠、思想敏锐、思路清晰、驾驭工作能力强、有开拓精神，同时懂检察业务、懂检察管理、懂信息科技的检察业务骨干负责案件管理工作；积极创造条件保障案件管理部门主要负责人深度参与检察业务、信息化建设等工作重要决策；积极推动案件管理部门与其他检察业务部门人员轮岗交流；积极构建以提升业务能力为核心的岗位练兵长效机制，促进案管队伍能力水平不断适应工作需要。三是进一步推进信息技术的深度运用。要顺应科技信息化发展的需要，运用现代科技手段提升管理能力，发挥好办案部门的主体作用、案件管理部门的统筹作用、信息技术部门的保障作用，扎实推进以统一业务应用系统为基础的科技信息化建设，不断完善统一业务应用系统、案件信息公开系统与其他相关系统的相互衔接和联合运维机制，最大限度发挥信息资源的积聚、规模效应，使管理更高效、更精准。四是进一步深化案件管理制度研究。要坚持边实践边总结，紧紧围绕案管工作的实践问题，加强调查研究，认真总结成熟做法，针对普遍性问题和薄弱环节，积极探索解决方法，形成可复制经验；紧紧围绕司法体制改革和检察工作机制改革，注重收集办案一线反映的关于案件管理中的有关问题和建议，就如何构建更加科学合理的检察业务管理机制开展研究论证，积极为顶层设计提供决策参考。

# 13 多措并举 多维发力 构建良性互动新型检律关系<sup>*</sup>

近年来，我们严格落实最高人民检察院《关于依法保障律师执业权利的规定》、湖北省人民检察院、湖北省司法厅《关于建立新型检律关系的指导意见》，坚持多措并举、多维发力，积极构建与律师的良性互动关系，切实尊重和保障律师执业权利，在依法履职共同维护社会公平正义上取得良好效果。

## 一、转变观念，奠定检律良性互动基础

司法实践中，检律关系总体上是健康的，但也还存在互不认同、相互防范等非正常现象。只有顺应新形势，不断转变观念，才能奠定检律良性互动的理性基础。我们通过专题讲座、学术研讨等形式，引导黄冈市检察干警深刻领会和准确把握高检院、湖北省院关于构建新型检律关系的有关文件精神，形成了构建新型检律关系的思想共识：一是认清了检律关系新形势。充分认识到建立新型检律关系是依法治国的新要求。在法治框架内，检察官和律师同属法律共同体，分工虽不同，但目标一致，都是以维护法律正确实施，维护社会公平正义为使命，进一步明确了检律双方法律职业认同；检察权的行使与律师执业权利的履行，在法律实施上彼此包容，相互促进，使案件当事人合法权益在诉讼活动中得到最大化保障，进一步明确了检律双方价值追求同一；律师

---

* 本文于 2016 年 10 月在全国构建新型检律关系研讨会上发表交流，内容摘要刊于《检察日报》2016 年 11 月 10 日。

执业权利的扩充，使律师参与诉讼活动的范围、空间和深度得到前所未有的提升，进一步拓展了检律双方良性互动平台。二是厘清了检律关系误区。破除了思想上人为对立化的观念，走出检律之间纯属对抗关系的误区，强化平等协作、共同维护当事人合法权益的意识；破除了实践上故意障碍化的现象，走出人为设置关口回避或阻止律师介入诉讼活动的误区，强化公开透明办案的意识；破除了地位上感受差异化的观念，走出检察官相对律师更有优越感的误区，强化尊重律师执业权利的意识。三是更新了检律关系理念。树立了尊重律师的理念，充分认识到只有尊重律师职业和尊严，维护律师依法履职的权利，才能充分满足人民享受高质量法律服务的民生权利需要；树立了诉讼公开观念，充分认识到诉讼公开是现代法治的趋势和要求之一，必须转变司法神秘化的传统观念，从习惯于没有外界介入的情况下办案，转向于习惯在律师会见不受监听、自由交流、案件信息外流的情况下办案，通过司法公开提升司法公信；树立了平等协作理念，充分认识到检律双方只要依照法律规定行使各自的诉讼职能，规范地实施各自的诉讼行为，就能在平等协作中共同完成好诉讼任务，最终实现维护社会公平正义的价值追求。

## 二、搭建平台，拓展检律良性互动路径

司法实践中，我们注重在硬件和软件方面打造多层次的服务平台，为保障律师执业权利提供有利支撑。一是建好律师接待服务平台。黄冈市检察机关在案件管理中心都建有律师会见室、律师阅卷室、电子卷宗制作室等接待服务律师执业的专门场所；依托"案件信息公开网"，搭建律师网上预约平台，开通律师微信工作群，为律师提供快捷便利的"掌上服务"；配置高性能电脑、高速扫描仪、高速打印一体机、彩色激光打印机、刻录机，创新开展电子卷宗、刻录光盘等服务，为律师提供速拍、扫描、复印、电子卷宗拷贝、打印等多种阅卷方式，实现律师阅卷的数字化、信息化、便捷化。二是搭建检律交流互动平台。充分发挥检察官协

会、律师协会的社团交流优势，经常性组织法律研讨、热点专题讲座，邀请律师观摩等活动，如在修改后刑事诉讼法、刑法修正案（九）实施后，我市检察官协会、律师协会都联合举办了专题讲座，在一些司法实务难点问题上形成了法律共识；加强业务培训互动交流，在现有检察官、律师培训体制的基础上，注重在培训内容、师资力量等方面相互渗透补充，换位讲授法律知识、介绍工作方法，如我们在业务竞赛活动中邀请知名律师担任大赛评委，增进了相互之间的职业认同与理解；依法聘请律师参与涉法涉诉信访案件办理工作，做到律师参与矛盾纠纷调处、公开听证答复常态化，实现检律双方共同引导涉法涉诉案件在法治轨道内合理解决。三是畅通律师投诉受理平台。明确案管部门受理律师关于妨碍正常执业行为的投诉，通过对案件办理环节实施动态监控，全程跟踪律师执业活动，保障律师执业权利实现；明确监察部门受理对检察干警违纪违法行为的控告，对律师反映的问题必须及时督办处理，并随机回访听取律师反馈意见，属于沟通不到位引起投诉的，责成有关人员主动作出解释。

## 三、健全机制，强化检律良性互动保障

司法实践中，我们不断加强制度机制建设，以健全完善的制度机制保障律师执业权利的落实。一是建立律师接待机制。我们建立了《接待律师行为规范》、《"一站式"服务工作流程》等制度，从接待律师的第一道关口入手，确定案管部门为律师接待第一责任部门，设置专门岗位，统一办理律师接待事项，并规范文明用语、接待流程，使律师能"一站式"办理手续审核、查询、阅卷、申请会见、调取证据等所有事项。近三年来，共办理律师辩护与代理预约5899件（次），没有任何一例因接待不当引起过律师投诉。二是建立保障律师会见、阅卷机制。我们建立了《职务犯罪案件侦查阶段保障律师会见工作流程》、《律师阅卷流程》等制度，明确规定第一次开始讯问犯罪嫌疑人或对其采取强制措施时应及时告知其有委托辩护人或申请法律援助的权利，对依法符合法律

规定会见犯罪嫌疑人的律师，不设置任何关卡，及时安排会见，对法律规定暂时不能会见的情况，做好解释说理工作，适时安排会见。近三年来，黄冈市检察机关立办职务犯罪案件在以每年25%比例递增的情况下，都确保了所有代理律师的会见权；根据未成年人刑事案件特点和需要，我们在看守所专门设立律师工作室，为律师会见未成年人被告人及合适成年人到场提供适合未成年人生理、心理特殊需要的专门场所。同时，坚持以科技为支撑，运用信息科技化手段解决律师阅卷难问题，对纸质卷宗进行数字扫描，转化为电子卷宗，为律师阅卷提供极大便利。三是建立听取律师意见反馈机制。我们建立了《检察官协会与律师协会联席会议制度》、《检察官协会与律师协会司法实务研讨交流管理办法》等制度，在法律理解和适用方面，加强检律双方定期互访，相互征求对执行法律工作的意见建议，定期组织专门研讨交流，在适用法律的观点争鸣交锋中促进统一认识；在案件办理方面，依法适时向律师通报案件有关办理情况并听取律师意见，对律师提出申请变更强制措施以及有关建议意见，符合法律规定的依法及时办理，要求回复的依法及时回复，应该改进的及时改进；根据案件情况，对律师提出的无罪、罪轻或者免除刑事处罚等意见，依法进行审查，记录在卷，通过尊重律师意见，使律师的合理意见在最终的案件处理中反映出来，使律师更加充分了解检察官的立场和价值取向，能够在参与诉讼过程中通过释法说理消弭当事人的不满情绪，取得了减少社会对抗，促进和谐稳定的良好效果。四是建立检律相互监督与制约机制。我们建立了《检察官和律师廉洁司法、廉洁执业双向承诺制度》、《检察官与律师交往行为规范》等制度，提出了强化检律相互监督制约的明确要求，如在工作层面，检察官要充分发挥法律监督权，对律师的诉讼活动进行规范和评判，监督律师依法从业；律师要敢于监督检察官的司法办案活动，对发现检察官违反诉讼程序的行为大胆提出意见，通过相互监督保障诉讼在法律轨道上运行不偏向；从关系层面讲，检察官与律师之间坚持"个人之间少来往，组织之间多沟通"的原则，要在"阳光下"正当交往，私人之间应当而且必须保持适当距离，不让利益关系玷污职业良知和法律信仰；检律双方对发现的违法违规问题都要及时严肃查处，通过自律与他律的有机结合，共同维护司法规范性等，有力保证了在全面依法治国的新要求下建立"对立统一、相互依存、彼此促进"的新型检律关系。